ERA
UMA
VEZ

UM
SONHO

J.D. VANCE

ERA UMA VEZ UM SONHO

TRADUÇÃO
Léa Viveiros de Castro
e Rita Süssekind

A HISTÓRIA DE UMA FAMÍLIA DA CLASSE OPERÁRIA
E DA CRISE DA SOCIEDADE AMERICANA

Copyright Hillbilly Elegy © 2016 by J.D. Vance
© 2017 Casa da Palavra/ LeYa
Todos os direitos reservados e protegidos pela Lei 9.610, de 19.2.1998.
Publicado mediante acordo com a editora original Harper Collins
Publishers, 195 Broadway, New York, NY 10007.
É proibida a reprodução total ou parcial sem a expressa anuência da editora.

Revisão de tradução
Rosalina do Ribeirão

Revisão
Ana Lúcia Kronemberger

Diagramação
Filigrana

Capa e projeto gráfico
Leandro Dittz

Foto de capa
Annie Griffiths Belt/National Geographic/Getty Images

Dados Internacionais de Catalogação na Publicação (CIP)
Angélica Ilacqua CRB-8/7057

Vance, J. D.
    Era uma vez um sonho : a história de uma família da classe operária e da
crise da sociedade americana / J. D. Vance ; tradução de Léa Viveiros de Castro,
Rita Süssekind. – Rio de Janeiro : LeYa, 2017.

ISBN 978-85-441-0534-4
Título original: Hillbilly Elegy

1. Vance, J. D. – Biografia 2. Vance, J. D. – Família – Biografia 3. Famílias pobres
– Estados Unidos 4. Trabalhadores pobres – Estados Unidos – Condições sociais
5. Mobilidade social – Estados Unidos I. Título II. Castro, Léa Viveiros de III.
Süssekind, Rita

CDD 305.56208909

17-0553

Índices para catálogo sistemático:
1. Operários brancos pobres – Estados Unidos - Memórias

Todos os direitos reservados à
Editora Casa da Palavra
Avenida Calógeras, 6 | 701
20030-070 – Rio de Janeiro – RJ
www.leya.com.br

*Para Mamaw e Papaw, os meus
exterminadores caipiras do bem*

INTRODUÇÃO

Meu nome é J.D. Vance, e acredito que devo começar com uma confissão: acho a existência do livro que você tem nas mãos um tanto absurda. Está dizendo bem aqui na capa que se trata de um livro de memórias, mas tenho 31 anos e sou o primeiro a admitir que não realizei nenhum feito grandioso na vida, com certeza nada que justifique que um estranho gaste seu dinheiro para ler algo sobre mim. A coisa mais legal que já fiz, pelo menos no papel, foi me formar na Yale Law School, algo que o J.D. Vance de treze anos teria achado uma loucura. Mas cerca de duzentas pessoas fazem a mesma coisa todo ano, e acredite em mim, você não quer ler sobre a vida da maioria delas. Não sou senador, governador nem ex-ministro. Não fundei uma empresa de um bilhão de dólares nem uma organização sem fins lucrativos que mudou o mundo. Tenho um bom emprego, um casamento feliz, uma casa confortável e dois cachorros muito animados.

Ou seja não escrevi este livro porque conquistei algo de extraordinário. Escrevi este livro porque conquistei algo bem comum, o que não acontece com a maioria dos garotos que foi criada como eu. Veja bem, eu cresci pobre, no Cinturão da Ferrugem, numa cidade de Ohio produtora de aço, que vem perdendo empregos e a esperança, como numa hemorragia, desde quando consigo me lembrar. Tenho, para dizer o mínimo, uma relação complexa com meus pais, um dos quais lutou contra o vício durante quase toda a minha vida. Meus avós, que não terminaram o ensino médio, me criaram, e poucos membros da minha família cursaram uma faculdade. As estatísticas dizem que garotos como eu têm pela frente um futuro sombrio: se tiverem sorte, vão conseguir evitar o seguro-desemprego; se tiverem azar, vão morrer de overdose de heroína, como aconteceu com dezenas deles na minha cidadezinha natal só no ano passado.

Eu era um desses garotos com um futuro sombrio. Quase larguei a escola no ensino médio. Quase cedi à raiva e ao ressentimento profundos que todos ao meu redor sentiam. Hoje as pessoas olham para mim, para o meu emprego e para o meu diploma numa universidade da Ivy League, o grupo das oito universidades mais prestigiadas dos Estados Unidos, e supõem que sou alguma espécie de gênio, que só uma pessoa realmente extraordinária poder ter chegado onde estou hoje. Com todo o respeito devido a essas pessoas, acho que essa teoria é uma bobagem. Quaisquer que sejam os meus talentos, quase os desperdicei antes que algumas pessoas amorosas me resgatassem.

Essa é a verdadeira história da minha vida, e foi por isso que escrevi este livro. Quero que as pessoas saibam o que é quase desistir de si mesmo e por que alguém faria isso. Quero que as pessoas entendam o que acontece nas vidas dos pobres e o impacto psicológico que a pobreza espiritual e material tem em seus filhos. Quero que as pessoas entendam o Sonho Americano com que eu e minha família nos defrontamos. Quero que as pessoas entendam qual é a verdadeira sensação da mobilidade social. E quero que as pessoas entendam algo que só aprendi recentemente: quando temos a sorte de viver o Sonho Americano, os demônios da vida que deixamos para trás continuam a nos perseguir.

Existe um componente étnico nos espreitando no fundo da minha história. Na sociedade americana que têm consciência das questões de raça, nosso vocabulário normalmente não vai além da cor da pele de alguém: "negros," "asiáticos," "brancos privilegiados". Às vezes essas categorias amplas são úteis, mas para compreender minha história, você tem que prestar atenção nos detalhes. Posso ser branco, mas não me identifico com os "brancos protestantes e anglo-saxões" do Nordeste dos Estados Unidos. Ao contrário, eu me identifico com os milhões de americanos brancos da classe operária, descendentes de escoceses-irlandeses, que não possuem diploma universitário. Para esses caras, a pobreza é uma tradição familiar – seus antepassados trabalhavam por dia na economia escravagista do sul, depois como meeiros, e mais recentemente como operários. Os americanos os chamam de "caipiras, matutos", "brancos sujos cabeça-duras" ou "lixo branco". Eu os chamo de vizinhos, amigos e família.

Os escoceses-irlandeses são um dos subgrupos mais característicos na América. Como disse uma vez um observador: "Ao viajar pelos Estados Unidos, fiquei impressionado com os escoceses-irlandeses, a subcultura regional mais persistente e imutável do país. Suas estruturas familiares, religião, política e vida social continuam inalteradas, comparadas ao abandono indiscriminado das tradições que ocorreu em quase toda parte."[1] Essa distinta aceitação da tradição cultural vem acompanhada de diversos traços positivos – um senso de lealdade muito forte, uma dedicação feroz à família e ao país –, mas também de muitos traços negativos. Nós não gostamos de forasteiros nem de gente diferente de nós, quer esteja a diferença

---

[1] Razib Khan, "The Scots-Irish as Indigenous People", *Discover* (22 de julho de 2012), http://blogs.discovermagazine.com/gnxp/2012/07/the-scots-irish-as-indigenous-people/#.VY8zEBNViko.

na aparência, nos atos ou, o que é ainda mais importante, no modo de falar. Para me compreender, você tem que compreender que, no fundo, sou um caipira escocês-irlandês.

Se a etnia é um lado da moeda, a geografia é o outro. Quando a primeira onda de imigrantes escoceses-irlandeses chegou ao Novo Mundo no século XVIII, eles se sentiram profundamente atraídos pelos Montes Apalaches. A área é imensa – estende-se do Alabama à Geórgia ao Sul e de Ohio até parte do estado de Nova York ao Norte –, mas a cultura dessa região é extraordinariamente coesa. Minha família, das colinas do leste do Kentucky, descreve a si mesma como caipira, mas Hank Williams Jr. – nascido na Louisiana e morador do Alabama – também se identificava como um no seu hino rural branco "Um rapaz do campo sempre consegue sobreviver". Foi a nova orientação política da região central dos Apalaches, que era democrata e passou a ser republicana, que redefiniu a política americana depois de Nixon. E é na região central dos Apalaches que a sorte dos brancos da classe trabalhadora parece mais sombria. Baixa mobilidade social, pobreza, drogas, divórcio, minha terra natal é um núcleo de miséria.

Não é de surpreender, então, que sejamos um bando de pessimistas. O surpreendente é que, de acordo com as pesquisas, os brancos da classe trabalhadora sejam o grupo mais pessimista da América. Mais pessimista do que os imigrantes latinos, muitos dos quais vivem na pobreza extrema. Mais pessimista do que os negros americanos, cujas perspectivas de avanços materiais continuam a se arrastar atrás das dos brancos. Embora a realidade permita algum grau de cinismo, o fato de que caipiras como eu sejam mais pessimistas em relação ao futuro do que muitos outros grupos – alguns dos quais são claramente mais miseráveis do que nós – sugere que alguma outra coisa está acontecendo.

E realmente está. Estamos mais isolados socialmente do que nunca, e passamos esse isolamento para os nossos filhos. Nossa religião mudou – construída ao redor de igrejas com forte ênfase na retórica emocional, mas fracas em termos do tipo de apoio social necessário para permitir que garotos pobres se saiam bem. Muitos de nós abandonamos o mercado de trabalho ou escolhemos não procurar melhores oportunidades. Nossos homens sofrem de uma crise de masculinidade peculiar na qual alguns dos traços que nossa cultura inculca em nós são exatamente aqueles que dificultam ter sucesso num mundo em constante mudança.

Quando menciono as dificuldades da minha comunidade, geralmente recebo uma explicação que diz mais ou menos isto: "É claro que as perspectivas para os brancos da classe trabalhadora pioraram, J.D., mas você está colocando o carro na frente dos bois. Eles estão se divorciando mais, se casando menos, e experimentando menos felicidade porque suas oportunidades econômicas diminuíram. Se eles tivessem mais empregos, as outras áreas de suas vidas também iriam melhorar."

Eu também achava isso antes, e quis desesperadamente acreditar nisso durante a minha juventude. Faz todo sentido. Não ter emprego é estressante, e não ter dinheiro suficiente para viver é mais estressante ainda. Quando o centro de produção do Meio Oeste industrial se esvaziou, a classe trabalhadora branca perdeu tanto sua estabilidade econômica quanto a vida familiar e o lar estável que resultam dela.

Mas a experiência pode ser um professor bem difícil, e ela me ensinou que essa história de insegurança econômica é, na melhor das hipóteses, incompleta. Poucos anos atrás, durante o verão antes da minha entrada na Yale Law School, eu estava procurando um emprego de horário integral para financiar minha mudança para New Haven, Connecticut. Um amigo da família sugeriu que eu trabalhasse para ele numa empresa de porte médio de distribuição de pisos de cerâmica perto da minha cidade. Piso de cerâmica é algo extremamente pesado. Cada peça pesa entre um quilo e meio e três quilos, e elas geralmente são embaladas em caixas com oito a doze peças. Minha principal obrigação era colocar as embalagens sobre um palete de expedição e prepará-lo para ser despachado. Não era fácil, mas pagava treze dólares por hora e eu precisava do dinheiro, então aceitei o emprego e fiz o máximo de horas extras que pude.

A empresa de pisos de cerâmica empregava cerca de doze pessoas, e a maioria dos empregados já trabalhava lá havia muitos anos. Um cara tinha dois empregos de carga horária integral, mas não porque precisasse: o segundo emprego permitia que ele corresse atrás do sonho de ser piloto de avião. Treze dólares por hora era um bom dinheiro para um cara solteiro na nossa cidade – um apartamento decente custa cerca de quinhentos dólares por mês – e a empresa de pisos de cerâmica dava aumentos regulares. Todo empregado que trabalhasse lá por alguns anos recebia pelo menos dezesseis dólares por hora numa economia em recessão, o que dava uma renda anual de 32 mil – bem acima da linha de pobreza mesmo para uma família. Apesar de oferecer empregos relativamente estáveis, os gerentes da empresa não conseguiram preencher a vaga no depósito para a qual fui contratado com um antigo funcionário. Quando saí, três caras trabalhavam no depósito; com 26 anos, eu era bem mais velho que todos eles.

Um cara, vamos chamá-lo de Bob, entrou para o depósito de pisos de cerâmica poucos meses antes de mim. Bob tinha dezenove anos e sua namorada estava grávida. O gerente gentilmente ofereceu à namorada de Bob um emprego no escritório, atendendo o telefone. Os dois eram funcionários horríveis. A namorada faltava um em cada três dias e nunca avisava antes. Apesar de ter sido alertada várias vezes, a moça não mudou seu comportamento e foi dispensada em poucos meses. Bob faltava ao trabalho mais ou menos uma vez por semana, e sempre chegava atrasado. E ainda por cima costumava ir três ou quatro vezes por dia ao banheiro, e demorava mais ou menos meia hora de cada vez. A coisa ficou tão ruim que, no final do meu período na empresa, um outro funcionário e eu brincávamos com aquela situação: acionávamos um cronômetro quando ele ia ao banheiro e anunciávamos o tempo em voz alta para todo o depósito – "Trinta e cinco minutos!", "Quarenta e cinco minutos!", "Uma hora!".

Bob acabou sendo despedido também. Quando isso aconteceu, ele gritou furioso com o supervisor: "Como você pode fazer isso comigo? Você não sabe que a minha namorada está grávida?!" E não estava sozinho: pelo menos mais duas pessoas, inclusive o primo de Bob, perderam seus empregos ou pediram demissão durante o curto período que passei no depósito da empresa de pisos de cerâmica.

Você não pode ignorar histórias como essa quando fala sobre igualdade de oportunidades. Economistas vencedores do prêmio Nobel se preocupam com o declínio das indústrias do Meio Oeste e com o esvaziamento do núcleo econômico dos trabalhadores brancos. O que eles querem dizer é que o que antes era feito pelos operários nas indústrias americanas passou a ser feito em outros países e que empregos de classe média são difíceis de conseguir por quem não tem diploma universitário. Está certo, também me preocupo com isso. Mas este livro trata de outra coisa: do que acontece na vida de pessoas reais quando a economia industrial vai mal. Ele fala sobre como essas pessoas reagem às circunstâncias adversas da pior maneira possível. Ele fala de uma sociedade que cada vez mais encoraja a decadência social em vez de combatê-la.

Os problemas que vi trabalhando naquele depósito têm raízes muito mais profundas do que tendências e políticas macroeconômicas. Um grande número de homens jovens que não gostam do trabalho pesado. Bons empregos nos quais ninguém quer ficar por muito tempo. E um rapaz com todos os motivos para trabalhar – uma futura esposa para sustentar e um filho a caminho –, abrindo mão de um bom emprego com excelente seguro-saúde. E o que é mais perturbador, quando Bob perdeu o emprego, achou que foi algo que *fizeram com ele*. Existe uma falta de poder – um sentimento de que se tem pouco controle sobre a própria vida e um desejo de culpar todo mundo menos a si mesmo. Isso é diferente do cenário econômico mais amplo da América moderna.

Vale a pena ressaltar que, embora eu tenha como foco o grupo de pessoas que conheço – brancos da classe trabalhadora da região central dos montes Apalaches –, não estou defendendo que mereçamos mais solidariedade do que as outras pessoas. Esta não é uma história sobre por que os brancos têm mais do que reclamar do que os negros ou qualquer outro grupo social. Dito isto, espero que os leitores deste livro sejam capazes de fazer, por meio dele, uma avaliação de como a classe social a que pertencem e a família afetam os pobres, sem que suas opiniões se baseiem num prisma racial. Para muitos analistas, termos como "rainha da seguridade social" provocam imagens injustas da mãe negra preguiçosa, que vive às custas do auxílio do governo. Os leitores deste livro irão logo perceber que existe pouca relação entre essa imagem e os meus argumentos: conheci muitas "rainhas da seguridade social"; algumas eram minhas vizinhas, e todas eram brancas.

Este livro não é um estudo acadêmico. Nos últimos anos, William Julius Wilson, Charles Murray, Robert Putnam e Raj Chetty escreveram trabalhos interessantes e baseados em pesquisas rigorosas, que demonstram que a mobilidade social diminuiu nos anos 1970 e nunca se recuperou realmente; que algumas regiões dos Estados Unidos se saíram bem pior do que outras (pasmem!, a região central dos montes Apalaches e o Cinturão da Ferrugem se saíram muito mal); e que muitos dos fenômenos que vi na minha própria vida existem por toda a sociedade americana. Posso discordar de algumas das suas conclusões, mas eles demonstraram de forma convincente que a América tem um problema. Embora eu use alguns dados, e embora às vezes me baseie em estudos acadêmicos para provar um ponto de vista, meu objetivo principal não é convencer você de um problema já documentado. Meu objetivo principal é contar uma história verdadeira sobre que tipo de sentimento esse problema causa, quando se nasce com ele pendurado no pescoço.

Não posso contar essa história sem apelar para o elenco que fez parte da minha vida. Então este livro não é apenas uma autobiografia pessoal mas sim familiar – uma história de oportunidades e da mobilidade social vista pelos olhos de um grupo de caipiras da região central dos montes Apalaches. Duas gerações atrás, meus avós eram extremamente pobres e estavam apaixonados. Eles se casaram e se mudaram para o Norte na esperança de fugir da pobreza extrema que os cercava. O neto deles (eu) se formou numa das melhores instituições educacionais do mundo. Essa é a versão curta. A versão longa está nas páginas seguintes.

Embora eu às vezes mude os nomes das pessoas para proteger sua privacidade, esta história é, até onde consigo me lembrar, um retrato fiel do mundo que conheci. Não há personagens inventados nem atalhos narrativos. Onde foi possível, comprovei os detalhes com documentos – boletins escolares, cartas manuscritas, anotações em retratos –, mas tenho certeza de que esta história é tão falível quanto qualquer lembrança humana. De fato, quando pedi à minha irmã para ler um esboço inicial deste livro, isso provocou uma conversa de meia hora sobre a possibilidade de eu ter deslocado cronologicamente um evento. Fiquei com a minha versão dos fatos, não porque desconfie da memória da minha irmã (na verdade, creio que a memória dela é melhor do que a minha), mas porque acho que há algo a aprender no modo como organizei os eventos na minha cabeça.

Também não sou um observador neutro. Quase todas as pessoas sobre as quais você vai ler são cheias de defeitos. Algumas tentaram assassinar outras pessoas, e umas poucas conseguiram de fato.

Algumas abusaram de seus filhos, física ou emocionalmente. Muitas usaram (e ainda usam) drogas. Mas amo essas pessoas, mesmo aquelas com quem evito falar para preservar a minha sanidade. E se eu deixar você com a impressão de que existem pessoas más na minha vida, então peço desculpas, tanto a você quanto às pessoas assim retratadas. Porque não existem vilões nesta história. Existe apenas um bando desordenado de caipiras lutando para encontrar seu caminho – tanto por eles mesmos quanto, com a graça de Deus, por mim também.

CAPÍTULO 1

Como tantas crianças pequenas, aprendi o endereço da minha casa para que, se eu me perdesse, pudesse dizer a um adulto para onde me levar. No jardim de infância, quando a professora perguntou onde eu morava, recitei o nome da rua sem pestanejar, embora minha mãe mudasse frequentemente de endereço por razões que nunca entendi quando era criança. Entretanto, sempre distingui "meu endereço" do "meu lar". O primeiro era onde eu passava a maior parte do meu tempo com minha mãe e minha irmã, onde quer que isso fosse. Mas meu lar mesmo nunca mudou: era a casa da minha bisavó, no vale, em Jackson, Kentucky.

Jackson é uma pequena cidade de cerca de seis mil habitantes no coração da região do carvão no sudeste do Kentucky. Chamá-la de cidade é um certo exagero: lá tem um fórum, alguns restaurantes – quase todos eles cadeias de fast-food – e umas poucas lojas. A maior parte das pessoas mora nas montanhas ao redor da Kentucky Highway 15, em parques de trailers, ou em moradias subsidiadas pelo governo, ou em pequenas fazendas, ou em chalés na montanha, como o que serviu de cenário para as melhores recordações da minha infância.

O povo de Jackson diz olá para todo mundo, abre mão de boa vontade do seu passatempo favorito para desencavar o carro de um estranho da neve e – sem exceção – salta dos seus automóveis e fica em posição de sentido toda vez que um carro fúnebre passa. Foi esse hábito que me fez perceber algo especial a respeito de Jackson e de seu povo. Por que, perguntei à minha avó – que nós todos chamávamos de Mamaw – todo mundo para quando passa um cortejo fúnebre? "Porque, meu bem, nós somos gente do interior. E respeitamos nossos mortos."

Meus avós deixaram Jackson no final dos anos 1940 e criaram sua família em Middletown, Ohio, onde cresci depois. Mas até os meus doze anos, passei os verões e grande parte do resto do meu tempo em Jackson. Eu ia de visita junto com Mamaw, que queria ver os amigos e a família, sempre sabendo que o tempo estava encurtando a lista de suas pessoas favoritas. E com o passar dos anos, fazíamos nossas viagens principalmente por uma razão: para cuidar da mãe de Mamaw, que nós chamávamos de Mamaw Blanton (para distingui-la, embora um tanto confusamente, de Mamaw). Nós ficávamos com Mamaw Blanton na casa onde ela tinha vivido desde antes do marido partir para lutar contra os japoneses no Pacífico.

A casa de Mamaw Blanton era o meu lugar favorito no mundo, embora não fosse grande nem luxuosa. A casa tinha três quartos. Na frente havia uma pequena varanda, com um balanço, e um jardim grande que se estendia até uma montanha de um lado e até o começo do vale do outro. Embora Mamaw Blanton fosse dona da propriedade, a maior parte dela consistia de mata fechada. Não havia um quintal propriamente dito, embora houvesse uma bela encosta de montanha coberta de rocha e árvores. Havia também o vale, e o riacho que corria ao longo dele. Para mim aquilo era quintal suficiente. As crianças dormiam todas no único quarto do segundo andar: um espaço com doze camas onde meus primos e eu brincávamos até tarde da noite, até a hora em que nossa avó irritada nos mandava dormir.

As montanhas ao redor eram um paraíso para uma criança, e eu passava a maior parte do meu tempo aterrorizando a fauna apalachiana: nenhuma tartaruga, cobra, sapo, peixe ou esquilo estava a salvo. Eu corria por lá com meus primos, ignorante da pobreza sempre presente ou da deterioração da saúde de Mamaw Blanton.

Num nível profundo, Jackson era o único lugar que pertencia a mim, minha irmã e Mamaw. Eu amava Ohio, mas lá estava cheio de lembranças tristes. Em Jackson, eu era o neto da mulher mais durona que já existiu e a mecânica de automóveis mais competente da cidade; em Ohio eu era o filho abandonado de um homem que mal conhecia e de uma mulher que eu desejaria não ter conhecido. Mamãe só visitava o Kentucky para a reunião anual da família ou para algum enterro e, quando o fazia, Mamaw se certificava de que ela não trouxesse com ela nenhum drama. Em Jackson, não havia gritaria, brigas, surras na minha irmã e especialmente "nenhum homem", como Mamaw costumava dizer. Mamaw detestava os diversos casos amorosos de Mamãe e não permitia a presença de nenhum deles no Kentucky.

Em Ohio, eu tinha desenvolvido uma grande habilidade para navegar entre diversas figuras paternas. Com Steve, um sujeito em plena crise de meia-idade, com um brinco que provava isso, eu fingia que brincos eram legais – tanto que ele achou apropriado furar minha orelha também. Com Chip, um policial alcoólatra que considerou o meu brinco coisa de "maricas", eu bancava o durão e adorava carros de polícia. Com Ken, um homem esquisito que pediu Mamãe em casamento três dias depois de estarem namorando, eu era um irmão bondoso para seus dois filhos. Mas nada disso era verdadeiro. Eu odiava brincos, odiava carros de polícia e sabia que os filhos de Ken estariam fora da minha vida no ano seguinte. No Kentucky, eu não tinha que fingir ser alguém que eu não era, porque os únicos homens na minha vida – os irmãos e os cunhados da minha avó – já me conheciam. Eu queria que eles tivessem orgulho de mim? Claro que sim, mas não porque eu fingisse gostar deles; eu gostava deles de verdade.

O mais velho e malvado dos homens Blanton era tio Teaberry, que tinha por apelido seu sabor favorito de chiclete. Tio Teaberry, como o pai dele, serviu na marinha durante a Segunda Guerra Mundial. Ele morreu quando eu tinha quatro anos, então só tenho duas lembranças reais dele. Na primeira, estou correndo como louco, e Teaberry está logo atrás com um canivete, dizendo que vai dar minha orelha direita para os cães comerem se me pegar. Pulo nos braços de Mamaw Blanton, e a brincadeira assustadora termina. Mas sei que gostava dele, porque minha segunda lembrança é de ter dado um ataque por não me permitirem visitá-lo em seu leito de morte, tanto que minha avó foi obrigada a vestir uma das camisolas de hospital em mim e me fazer entrar escondido. Eu me lembro de usar aquela camisola e segurar a mão dela bem forte, mas não me lembro de dar adeus a ele.

Tio Pet vinha em seguida. Tio Pet era um homem alto, com uma língua afiada e um senso de humor obsceno. O mais bem-sucedido economicamente do bando dos Blanton, tio Pet saiu cedo de casa e começou um negócio de madeira e construção que rendia a ele dinheiro suficiente para gastar com cavalos de corrida em seu tempo livre. Ele parecia ser o mais simpático dos homens Blanton, com o charme sereno de um homem de negócios bem-sucedido. Mas esse charme disfarçava um temperamento feroz. Uma vez, quando um motorista de caminhão estava entregando mercadorias numa das empresas do tio Pet, ele disse para o meu tio caipira:

– Descarrega isso agora, seu filho da puta.

Tio Pet tomou a expressão ao pé da letra.

– Quando você diz isso, está chamando minha querida mãe de puta, então peço encarecidamente que você tenha mais cuidado com o que diz.

Quando o motorista – apelidado de "Big Red" por causa do seu tamanho e da cor dos seus cabelos – repetiu o insulto, tio Pet fez o que qualquer dono de empresa racional faria: ele arrancou o homem de dentro do caminhão, deu uma surra nele que o deixou desacordado e passou uma serra elétrica pelo corpo dele, de alto a baixo. Big Red quase morreu com uma hemorragia grave, mas foi levado às pressas para o hospital e sobreviveu. No entanto, tio Pet nunca foi para a prisão. Aparentemente, Big Red também era um homem apalachiano e se recusou a falar com a polícia sobre o incidente ou a prestar queixa. Ele sabia bem o que significava xingar a mãe de um homem.

Tio David pode ter sido o único dos irmãos de Mamaw a não ligar muito para aquela cultura da honra. Um velho rebelde, com cabelos compridos e barba mais comprida ainda, ele gostava de tudo menos de regras, o que explica por que, quando eu descobri sua enorme plantação de maconha no quintal da velha fazenda, ele não tentou dar nenhuma explicação. Chocado, perguntei ao tio David o que planejava fazer com drogas proibidas. Então ele tirou alguns cigarros de papel e um isqueiro e me mostrou. Eu tinha doze anos. Eu sabia que se Mamaw descobrisse ela o mataria.

Fiquei com medo porque, de acordo com o folclore familiar, Mamaw *tinha* quase matado um homem. Quando estava mais ou menos com doze anos, Mamaw saiu de casa e viu dois homens colocando a vaca da família – um bem precioso num mundo onde não havia água corrente – na traseira de um caminhão. Ela correu para dentro, pegou um rifle e deu vários tiros. Um dos homens caiu – com um tiro na perna – e o outro pulou para dentro do caminhão e saiu dali aos berros. O ladrão caído mal conseguia se arrastar, então Mamaw se aproximou dele, levantou o cano do rifle e apontou para a cabeça do homem, preparada para terminar o serviço. Para sorte dele, tio Pet interveio. O primeiro assassinato confirmado de Mamaw ficaria para outro dia.

Mesmo sabendo o quanto Mamaw era louca por uma arma, acho essa história difícil de acreditar. Fiz uma apuração com membros da minha família e cerca da metade nunca ouviu a história. A parte em que acredito é que ela teria matado o homem se ninguém a tivesse impedido. Ela odiava deslealdade, e não havia maior deslealdade do que traição de classe. Cada vez que alguém roubava uma bicicleta da sua varanda (três vezes, pelas minhas contas), ou arrombava o carro dela para roubar uns trocados, ou roubava uma entrega, ela dizia para mim, como um general dando ordens de marchar para as suas tropas:

– Não existe nada mais baixo do que pobre roubando de pobre. A vida já é dura do jeito que é. Nós não precisamos torná-la mais dura uns para os outros.

O mais moço de todos os rapazes Blanton era tio Gary. Ele era o bebê da família e um dos homens mais doces que já conheci. Tio Gary saiu de casa moço e construiu uma empresa bem-sucedida de telhados em Indiana. Era bom marido e pai melhor ainda, e sempre me dizia:

– Nós temos orgulho de você, meu velho Jaydot – fazendo-me ficar todo convencido. Ele era o meu favorito, o único dos irmãos Blanton que não ameaçou me dar um chute no traseiro ou arrancar a minha orelha.

Minha avó também tinha duas irmãs mais moças, Betty e Rose, a quem eu amava muito, mas eu era obcecado pelos homens Blanton. Eu me sentava no meio deles e implorava que me contassem e recontassem suas histórias. Esses homens eram os guardiães da tradição oral da família, e eu era o melhor aluno deles.

A maior parte dessa tradição estava longe de ser apropriada para os ouvidos de uma criança. Quase toda ela envolvia o tipo de violência que certamente colocaria alguém na cadeia. Grande parte dela se centrava na maneira como o condado onde Jackson se situava, Breathitt, ganhou seu apelido, "Breathitt Sangrento". Havia muitas explicações, mas todas elas giravam em torno de um único tema: o povo de Breathitt detestava certas coisas, e não precisava da lei para acabar com elas.

Uma das histórias mais comuns da violência de Breathitt falava de um homem mais velho da cidade que foi acusado de estuprar uma garota. Mamaw me contou que, dias antes do julgamento dele, o homem foi encontrado de bruços num lago da localidade com dezesseis buracos de bala nas costas. As autoridades nunca investigaram o assassinato, e a única menção ao incidente apareceu no jornal local na manhã em que o corpo dele foi descoberto. Com uma admirável manchete, o jornal noticiou: "Homem encontrado morto. Provável crime."

– Provável crime? – urrou minha avó. – Pode ter certeza. Breathitt Sangrento acabou com aquele filho da puta.

Ou aquele dia em que tio Teaberry ouviu um rapaz declarar seu desejo de "comer as calcinhas dela", uma referência à roupa de baixo da irmã dele (minha Mamaw). Tio Teaberry foi até em casa, pegou uma calcinha de Mamaw e obrigou o rapaz, ameaçando-o com uma faca, a comer a roupa.

Algumas pessoas podem concluir que venho de um clã de lunáticos. Mas aquelas histórias faziam com que eu me sentisse parte da realeza caipira, porque eram histórias clássicas do bem contra o mal, e meu povo estava do lado certo. Meu povo era exagerado, mas exagerado a serviço de alguma coisa – defender a honra de uma irmã ou assegurar que um criminoso pagasse por seus crimes. Os homens Blanton, assim como a irmã moleque deles, a quem eu chamo de Mamaw, eram executores da justiça caipira, e para mim, esse era o melhor tipo de gente possível.

Apesar de suas virtudes, ou talvez por causa delas, os homens Blanton eram cheios de vícios. Alguns deixaram um rastro de filhos negligenciados, esposas enganadas, ou as duas coisas. E eu nem mesmo os conhecia tão bem assim: só os via em grandes reuniões de família ou durante as férias. Ainda assim, eu os amava e venerava. Uma vez ouvi Mamaw dizer à mãe dela que eu gostava dos homens Blanton porque tantas outras figuras paternas já tinham chegado e partido, mas os homens Blanton estavam sempre lá. Existe, sem dúvida, uma certa verdade nisso. Mas mais que tudo, os homens Blanton eram a personificação das montanhas do Kentucky. Eu os amava porque amava Jackson.

Quando fiquei mais velho, minha obsessão com os homens Blanton se tornou apreço, assim como minha visão de Jackson como uma espécie de paraíso amadureceu. Vou sempre pensar em Jackson como sendo o meu lar. É um lugar incomensuravelmente lindo: quando as folhas mudam de cor em outubro, parece que cada montanha da cidade está pegando fogo. Mas apesar de toda essa beleza, e de todas as lembranças apaixonadas, Jackson é um lugar muito duro. Jackson me ensinou que "gente do interior" e "gente pobre" geralmente significam a mesma coisa. Na casa de Mamaw Blanton, comíamos ovos mexidos, presunto, batatas fritas e broas no café da manhã; sanduíches de mortadela no almoço; e sopa de feijão e milho no jantar. Muitas famílias de Jackson não podiam dizer o mesmo, e eu sabia disso porque, quando cresci, ouvia os adultos falando sobre as pobres crianças da vizinhança que estavam passando fome e como a cidade podia ajudá-las. Mamaw me poupava do pior de Jackson, mas não dá para manter a realidade afastada por muito tempo.

Numa viagem recente a Jackson, fiz questão de parar na velha casa de Mamaw Blanton, agora habitada por meu primo em segundo grau Rick e sua família. Nós conversamos sobre como as coisas tinham mudado.

– As drogas chegaram aqui – me disse Rick. – E ninguém está interessado em manter um emprego.

Torci para que meu amado vale tivesse escapado do pior, então pedi aos filhos de Rick para me levarem para uma caminhada. Por toda a parte vi os piores sinais da pobreza apalachiana.

Algumas coisas eram tão desoladoras quanto clichês: casebres decrépitos apodrecendo, cães sem dono procurando comida, e móveis velhos espalhados pelos gramados. Outras coisas eram muito mais perturbadoras. Ao passar por uma pequena casa de dois quartos, notei um conjunto de olhos assustados me observando por trás das cortinas. Aquilo despertou a minha curiosidade. Olhei com mais atenção e contei nada menos do que oito pares de olhos, todos olhando para mim de três janelas, numa mistura de medo e anseio. Na varanda da frente estava um homem magro, que não tinha mais de 35 anos, aparentemente o chefe da família. Diversos cães ferozes, malnutridos, presos em correntes protegiam os móveis espalhados pelo árido jardim da frente. Quando perguntei ao filho de Rick o que o jovem pai fazia para ganhar a vida, ele me disse que o homem não tinha emprego e se orgulhava disso. E acrescentou, "eles são maus, então nós tentamos evitá-los".

Aquela casa pode ser um exemplo extremo, mas diz muito sobre a vida da gente do interior em Jackson. Quase um terço da cidade vive na pobreza absoluta, um número que inclui quase metade de todos os seus filhos. E isso sem levar em conta a grande maioria dos nativos que pairam ao redor da linha da pobreza. Existe lá uma epidemia de viciados em remédios controlados. As escolas públicas são tão ruins que o estado do Kentucky recentemente passou a controlá-las. Entretanto, pais continuam enviando seus filhos para essas escolas porque não têm dinheiro, e a escola de ensino médio fracassa em mandar seus alunos para a faculdade com uma consistência alarmante. As pessoas têm pouca saúde e, sem a assistência do governo, elas não têm acesso a tratamento para os problemas mais básicos. E o que é mais importante, elas são *orgulhosas* em relação a isso – não querem se abrir e pedir ajuda pelo simples motivo de não quererem ser julgadas.

Em 2009, o ABC News fez uma reportagem sobre a América dos montes Apalaches, chamando atenção para um fenômeno conhecido localmente como "boca de Mountain Dew": dolorosos problemas dentais em crianças pequenas, geralmente causados por excesso de refrigerante açucarado, como o que dá nome ao fenômeno. No jornal, a ABC contou uma quantidade de histórias sobre crianças apalachianas enfrentando pobreza e desnutrição. A reportagem teve enorme repercussão na região, mas foi encarada com total desprezo. A reação mais comum: isso não é da conta de vocês. "Essa foi a coisa mais ofensiva que já ouvi e vocês deviam estar todos envergonhados, inclusive toda a ABC," escreveu um espectador on-line. Outro acrescentou: "Vocês deviam ter vergonha de reforçar velhos e falsos estereótipos, em vez de mostrar um retrato mais fiel da região dos Apalaches. Essa é a opinião da maioria das pessoas que encontrei nas cidades rurais das montanhas."

Eu soube disso porque minha prima usou o Facebook para silenciar os críticos, observando que só admitindo os nossos problemas é que podemos tentar resolvê-los. Amber está numa posição privilegiada para falar sobre os problemas da região central dos Apalaches: ao contrário de mim, ela passou a infância inteira em Jackson. Ela foi uma aluna brilhante no ensino médio e mais tarde se formou na universidade, a primeira de sua família nuclear a fazer isso. Ela viu o pior da pobreza de Jackson em primeira mão e superou isso.

A reação raivosa confirma a literatura acadêmica a respeito dos americanos apalachianos. Num ensaio de dezembro de 2000, as sociólogas Carol A. Markstrom, Sheila K. Marshall e Robin J. Tryon verificaram que fuga e formas idealizadas de lidar com a realidade "prognosticavam de forma significativa a capacidade de superação" dos adolescentes apalachianos. O estudo delas sugere que os caipiras aprendem desde muito cedo a lidar com as verdades desagradáveis evitando-as ou fingindo que existem verdades melhores. Essa tendência pode criar uma resiliência psicológica, mas também torna difícil para os apalachianos olharem para si mesmos de forma honesta.

Tendemos sempre a exagerar e a minimizar, a glorificar o bom e ignorar o mau em nós mesmos. É por isso que o povo da região dos Apalaches reagia fortemente a um olhar honesto sobre alguns de seus habitantes mais pobres. É por isso que eu adorava os homens Blanton, e foi por isso que passei os primeiros dezoito anos da minha vida fingindo que tudo no mundo era um problema, menos eu.

A verdade é dura, e as mais duras das verdades para o povo do interior são aquelas que ele precisa contar sobre si mesmo. Jackson, sem dúvida, é habitado pelas melhores pessoas do mundo; mas também está cheia de viciados em drogas e alguns homens que conseguem achar tempo para fazer oito filhos, mas não conseguem achar tempo para sustentá-los. A cidade é indubitavelmente linda, mas sua beleza é obscurecida pela degradação ambiental e pelo lixo espalhado pelo campo. Seu povo é trabalhador, exceto, é claro, aqueles recebedores de cupons de alimentação que mostram pouco interesse pelo trabalho honesto. Jackson, como os homens Blanton, é cheia de contradições.

As coisas ficaram tão ruins naquele último verão, depois que meu primo Mike enterrou sua mãe, que ele pensou imediatamente em vender a casa dela.

– Não posso viver aqui, mas não posso deixá-la vazia – disse ele. – Os viciados vão saqueá-la.

Jackson sempre foi pobre, mas nunca foi um lugar onde um homem tinha medo de deixar a casa da mãe vazia. O lugar que eu chamo de lar tomou um rumo preocupante.

Se existe alguma tentação em julgar esses problemas como sendo a preocupação tacanha de matutos do interior, uma olhada em minha própria vida revela que os problemas de Jackson se tornaram dominantes. Graças à migração maciça das regiões mais pobres dos Apalaches para lugares como Ohio, Michigan, Indiana,

Pensilvânia e Illinois, os valores caipiras se espalharam amplamente junto com o povo caipira. Com efeito, gente que veio do Kentucky e seus filhos são tão numerosos em Middletown, Ohio (onde cresci), que quando éramos crianças nós nos referíamos debochadamente ao lugar como "Middletucky".

Meus avós deixaram o verdadeiro Kentucky e foram para "Middletucky" à procura de uma vida melhor, e em alguns aspectos a encontraram. Em outros aspectos, eles nunca se libertaram de verdade. O vício em drogas que infesta Jackson atormentou a filha mais velha deles durante toda a sua vida adulta. A boca de Mountain Dew pode ser especialmente ruim em Jackson, mas meus avós lutaram contra ela em Middletown, também: eu tinha nove meses na primeira vez que Mamaw viu minha mãe pôr Pepsi na minha mamadeira. Pais virtuosos existem em muita pouca quantidade em Jackson, mas também são raros nas vidas dos netos dos meus avós. As pessoas lutaram durante décadas para sair de Jackson; agora elas lutam para fugir de Middletown.

Se os problemas começam em Jackson, não está muito claro onde eles terminam. O que compreendi muitos anos atrás, assistindo àquele desfile fúnebre com Mamaw, foi que sou uma pessoa do interior. Assim como grande parte da classe trabalhadora americana. E nós, gente do interior, não estamos indo muito bem.

CAPÍTULO 2

Os caipiras gostam de colocar sua marca em várias palavras. Nós chamamos o *minnow*, um peixe de água doce usado como isca de *minners* e o *crayfish* (lagostim) de *crawdads*. Essas são apenas corruptelas das formas originais no "dialeto" caipira. Já *holler* – que vem de *hollow*, oco ou vale – é um termo usado para dar nome a quem mora nesse lugar, e soa como "os do vale". Outras pessoas chamam seus avós de vovô, vô, vovó, vó, e assim por diante. No entanto, nunca ouvi ninguém dizer "Mamaw" ou "Papaw", pronuncia-se alongando o último "a", fora da nossa comunidade. Esses nomes se referem apenas a avós caipiras.

Meus avós – Mamaw e Papaw – foram, sem dúvida alguma e de todas as formas, as melhores coisas que me aconteceram. Eles passaram as duas últimas décadas de suas vidas me mostrando o valor do amor e da estabilidade e me ensinando as lições de vida que a maioria das pessoas aprende com os pais. Ambos fizeram sua parte para garantir que eu tivesse a autoconfiança e as oportunidades certas para alcançar o Sonho Americano. Mas duvido que, quando eram crianças, Jim Vance e Bonnie Blanton esperassem muito de suas próprias vidas. Como poderiam? Montanhas apalachianas, barracos de um só cômodo e escolas públicas apenas para o ensino fundamental não tendem a alimentar grandes sonhos.

Nós não sabemos muito a respeito dos primeiros anos de vida de Papaw, e duvido que isso possa mudar. Nós sabemos que ele pertencia a uma espécie de nobreza caipira. Um primo distante de Papaw – também Jim Vance – se casou com uma moça da família Hatfield e se juntou a um grupo de antigos soldados confederados e simpatizantes chamados Wildcats. Quando o primo Jim matou o ex-soldado da União, Asa Harmon McCoy, deu início a uma das inimizades entre famílias mais famosas da história americana.

Papaw nasceu James Lee Vance em 1929, seu nome do meio, uma homenagem ao seu pai, Lee Vance. Lee morreu apenas poucos meses depois do nascimento de Papaw, então a mãe de Papaw, Goldie, sobrecarregada, o mandou para a casa do pai dela, Pap Taulbee, um homem severo que tinha um pequeno negócio de madeira. Embora Goldie enviasse dinheiro ocasionalmente, ela raramente visitava o filho caçula. Papaw iria morar com Taulbee em Jackson, Kentucky, durante os primeiros dezessete anos de sua vida.

Pap Taulbee tinha uma pequena casa de dois cômodos a poucas centenas de metros dos Blanton – Blaine e Hattie e seus oito filhos. Hattie tinha pena do menino sem mãe e se tornou uma mãe substituta para meu avô. E Jim logo se tornou um membro extra da família: ele passava a maior parte do tempo livre correndo por ali com os rapazes Blanton, e fazia quase todas as refeições na cozinha de Hattie. Era natural que ele acabasse se casando com a filha mais velha dela.

Jim se casou e entrou para uma família barulhenta. Os Blanton eram um grupo famoso em Breathitt, e tinham uma história de rixa familiar quase tão conhecida quanto a de Papaw. O bisavô de Mamaw tinha sido eleito juiz distrital no início do século XX, mas só depois que o avô dela, Tilden (o filho do juiz), matou um membro de uma família rival no dia da eleição.[2] Numa história publicada no *New York Times* sobre essa rixa violenta, duas coisas chamam atenção. A primeira é que Tilden nunca foi para a prisão pelo crime.[3] A segunda é que, como o *Times* noticiou, "complicações [eram] esperadas". Imagino que sim.

Quando li pela primeira vez essa história macabra num dos jornais de maior circulação do país, senti uma emoção acima de qualquer outra: orgulho. É improvável que qualquer outro antepassado meu tenha aparecido algum dia no *New York Times*. Mesmo que tivesse, duvido que qualquer feito tivesse me deixado tão orgulhoso quanto uma rixa familiar com final feliz. E uma rixa que poderia ter mudado o rumo de uma eleição, nada menos que isso! Como Mamaw costumava dizer, pode-se tirar um garoto do Kentucky, mas não se pode tirar o Kentucky dum garoto.

Não consigo imaginar o que Papaw estava pensando. Mamaw vinha de uma família que preferia atirar em você a discutir com você. O pai dela era um velho caipira bronco e assustador com a boca suja e as medalhas de guerra de um marinheiro. Os feitos criminosos do avô dela foram suficientemente impressionantes para chegar nas páginas do *New York Times*. E apesar de sua linhagem ser assustadora, a própria Mamaw Bonnie era tão aterrorizante que, muitas décadas depois, um recruta dos fuzileiros navais me disse que eu ia achar o campo de treinamento mais fácil do que morar em casa.

– Aqueles instrutores são malvados – disse ele. – Mas não como essa sua avó aí.

---

[2] "Kentucky Feudist Is Killed", *The New York Times* (3 de novembro de 1909).

[3] Ibid.

Essa maldade toda não foi suficiente para desanimar meu avô. Então Mamaw e Papaw se casaram ainda adolescentes em Jackson, em 1947.

Naquela época, quando a euforia pós Segunda Guerra Mundial terminou e as pessoas começaram a se ajustar a um mundo em paz, havia dois tipos de pessoas em Jackson: aqueles que arrancaram suas raízes e foram plantá-las nas indústrias da nova América, e aqueles que não fizeram isso. Com a tenra idade de catorze e dezessete anos, meus avós tiveram que decidir qual o grupo que eles iriam acompanhar.

Como Papaw me disse uma vez, a única opção para muitos de seus amigos era trabalhar "nas minas", extraindo carvão não muito longe de Jackson. Aqueles que ficaram em Jackson passaram a vida no limiar da pobreza, senão mergulhados nela. Então, logo depois do casamento, Papaw arrancou as raízes de sua jovem família e se mudou para Middletown, uma cidade pequena em Ohio com uma economia industrializada que crescia rapidamente.

Essa é a história que os meus avós me contaram e, como quase todas as histórias familiares, ela é em grande parte verdadeira, mas não presta muita atenção aos detalhes. Numa recente viagem a Jackson para visitar a família, meu tio-avô Arch – cunhado de Mamaw e o último daquela geração de jacksonianos – me apresentou a Bonnie South, uma mulher que tinha passado seus 84 anos a cem metros da casa onde Mamaw passou a infância. Até Mamaw partir para Ohio, Bonnie South era sua melhor amiga. E pela avaliação de Bonnie South, a partida de Mamaw e Papaw envolveu um pouco mais de escândalo do que qualquer um de nós sabia.

Em 1946, Bonnie South e Papaw eram amantes. Não sei bem o que isso significava em Jackson naquela época – se eles estavam se preparando para assumir um compromisso ou apenas passando algum tempo juntos. Bonnie tinha pouco a dizer sobre

Papaw além do fato de que ele era "muito bonito". A única coisa de que Bonnie South se lembrava além disso era que, em algum momento em 1946, Papaw traiu Bonnie com a melhor amiga dela – Mamaw. Mamaw tinha treze anos e Papaw dezesseis, mas o caso terminou em gravidez. E essa gravidez se somou a diversas outras pressões que tornaram *agora mesmo* a hora de sair de Jackson: meu bisavô assustador e veterano de guerra; os irmãos Blanton, que já tinham uma reputação de defensores da honra de Mamaw; e um grupo de caipiras armados que imediatamente soube da gravidez de Mamaw. E o mais importante, Bonnie e Vance teriam em breve mais uma boca para alimentar antes de estarem acostumados a alimentar a si mesmos. Mamaw e Papaw partiram repentinamente para Dayton, Ohio, onde moraram por pouco tempo antes de se instalarem de forma permanente em Middletown.

Anos mais tarde, Mamaw às vezes falava de uma filha que tinha morrido ainda bebê, e ela nos levou a acreditar que a filha nasceu depois de tio Jimmy, o filho mais velho de Mamaw e Papaw. Mamaw sofreu oito abortos na década entre o nascimento de tio Jimmy e o de minha mãe. Mas recentemente minha irmã descobriu uma certidão de nascimento de um "bebê" Vance, a tia que eu jamais conheci, que morreu tão pequena que sua certidão de nascimento também informa a data de sua morte. O bebê que levou meus avós para Ohio não sobreviveu à sua primeira semana. Naquela certidão de nascimento, a mãe desolada mentiu sobre sua idade: com apenas catorze anos na época e com um marido de dezessete, ela não podia contar a verdade, ou a mandariam de volta para Jackson e Papaw para a cadeia.

A primeira incursão de Mamaw na idade adulta terminou em tragédia. Hoje eu penso muito nisso. Será que, sem o bebê, ela teria algum dia saído de Jackson? Será que ela teria fugido com Jim Vance para um lugar desconhecido? A vida inteira de

Mamaw – e a trajetória de nossa família – pode ter mudado por causa de um bebê que só viveu seis dias.

Qualquer que fosse a mistura de oportunidade econômica e necessidade familiar que tenha levado meus avós para Ohio, eles estavam lá, e não havia volta possível. Então Papaw arranjou um emprego na Armco, uma grande empresa de aço que recrutava trabalhadores de forma agressiva na região do carvão do Kentucky. Representantes da Armco chegavam em cidades como Jackson e prometiam (e era verdade) uma vida melhor para aqueles que estivessem dispostos a se mudar para o Norte e trabalhar nas fábricas. Uma política especial encorajava a migração por atacado: candidatos com um membro da família que trabalhasse na Armco iam para o topo da lista. A Armco não queria apenas contratar os rapazes do Kentucky apalachiano; eles encorajavam esses homens a levar com eles suas famílias.

Diversas outras indústrias empregavam uma estratégia semelhante, e isso parece ter funcionado. Durante aquele período, houve muitas Jacksons e muitas Middletowns. Pesquisadores documentaram duas grandes ondas de migração da região central dos Apalaches para os complexos industriais do Meio Oeste. A primeira ocorreu depois da Primeira Guerra Mundial, quando os veteranos viram que era quase impossível arranjar trabalho nas montanhas ainda não industrializadas do Kentucky, West Virginia e do Tennessee. Isso acabou quando a Grande Depressão atingiu duramente a economia do Norte.[4] Meus avós fizeram parte da segunda onda, composta de veteranos de guerra e de um número crescente de jovens adultos da região central dos Apalaches nos

---

[4] Phillip J. Obermiller, Thomas E. Wagner e E. Bruce Tucker, *Appalachian Odyssey: Historical Perspectives on the Great Migration* (Westport, CT: Praeger, 2000), capítulo 1.

anos 1940 e 50.[5] Enquanto as economias do Kentucky e de West Virginia se arrastavam atrás das dos seus vizinhos, as montanhas só tinham dois produtos que as economias industriais do Norte precisavam: carvão e caipiras. E os Apalaches exportaram um bocado dos dois.

Números precisos são difíceis de fixar porque os estudos registram normalmente "fluxo emigratório líquido" – isto é, o número total de pessoas que saem menos o número de pessoas que entram. Muitas famílias viajavam constantemente de um lado para o outro, o que distorce as estatísticas. Mas é certo que muitos milhões de pessoas viajaram pela "rodovia dos caipiras" – um termo que assimilava a opinião dos nortistas que viam suas cidades invadidas por pessoas como meus avós. A escalada da migração era impressionante. Nos anos 1950, treze em cada cem moradores do Kentucky saíram do estado. Algumas regiões tiveram uma emigração ainda maior: Harlan County, por exemplo, que ganhou fama por causa de um documentário sobre as greves no setor de extração do carvão que recebeu um prêmio da Academia, perdeu 30% da sua população para a migração. Em 1960, dos 10 milhões de moradores de Ohio, 1 milhão tinha nascido no Kentucky, West Virginia ou no Tennessee. Isso não leva em conta o grande número de migrantes de outras partes dos montes Apalaches do Sul; e nem inclui os filhos ou netos de imigrantes que eram caipiras até a alma. Havia, sem dúvida, muitos desses filhos e netos, já que os caipiras tendiam a ter muito mais filhos do que a população nativa.[6]

Em suma, a experiência dos meus avós era algo extremamente comum. Partes significativas de uma região inteira se mudaram para

---

[5] Ibid.; Khan, "The Scots-Irish as Indigenous People".

[6] Jack Temple Kirby, "The Southern Exodus, 1910–1960: A Primer for Historians", *The Journal of Southern History* 49, n. 4 (novembro de 1983), 585–600.

o Norte. Precisa de mais provas? Entre numa rodovia que se dirige para o norte no Kentucky ou no Tennessee no dia seguinte ao Dia de Ação de Graças ou logo depois do Natal. Quase todas as placas que você verá vêm de Ohio, Indiana ou Michigan – carros cheios de caipiras transplantados voltando para casa para os feriados.

A família de Mamaw participou com gosto do fluxo migratório. De seus sete irmãos, Pet, Paul e Gary se mudaram para Indiana e trabalhavam com construção. Cada um era proprietário de um negócio bem-sucedido e ganhou uma fortuna considerável com ele. Rose, Betty, Teaberry e David ficaram para trás. Todos eles tinham dificuldades econômicas, embora todos, menos David, conseguissem levar uma vida de relativo conforto pelos padrões da comunidade. Os quatro que saíram morreram num degrau bem mais alto da escada socioeconômica do que os quatro que ficaram. Como Papaw sabia quando era jovem, a melhor maneira de um caipira progredir na vida era indo embora.

Provavelmente era algo fora do comum para meus avós estarem sozinhos em sua nova cidade. Mas se Mamaw e Papaw estavam isolados de sua família, eles não estavam exatamente segregados da população de Middletown. A maioria dos habitantes da cidade tinha se mudado para lá para trabalhar nas novas indústrias, e a maioria desses novos operários tinha vindo da região central dos Apalaches. A prática de contratar famílias adotada pelas maiores indústrias[7] teve seu efeito desejado, e os resultados eram previsíveis. Por todo o Meio Oeste industrial, novas comunidades de transplantados apalachianos e suas famílias surgiram, virtualmente do nada. Como foi observado num estudo: "A migração não destruiu exatamente bairros e famílias, mas os levou de um lugar para o outro."[8] Na Middletown dos anos 1950, meus avós

---

[7] Ibid.

[8] Ibid., 598.

se viram numa situação ao mesmo tempo nova e familiar. Nova porque eles estavam, pela primeira vez, fora da rede de apoio apalachiana à qual estavam acostumados; familiar porque ainda estavam cercados de caipiras.

Eu gostaria de poder dizer que meus avós progrediram em seu novo ambiente, que criaram uma família bem-sucedida, e que se aposentaram confortavelmente como membros da classe média. Mas isso só é verdade em parte. A verdade completa é que meus avós enfrentaram muitas dificuldades nessa nova vida, e continuaram a enfrentá-las durante décadas.

Para começar, as pessoas que saíram das montanhas do Kentucky em busca de uma vida melhor carregavam um estigma pesado. Os caipiras têm uma expressão – *"too big for your britches"* [ser grande demais para as próprias calças] – para descrever aqueles que acham que são melhores do que seus antepassados. Durante muito tempo, depois que meus avós vieram para Ohio, eles ouviam exatamente essa expressão das pessoas da terra deles. A sensação de que eles tinham abandonado suas famílias era muito forte, e as pessoas esperavam que, não importa quais fossem suas responsabilidades, eles voltassem para casa em algum momento. Esse modelo era comum entre os migrantes apalachianos: mais nove em cada dez deles visitariam seu "lar" no decorrer de suas vidas, e um em cada dez deles visita sua cidade cerca de uma vez por mês.[9] Meus avós iam sempre a Jackson, às vezes em fins de semana consecutivos, apesar da viagem, nos anos 1950, levar cerca de vinte horas de carro. A mobilidade social e econômica veio acompanhada de muita pressão e trouxe com ela muitas responsabilidades novas.

---

[9] Carl E. Feather, *Mountain People in a Flat Land: A Popular History of Appalachian Migration to Northeast Ohio, 1940–1965* (Athens: Ohio University Press, 1998), 4.

Aquele estigma vinha de ambas as direções. Muitos dos novos vizinhos dos meus antepassados os viam com desconfiança. Para a classe média branca de Ohio, esses caipiras simplesmente não se encaixavam ali. Eles tinham filhos demais e recebiam seus parentes em casa por longos períodos. Em diversas ocasiões, os irmãos e irmãs de Mamaw moraram com ela e Papaw durante meses enquanto tentavam encontrar um bom emprego fora das montanhas. Em outras palavras, muitos dos aspectos dessa cultura dos Apalaches e de seus hábitos eram vistos com forte desagrado pelos nativos de Middletown. Como se pode ler no livro *Appalachian Odyssey* [Odisseia apalachiana], a respeito do influxo de caipiras para Detroit: "Não era simplesmente o fato de que os migrantes apalachianos, sendo gente do interior 'deslocada' na cidade, fossem um incômodo para os brancos urbanos do Meio Oeste. Mais do que isso, esses migrantes quebraram com uma série de noções que os brancos do Norte tinham sobre a aparência, o comportamento e o modo de falar de pessoas brancas (...). O aspecto perturbador de *caipiras* era a sua 'raça'. Ostensivamente, eles eram da mesma raça (brancos) daqueles que detinham o poder econômico, político e social no cenário local e nacional. Mas os *caipiras* compartilhavam muitas características regionais com os negros do Sul que chegavam a Detroit."[10]

Um dos bons amigos de Papaw – um caipira do Kentucky que ele conheceu em Ohio – se tornou carteiro do bairro deles. Não muito tempo depois de ter se mudado, o carteiro entrou numa disputa com o governo de Middletown por causa de um bando de galinhas que ele criava no quintal. Ele as tratava como Mamaw costumava tratar suas galinhas lá na roça: toda manhã ele apanhava todos os ovos e, quando a população de frangos ficava grande demais, pegava os mais velhos, torcia seus pescoços e os

---

[10] Obermiller, *Appalachian Odyssey*, 145.

preparava ali mesmo no quintal. Você pode imaginar uma dona de casa bem-educada assistindo horrorizada da janela à matança de galinhas que o vizinho nascido no Kentucky promovia a poucos metros de distância dela? Minha irmã e eu ainda chamamos o velho carteiro de "homem das galinhas", e anos mais tarde uma simples menção à forma como o governo da cidade se reuniu contra ele fazia com que Mamaw dissesse furiosa:

– A porra daquelas leis de zoneamento. Eles podem beijar meu cu vermelho.

A mudança para Middletown criou outros problemas também. Nos chalés das montanhas de Jackson, a privacidade era mais teórica do que prática. Família, amigos e vizinhos invadiam sua casa sem avisar. Mães diziam às filhas como criar seus filhos. Pais diziam aos filhos como fazer seu trabalho. Irmãos diziam a cunhados como tratar suas esposas. A vida familiar era algo que as pessoas aprendiam de improviso com muita ajuda dos vizinhos. Em Middletown, a casa de um homem era o seu castelo.

Entretanto, esse castelo estava vazio para Mamaw e Papaw. Eles trouxeram do interior uma antiga estrutura familiar e tentaram fazer com que ela funcionasse num mundo de privacidade e famílias nucleares. Eles eram recém-casados, mas não tinham ninguém para lhes ensinar a respeito de casamento. Eles eram pais, mas não havia avós, tios, tias ou primos para ajudá-los nessa tarefa. O único parente próximo que havia ali era a mãe de Papaw, Goldie. Ela era quase uma estranha para o próprio filho, e Mamaw tinha por ela a mais baixa estima pelo fato de ter abandonado o filho.

Após alguns anos, Mamaw e Papaw começaram a se adaptar. Mamaw ficou amiga da "vizinha distinta" (essa era a palavra que ela usava para se referir às vizinhas de que gostava), que morava num apartamento próximo; Papaw trabalhava com carros em seu tempo livre, e seus colegas de trabalho aos poucos se transformaram de colegas em amigos. Em 1951, eles tiveram um filho – meu tio

Jimmy – e o cobriram de bens materiais. Jimmy, Mamaw me diria mais tarde, se sentou com duas semanas, andou com quatro meses, dizia frases completas antes de completar um ano, e lia romances clássicos aos três anos ("um certo exagero", meu tio mais tarde admitiu). Eles visitavam os irmãos de Mamaw em Indianápolis e faziam piqueniques com seus amigos. Segundo tio Jimmy, era "uma vida tipicamente de classe média". Um tanto maçante, sob certo ponto de vista, mas feliz de um modo que só se aprecia quando se entendem as consequências de não levar uma vida maçante.

O que não quer dizer que as coisas sempre corriam bem. Uma vez, eles foram até o centro comercial da cidade para comprar presentes de Natal. O lugar estava lotado, como é costume nessa época do ano, e deixaram Jimmy perambular procurando um brinquedo que queria.

– Estavam anunciando na televisão – me disse ele recentemente. – Era um painel de plástico que imitava o de um caça a jato. Você podia acender uma luz ou atirar. A ideia era fingir que você era um piloto de avião de combate.

Jimmy entrou numa farmácia que, por acaso, estava vendendo o brinquedo. Ele o pegou e começou a brincar.

– O vendedor não gostou nem um pouco. E me disse para largar o brinquedo e sair.

Repreendido, o pequeno Jimmy ficou do lado de fora, no frio, até Mamaw e Papaw chegarem e perguntarem se ele queria entrar na farmácia.

– Eu não posso – disse Jimmy ao pai.

– Por quê?

– Porque não.

– Me conte imediatamente o que aconteceu.

Ele apontou para o vendedor.

– Aquele homem ficou zangado comigo e me mandou sair. Eu não posso entrar de novo.

Mamaw e Papaw entraram furiosos na farmácia exigindo uma explicação para a grosseria do vendedor. O vendedor explicou que Jimmy tinha pegado um brinquedo caro para brincar.

– Este brinquedo? – perguntou Papaw, pegando-o. Quando o vendedor disse que sim, Papaw espatifou o brinquedo no chão. Seguiu-se um verdadeiro caos. Como Tio Jimmy explicou:

– Eles ficaram loucos. Papai atirou outro brinquedo do outro lado da loja e avançou para o vendedor ameaçadoramente. Mamãe começou a pegar coisas ao acaso nas prateleiras e jogá-las no chão. Ela gritava: "Dá um chute na bunda dele! Dá um chute na bunda dele!" E então Papai se aproximou do vendedor e disse muito claramente:

– Se você disser mais uma palavra para o meu filho, quebro a porra do seu pescoço.

O pobre do cara estava aterrorizado, e eu só queria dar o fora dali.

O homem se desculpou e os Vance continuaram as compras de Natal como se nada tivesse acontecido.

Então, sim, mesmo em seus melhores tempos, Mamaw e Papaw lutavam para se adaptar. Middletown era um mundo diferente. Papaw devia ir trabalhar e reclamar educadamente com a gerência a respeito de empregados de farmácia mal-educados. Mamaw devia preparar o jantar, lavar e passar roupa, e tomar conta dos filhos. Mas círculos de costura, piqueniques e vendedores ambulantes de aspirador de pó não combinavam com uma mulher que quase matara um homem aos doze anos de idade. Mamaw teve pouca ajuda quando as crianças eram pequenas e exigiam supervisão constante, e ela não podia fazer mais nada da vida. Décadas mais tarde, ela se lembraria do quanto se sentia isolada na vida suburbana arrastada da Middletown da metade do século. A respeito daquele período, ela dizia com sua rudeza característica:

– As mulheres eram apenas um monte de merda o tempo todo.

Mamaw tinha seus sonhos, mas nunca teve a oportunidade de realizá-los. Seu maior amor eram as crianças, tanto no sentido específico (seus filhos e netos eram as únicas coisas no mundo que ela parecia gostar na velhice) quanto em geral (ela assistia a programas sobre crianças maltratadas, abandonadas e desaparecidas e usava o pouco dinheiro de que dispunha para comprar sapatos e material escolar para as crianças mais pobres da vizinhança). Ela parecia sentir a dor das crianças abandonadas de uma forma profundamente pessoal e dizia sempre que odiava pessoas que maltratavam crianças. Eu nunca entendi de onde vinha este sentimento – se ela mesma havia sido maltratada quando era criança, talvez, ou se apenas lamentava que sua infância tivesse terminado de forma tão abrupta. Existe uma história aí, embora é provável que eu nunca venha a conhecê-la.

Mamaw sonhava em transformar aquela paixão numa carreira como advogada de crianças – servindo de voz para aqueles que não possuíam nenhuma voz. Ela nunca realizou esse sonho, possivelmente porque não sabia o que era preciso fazer para se tornar uma advogada. Mamaw nunca frequentou o ensino médio. Ela tinha dado à luz e enterrado um filho antes de ter idade para dirigir um carro. Mesmo que soubesse o que era necessário, seu novo estilo de vida oferecia pouco incentivo ou oportunidade para uma aspirante a estudante de direito com três filhos e um marido.

Apesar das dificuldades, meus avós tinham uma fé quase religiosa no trabalho e no Sonho Americano. Nenhum dos dois tinha a ilusão de que riqueza ou privilégio não importavam na América. A respeito de política, por exemplo, Mamaw tinha uma única opinião – "São todos um bando de safados" –, mas Papaw se tornou um democrata de carteirinha. Ele não teve problema algum com a Armco, mas ele e todo mundo como ele odiava as companhias de carvão no Kentucky graças a uma longa história de disputas trabalhistas. Então, para Papaw e Mamaw, nem todos os ricos eram maus, mas todos os maus eram ricos. Papaw era um democrata porque aquele partido protegia os trabalhadores. Essa atitude acabou se estendendo para Mamaw. Todos os políticos podiam ser safados, mas se houvesse algumas exceções, elas estariam, sem dúvida, entre os membros da coalizão do New Deal de Franklin Delano Roosevelt.

Ainda assim, Mamaw e Papaw acreditavam que o trabalho importava mais. Eles sabiam que a vida era uma luta, e embora as chances fossem mais difíceis para pessoas como eles, esse fato não servia de desculpa para o fracasso.

– Nunca seja como esses babacas que acham que são vítimas de um jogo de cartas marcadas – costumava me dizer minha avó. – Você pode fazer o que você quiser.

A comunidade deles compartilhava essa crença e nos anos 1950, essa crença parecia ter fundamento. No espaço de duas gerações, os caipiras transplantados tinham alcançado, de modo geral, a população nativa em termos de renda e nível de pobreza. No entanto, seu sucesso financeiro mascarava seu desconforto cultural e se meus avós se ascenderam financeiramente, me pergunto se algum dia eles se adaptaram de verdade. Eles sempre tiveram um pé na vida nova e um pé na velha. Eles aos poucos fizeram um pequeno número de amigos, mas continuaram fortemente enraizados no seu Kentucky natal. Eles odiavam animais domésticos e não ligavam para "bichos" que não eram para comer, mas no fim cederam aos pedidos dos filhos para ter cães e gatos.

Seus filhos, entretanto, eram diferentes. A geração da minha mãe foi a primeira a crescer no Meio Oeste industrial, longe do sotaque fanhoso e das escolas de sala única das montanhas. Eles frequentaram escolas modernas de ensino médio com milhares de outros estudantes. Para os meus avós, o objetivo era sair do Kentucky e dar aos filhos uma boa vantagem inicial. Os filhos, por sua vez, deveriam fazer alguma coisa com essa vantagem inicial. Só que as coisas não se passaram exatamente assim.

Antes que Lyndon Johnson e a Comissão Regional Apalachiana trouxessem estradas novas para o sudeste do Kentucky, a principal estrada de Jackson para Ohio era a U.S. Rota 23. Essa estrada teve um papel tão importante na enorme migração caipira que Dwight Yoakam escreveu uma canção sobre nortistas que castigavam as crianças apalachianas por aprender errado os três Rs: "*Reading, Rightin', Rt. 23*" [Ler, escrever e Rota 23]. A canção de Yoakam sobre sua própria mudança do Kentucky podia ter saído do diário de Mamaw: "*They thought readin', writin', Route 23 would take them to the good life that they had never seen;/ They didn't know that old highway would lead them to a world of misery*" [Eles achavam que ler, escrever e a Rota 23 iriam levá-los para a boa vida que eles nunca tinham conhecido;/ Eles não sabiam que a velha rodovia iria levá-los era para um mundo de infelicidade].

Mamaw e Papaw podem ter saído do Kentucky, mas eles e seus filhos aprenderam da maneira mais dura possível que a Rota 23 não ia dar onde eles queriam.

CAPÍTULO 3

Mamaw e Papaw tiveram três filhos – Jimmy, Bev (minha mãe) e Lori. Jimmy nasceu em 1951, quando Mamaw e Papaw estavam se adaptando à sua nova vida. Eles queriam mais filhos, então tentaram muito, durante um período doloroso de má sorte e diversos abortos. Mamaw carregou as cicatrizes emocionais da perda de nove filhos por toda a vida. Na faculdade, aprendi que o estresse em altos níveis pode provocar abortos e que isso é especialmente verdadeiro durante o início da gravidez. Não posso deixar de pensar em quantos tios e tias a mais eu teria hoje se não fosse pelo difícil período inicial de adaptação dos meus avós, sem dúvida intensificado pelos anos de alcoolismo de Papaw. No entanto, eles persistiram por uma década e no fim tiveram sucesso: Mamãe nasceu no dia 20 de janeiro de 1961 – o dia da posse de John F. Kennedy – e minha tia Lori veio ao mundo menos de dois anos depois. Por algum motivo, Mamaw e Papaw pararam por aí.

Tio Jimmy uma vez me contou sobre o período antes do nascimento de suas irmãs:

– Nós éramos apenas uma família feliz, normal, de classe média. Me lembro de assistir a *Leave It to Beaver* na tevê, um série sobre uma família americana normal e seus dois filhos que viviam se metendo em pequenas confusões, e pensar que aquilo se parecia conosco.

Quando ele me contou isso, concordei educadamente e não fiz nenhum comentário. Olhando para trás, percebo que para a maioria das pessoas de fora uma afirmação como essa deve parecer uma maluquice. Pais normais de classe média não destroem farmácias porque o vendedor foi um pouco grosseiro com seu filho. Mas esse é provavelmente o modelo errado a ser empregado aqui. Destruir mercadorias de uma loja e ameaçar um vendedor eram coisas normais para Mamaw e Papaw. É isso que os escoceses-irlandeses dos Apalaches fazem quando as pessoas se metem com seus filhos.

– O que eu quero dizer é que eles eram unidos, que estavam se dando bem um com o outro – explicou tio Jimmy quando o interpelei mais tarde. – Mas claro, como todo mundo na nossa família, eles iam de zero a homicidas em potencial na porra de um segundo.

A harmonia que possa ter havido entre eles no início do casamento começou a desaparecer depois do nascimento da filha Lori – a quem chamo de tia Wee – em 1962. Em meados dos anos 1960, Papaw passou a beber habitualmente e Mamaw começou a se isolar do mundo exterior. As crianças da vizinhança avisaram ao carteiro para evitar a "bruxa má" da rua McKinley. Quando o carteiro ignorou o conselho delas, encontrou uma mulher grande com um cigarro mentolado extralongo pendurado na boca, que disse a ele para dar o fora da propriedade dela. A palavra "acumuladora" ainda não tinha entrado na ordem do dia, mas Mamaw preenchia todos os requisitos, e essa tendência apenas piorou conforme ela foi se isolando do mundo. O lixo se acumulava dentro de casa, com um quarto inteiro dedicado a bugigangas sem valor algum.

Ao ouvir sobre esse período, você pode ter a sensação de que Mamaw e Papaw viviam duas vidas. Existia a vida pública, isto é, trabalhar durante o dia e preparar as crianças para a escola. Essa era a vida que todo mundo conhecia e, sob todos os aspectos, era bastante próspera: meu avô ganhava um salário quase inimaginável para os amigos da cidade natal dele; gostava do trabalho que tinha e era bom no que fazia; seus filhos frequentavam escolas modernas e bem-equipadas; e minha avó morava numa casa que, pelos padrões de Jackson, era uma mansão – 200 metros quadrados, quatro quartos e encanamento.

A vida dentro de casa era diferente.

– Não notei nada a princípio, quando era adolescente – lembrou tio Jimmy. – Nessa idade, você está tão envolvido com suas próprias questões que nem percebe nada diferente. Mas as coisas não iam bem. Papai ficava mais tempo fora e Mamãe parou de cuidar da casa, havia louça suja e lixo empilhado por toda parte. Eles passaram a brigar muito mais. Foi uma época bem difícil.

A cultura caipira da época (e talvez de hoje) reunia um forte sentimento de honra, dedicação à família e um sexismo bizarro que às vezes formavam uma mistura explosiva. Antes de Mamaw se casar, seus irmãos estavam dispostos a matar qualquer garoto que a desrespeitasse. Agora que ela estava casada com um homem que muitos deles consideravam mais um irmão do que um forasteiro, eles toleravam um comportamento que teria feito com que Papaw fosse morto lá no vale.

– Os irmãos de Mamãe vinham nos visitar e queriam ir farrear com Papai – explicou tio Jimmy. – Eles saíam para beber e procurar mulheres. Tio Pet era sempre o líder. Eu não queria saber nada sobre isso, mas sempre acabava sabendo. Era aquela cultura da época que esperava que os homens saíssem e fizessem o que tinham vontade.

Mamaw sofreu muito com aquela deslealdade. Ela odiava tudo que indicasse a falta de uma dedicação integral à família. Dentro de casa ela dizia coisas do tipo "Me desculpem por eu ser tão má" e "Vocês sabem que amo vocês, mas sou uma vaca maluca". Mas se ela soubesse que alguém tinha falado qualquer coisinha a respeito dela para uma pessoa de fora, virava bicho.

– Não conheço essas pessoas. Nunca falem da família para estranhos. Nunca.

Minha irmã, Lindsay, e eu podíamos brigar como cão e gato na casa dela, e quase sempre ela deixava que resolvêssemos as coisas sozinhos. Mas se eu dissesse a um amigo que minha irmã era uma peste e Mamaw ouvisse, assim que estivéssemos sozinhos ela me diria que eu havia cometido o pecado capital da deslealdade.

– Como você *ousa* falar da sua irmã para um merdinha qualquer? Daqui a cinco anos você não vai nem lembrar a porra do nome dele. Mas sua irmã é a única amiga verdadeira que você sempre vai ter.

Entretanto, em sua própria vida, com três filhos, os homens que deveriam ter sido mais leais a ela – seus irmãos e seu marido – conspiravam contra ela.

Papaw parecia resistir às expectativas sociais de um pai de classe média, às vezes com resultados engraçadíssimos. Ele anunciava que estava indo à loja e perguntava aos filhos se precisavam de alguma coisa. E voltava com um carro novo. Um Chevrolet conversível num mês. Um Oldsmobile luxuoso no outro.

– Onde você conseguiu isso? – perguntavam a ele.

– É meu, fiz uma troca – respondia calmamente.

Mas às vezes sua incapacidade em se adaptar trazia consequências terríveis. Minha jovem tia e minha mãe estavam brincando do lado de fora quando o pai delas chegava em casa do trabalho. Algumas vezes ele estacionava o carro cuidadosamente e elas continuavam brincando. O pai entrava em casa, depois todos jantavam juntos como uma família normal, e riam uns com os outros. Mas em muitas ocasiões Papaw não estacionava o carro direito – ele entrava de marcha a ré depressa demais, ou largava o carro no meio da rua, ou até mesmo raspava a lateral num poste ao manobrar. Nesses dias, a brincadeira acabava. Mamãe e tia Wee corriam para dentro e diziam a Mamaw que Papaw tinha voltado bêbado. Às vezes as três saíam correndo de casa pela porta dos fundos e passavam a noite com amigas de Mamaw. Outras vezes, Mamaw insistia em ficar, então Mamãe e tia Wee se preparavam para uma noite longa. Numa véspera de Natal, Papaw voltou para casa bêbado e exigiu que lhe servissem jantar feito na hora. Quando a comida não apareceu, ele pegou a árvore de Natal da família e a atirou pela porta dos fundos. No ano seguinte, ele cumprimentou as pessoas na festa de aniversário da filha, escarrando nos pés de todo mundo. Depois sorriu e foi pegar outra cerveja.

Eu não conseguia acreditar que meu sereno Papaw, a quem eu adorava quando era criança, fosse um bêbado violento. O comportamento dele se devia pelo menos em parte ao gênio de Mamaw. Ela era uma abstêmia violenta. E canalizava toda a sua frustração para a atividade mais produtiva que podia imaginar: a guerra não declarada. Quando Papaw desmaiava no sofá, ela cortava as calças dele com a tesoura de modo que as costuras cedessem quando ele se sentasse. Ou roubava a carteira dele e a escondia dentro do forno só para irritá-lo. Quando ele voltava do trabalho e queria comer uma comida feita na hora, ela preparava cuidadosamente um prato de lixo feito na hora. Se ele estivesse com disposição para brigar, ela brigava também. Em suma, ela se dedicava a tornar a vida de bêbado dele um inferno.

Se a juventude de Jimmy o protegeu por algum tempo dos sinais de deterioração do casamento dos pais, o problema logo chegou a um ponto extremo. Tio Jimmy se lembrou de uma briga:

– Eu podia ouvir coisas sendo jogadas e batendo nas paredes e caindo no chão, eles estavam brigando feio. Desci e implorei a eles que parassem.

Mas eles não pararam. Mamaw agarrou um vaso de flores e o atirou – ela sempre teve uma pontaria certeira –, e acertou Papaw bem entre os olhos.

– O vaso abriu um corte profundo na testa dele, e Papaw sangrava muito quando entrou no carro e foi embora. Fui para a escola no dia seguinte pensando nisso.

Mamaw disse a Papaw depois de uma noite particularmente violenta de bebedeira que, se ele tornasse a voltar para casa bêbado, ela o mataria. Uma semana depois, ele voltou para casa bêbado de novo e caiu dormindo no sofá. Mamaw, que nunca mentia, foi calmamente buscar uma lata de gasolina na garagem, despejou-a por cima do marido, acendeu um fósforo e o jogou sobre o peito dele. Quando Papaw acordou sobressaltado e em chamas, a filha deles de onze anos saiu correndo para apagar o fogo e salvar a vida dele. Milagrosamente, meu avô sobreviveu ao episódio apenas com queimadura leves.

Como eles eram gente do interior, tiveram que manter suas vidas separadas. Nenhuma pessoa de fora podia saber sobre as disputas familiares – e pessoas de fora era uma expressão com um significado bastante amplo. Quando Jimmy fez dezoito anos, ele arranjou um emprego na Armco e se mudou imediatamente. Pouco depois de ele sair de casa, tia Wee se viu no meio de briga particularmente feia, e Papaw deu um soco no rosto dela. O soco, embora acidental, a deixou com um olho roxo. Quando Jimmy – seu próprio irmão – veio fazer uma visita logo depois, tia Wee foi obrigada a se esconder no porão. Como Jimmy não morava mais com a família, ele não podia saber sobre o que acontecia naquela casa.

– Era assim que todo mundo, especialmente Mamaw, lidava com as coisas – me disse tia Wee. – Era muito constrangedor.

Não é óbvio para ninguém por que o casamento de Mamaw e Papaw desmoronou. Talvez o alcoolismo de Papaw tenha sido mais forte do que ele. Tio Jimmy desconfia que ele às vezes "enganasse"

Mamaw. Ou talvez Mamaw tenha simplesmente surtado – com três filhos vivos, um morto, e um montão de abortos no intervalo, quem poderia culpá-la?

Apesar do casamento violento deles, Mamaw e Papaw sempre conservaram um certo otimismo a respeito do futuro dos filhos. Eles raciocinavam que se tinham podido passar de uma escola de uma só sala em Jackson para uma casa de dois andares com todos os confortos de classe média, então seus filhos (e netos) não teriam problemas em ir para a universidade e realizar o Sonho Americano. Eles eram, sem a menor dúvida, mais ricos do que os membros da família que tinha ficado no Kentucky. Eles foram ver o oceano Atlântico e as cataratas do Niágara depois de adultos, apesar de nunca terem ido mais longe do que Cincinnati quando crianças. Eles acreditavam que tinham chegado lá e que seus filhos iriam ainda mais longe do que eles.

No entanto, havia algo de muito ingênuo na atitude deles. Todos os três filhos foram profundamente afetados por aquela vida familiar turbulenta. Papaw queria que Jimmy estudasse em vez de trabalhar na indústria de aço. Ele avisou que, se Jimmy fosse trabalhar em tempo integral depois do ensino médio, o dinheiro seria como uma droga – lhe daria prazer em curto prazo, mas o impediria de fazer o que deveria estar fazendo. Papaw chegou a proibir Jimmy de colocá-lo como referência na ficha de inscrição da Armco. O que Papaw não percebeu foi que a Armco oferecia algo mais do que dinheiro: oferecia a possibilidade de sair de uma casa onde a mãe atirava vasos na testa do pai.

Lori tinha dificuldades na escola, principalmente porque nunca ia às aulas. Mamaw costumava brincar dizendo que a levava de carro para a escola e a deixava lá, mas de algum modo Lori chegava em casa antes dela. No segundo ano do ensino médio, o namorado de Lori roubou um pouco de PCP, e os dois voltaram para a casa de Mamaw para cheirar.

– Ele me disse que tinha que cheirar mais, já que era maior. Essa é a última coisa de que eu lembro.

Lori acordou quando Mamaw e sua amiga Kathy a colocaram numa banheira de água fria. O namorado dela, no entanto, não estava reagindo. Kathy não sabia dizer se o rapaz estava respirando. Mamaw mandou que ela o arrastasse para o parque do outro lado da rua. "Eu não quero que ele morra na porra da minha casa", disse ela. Mas em vez disso chamou alguém para levá-lo para o hospital, onde ele passou cinco dias em tratamento intensivo.

No ano seguinte, aos dezesseis anos, Lori abandonou a escola e se casou. Logo em seguida, ela se viu presa num relacionamento abusivo igual àquele do qual ela tinha tentado fugir. Seu marido a trancava num quarto para a impedir de ver a família.

– Era quase igual a uma prisão – me contou mais tarde tia Wee.

Felizmente tanto Jimmy quanto Lori encontraram um caminho. Jimmy estudou à noite e terminou trabalhando no departamento de vendas da Johnson & Johnson. Ele foi a primeira pessoa da minha família a ter uma "carreira". Quando fez trinta anos, Lori estava trabalhando como técnica em radiologia e tinha um novo marido tão simpático que Mamaw disse para toda a família:

– Se eles algum dia se divorciarem, vou ficar com ele.

Infelizmente, as estatísticas alcançaram a família Vance, e Bev (minha mãe) não se deu tão bem. Como os irmãos, ela saiu de casa cedo. Ela era uma aluna promissora, mas quando ficou grávida aos dezoito anos, decidiu que a faculdade podia esperar. Depois do ensino médio, ela se casou com o namorado e tentou formar uma família. Mas o ambiente familiar não era exatamente o seu forte: ela tinha aprendido as lições da infância bem demais. Quando as mesmas brigas e dramas que estavam tão presentes em sua antiga vida começaram a acontecer na nova, Mamãe pediu divórcio e passou a ser mãe solteira. Com dezenove anos, ela não tinha diploma universitário, já era divorciada e tinha uma filhinha – minha irmã, Lindsay.

Mamaw e Papaw eventualmente se entenderam. Papaw parou de beber em 1983, uma decisão que foi tomada sem intervenção médica e sem muito estardalhaço. Ele simplesmente parou e falou muito pouco sobre isso. Ele e Mamaw se separaram e depois se reconciliaram, e embora continuassem a viver em casas separadas, passavam quase todo o tempo juntos. E eles tentaram reparar o estrago que tinham feito: ajudaram Lori a sair daquele casamento abusivo. Emprestaram dinheiro a Bev e a ajudaram a cuidar dos filhos. Ofereceram a ela lugares para ficar, a sustentaram no período de reabilitação e pagaram para que ela cursasse a escola de enfermagem. O que é mais importante, eles preencheram a lacuna quando minha mãe não quis ou não pôde ser o tipo de mãe que eles desejariam ter sido para ela. Mamaw e Papaw podem ter falhado com Bev quando ela era criança. Mas passaram o resto da vida se redimindo disso.

CAPÍTULO 4

Nasci no final do verão de 1984, poucos meses antes de Papaw dar o seu primeiro e único voto para um republicano – Ronald Reagan. Conquistando grandes blocos de Democratas do Cinturão de Ferrugem como Papaw, Reagan avançou para a mais esmagadora vitória eleitoral da história moderna americana.

– Nunca gostei muito de Reagan – me disse Papaw mais tarde. – Mas odiava aquele filho da puta do Mondale.

O oponente democrático de Reagan, um liberal nortista bem-instruído, fazia um enorme contraste com meu Papaw caipira. Mondale nunca teve chance, e depois que ele desapareceu da cena política, Papaw nunca mais votou contra seu amado "partido dos trabalhadores".

Jackson, no Kentucky, sempre seria dona do meu coração, mas Middletown, em Ohio, era dona de quase todo o meu tempo. Sob muitos aspectos, a cidade onde nasci era a mesma que aquela para onde meus avós haviam migrado quatro décadas antes. Sua população pouco tinha mudado desde os anos 1950, quando a enchente de migrantes na rodovia caipira se tornou um mero gotejar. Minha escola primária foi construída nos anos 1930, quando meus avós nem tinham saído de Jackson, e a escola que frequentei no segundo ciclo do ensino fundamental recebeu sua primeira turma pouco depois da Primeira Guerra Mundial, bem antes dos meus avós terem nascido. A Armco continuava sendo a maior empregadora da cidade, e embora houvesse sinais preocupantes no horizonte, Middletown tinha evitado problemas econômicos significativos.

– Nós nos considerávamos uma comunidade muito boa, equivalente a Shaker Heights ou Upper Arlington – explicou um veterano de décadas das escolas públicas, comparando a Middletown de antigamente a algumas das comunidades mais prósperas de Ohio. – É claro que nenhum de nós sabia o que ia acontecer.

Middletown é um dos municípios mais antigos de Ohio, que se desenvolveu durante os anos 1800 graças à sua proximidade com o rio Miami, que deságua diretamente no Ohio. Quando éramos crianças, brincávamos que nossa cidade natal era tão genérica que as pessoas nem se deram ao trabalho de dar a ela um nome de verdade: ela fica no meio [*middle*] entre Cincinnati e Dayton, e é uma cidade [*town*], daí o nome. (E não está sozinha: a poucos quilômetros de Middletown fica Centerville.) Middletown também é genérica sob outros aspectos. Ela exemplificava a expansão econômica de uma cidade fabril no Cinturão de Ferrugem. Socioeconomicamente é em grande parte da classe trabalhadora. Racialmente tem muita gente branca e negra (os negros são o produto de uma grande migração análoga), e bem poucas pessoas de outras raças. E culturalmente é muito conservadora, embora conservadorismo cultural e conservadorismo político não estejam sempre alinhados em Middletown.

As pessoas com quem cresci não são muito diferentes do povo de Jackson. Isso fica especialmente claro na Armco, que empregava um grande número de moradores da cidade. De fato, o ambiente de trabalho um dia espelhou as cidades do Kentucky de onde vinham muitos dos trabalhadores. Um autor relatou que "lia-se numa placa sobre um portal entre departamentos: 'Deixem Morgan County e entrem Wolfe County'".[11] O Kentucky – com todas as suas rivalidades internas – se mudou para a cidade junto com os migrantes apalachianos.

Quando menino, eu dividia Middletown em três regiões geográficas básicas. Em primeiro lugar, a região ao redor da escola de ensino médio, que abriu em 1969, o último ano escolar do tio Jimmy. (Mesmo em 2003, Mamaw a chamava de "a nova escola de ensino médio".) As crianças "ricas" moravam lá. Casas grandes se misturavam confortavelmente com parques bem-cuidados e prédios de escritórios. Se seu pai fosse médico, ele com certeza teria uma casa ou um consultório ali, se não os dois. Eu sonhava em ter uma casa em Manchester Manor, um condomínio relativamente novo que ficava a menos de um quilômetro da escola. Lá uma boa casa saía por menos de um quinto do preço de uma decente em São Francisco. Em seguida, a região das crianças pobres (realmente pobres), que moravam perto da Armco, onde até mesmo as boas casas tinham sido transformadas em casas de cômodos para várias famílias. Eu não sabia até recentemente que essa região era, na realidade, duas – uma habitada pela população negra da classe trabalhadora de Middletown; a outra pela população branca mais pobre. Os poucos conjuntos habitacionais de Middletown ficavam ali.

E depois havia a região onde morávamos – quase toda formada por casas de uma só família, com armazéns e fábricas abandonados a pouca distância delas. Olhando para trás, não sei se as áreas "realmente pobres" e o meu bairro eram muito diferentes, ou se

---

[11] Kirby, "The Southern Exodus", 598.

essa divisão era uma invenção de quem não queria acreditar que era *realmente* pobre.

Em frente à nossa casa ficava o Miami Park, um quarteirão inteiro, onde havia alguns balanços, uma quadra de tênis, um campo de beisebol e uma quadra de basquete. À medida que ia crescendo, eu notava que as linhas da quadra de tênis iam ficando mais apagadas a cada mês, e que a cidade tinha parado de tapar os buracos ou de substituir as redes das cestas das quadras de basquete. Eu ainda era jovem quando a quadra de tênis se tornou pouco mais do que um bloco de cimento cheio de capim crescendo nas rachaduras. Fiquei sabendo que nosso bairro tinha "descido ladeira abaixo" depois que duas bicicletas foram roubadas no decorrer de uma só semana. Durante anos, Mamaw dizia, os filhos dela tinham deixado suas bicicletas soltas no quintal sem problema. Agora os netos dela acordavam e encontravam trancas grossas cortadas com tesouras corta-vergalhão. Daí em diante, passei a andar a pé.

Se Middletown tinha mudado muito pouco desde a sua fundação até a época em que nasci, os maus presságios surgiram quase que imediatamente depois. Como a mudança aconteceu de forma gradual, seus habitantes não a notaram – era mais uma erosão do que um deslizamento de terra. Mas tudo fica muito óbvio se você souber onde procurar, e aqueles de nós que voltam de vez em quando costumam repetir: "Meu Deus, Middletown não está nada bem."

Nos anos 1980, Middletown tinha um centro imponente, quase idílico: um shopping center fervilhante, restaurantes que existiam desde antes da Segunda Guerra Mundial e alguns bares onde homens como Papaw se reuniam para tomar uma cerveja (ou muitas) depois de um dia de trabalho pesado na fábrica de aço. Minha loja favorita era o Kmart local, que era a principal atração de um centro comercial dentro de uma filial do Dillman's

– um mercadinho da região, que tinha outras três ou quatro lojas. Agora o centro comercial está quase vazio: a loja do Kmart está desocupada, e a família Dillman fechou aquela filial grande e todas as outras também. Da última vez que fui à cidade, só havia uma lanchonete de fast-food Arby's, uma mercearia e um bufê de comida chinesa no lugar que um dia foi uma referência para o comércio em Middletown. O cenário desse centro comercial não é incomum. Poucos negócios em Middletown estão indo bem, e muitos fecharam. Vinte anos atrás, havia, por assim dizer, dois shoppings na cidade. Agora um deles é um estacionamento, e o outro serve de local de caminhada para os idosos (embora ainda tenha algumas lojas).

Hoje o centro de Middletown é pouco mais que uma relíquia da glória industrial americana. Lojas abandonadas com as janelas quebradas povoam o coração da cidade, onde a Central Avenue e a Main Street se encontram. A casa de penhores Richie's fechou faz muito tempo, embora uma horrenda placa amarela e verde ainda marque o local, até onde eu sei. A Richie's não fica longe de uma velha farmácia que, nos seus tempos áureos, tinha uma lanchonete e servia refrigerante com sorvete. Do outro lado da rua tem um prédio que parece um cinema antigo, com um daqueles gigantescos letreiros triangulares que diz "S T _ _ _ L" porque as letras do meio caíram e nunca foram substituídas. Se você precisar de um empréstimo fácil ou de uma loja que compra ouro, o centro de Middletown é o lugar certo para ir.

Perto da rua principal de lojas vazias e janelas com tábuas de madeira pregadas fica a mansão dos Sorg. Os Sorg, uma família de industriais ricos e poderosos que remontava ao século XIX, administravam uma grande fábrica de papel em Middletown. Eles doaram uma boa quantia de dinheiro para ter seu nome no teatro municipal e ajudaram a transformar Middletown numa cidade respeitável o bastante para atrair a Armco. A mansão deles, um solar gigantesco, fica perto do outrora imponente country clube de Middletown. Apesar de sua beleza, um casal de Maryland a comprou recentemente por 225 mil dólares, ou cerca da metade do valor de um apartamento decente em Washington D.C.

Localizada literalmente na Main Street, a mansão dos Sorg fica próxima de várias casas opulentas onde os ricos de Middletown moravam nos tempos áureos da cidade. Muitas delas estão em péssimo estado. As que não estão foram subdivididas em cômodos para os habitantes mais pobres da cidade. Uma rua que um dia foi o orgulho de Middletown hoje serve de ponto de encontro para drogados e traficantes. A Main Street hoje é o lugar que você deve evitar depois que escurece.

Essa mudança é um sintoma de uma nova realidade econômica: a crescente segregação residencial. O número de brancos da classe trabalhadora em bairros extremamente pobres está crescendo. Em 1970, 25% das crianças brancas viviam em comunidades com taxas de pobreza acima de 10%. Em 2000, esse número era de 40%. E com certeza é mais alto hoje. Como um estudo de 2011 da Brookings Institution mostrou, "comparado com o ano 2000, em 2005-09 moradores de bairros extremamente pobres eram predominantemente brancos, nativos, com ensino médio completo ou formados em universidades, com casa própria e não recebiam assistência pública."[12] Em outras palavras, os bairros ruins não infestam apenas guetos urbanos; os bairros ruins se espalharam para áreas mais nobres.

Isso ocorreu por motivos complexos. A política de habitação do governo estimulou ativamente a compra da casa própria,

---

[12] Elizabeth Kneebone, Carey Nadeau e Alan Berube, "The Re-Emergence of Concentrated Poverty: Metropolitan Trends in the 2000s", Brookings Institution (novembro de 2011), http://www.brookings.edu/research/papers/2011/11/03-poverty-kneebone-nadeau-berube.

desde o Community Reinvestment Act de Jimmy Carter, uma lei que encorajava bancos privados a emprestarem dinheiro para a população de baixa ou média renda, até a *ownership society*, o modelo para a sociedade americana traçado por George W. Bush baseado em responsabilidade individual, liberdade econômica e compra de imóveis. Mas nas Middletowns do mundo, a casa própria tem um custo social crescente: à medida que os empregos desaparecem numa determinada região, a diminuição do valor das casas prende as pessoas a determinados bairros. Mesmo que alguém queira se mudar dali, não pode porque o mercado está em baixa – a dívida agora é maior do que qualquer comprador está disposto a pagar. O custo da mudança é tão alto que muita gente fica onde está. É claro que as pessoas presas nessa armadilha são geralmente aquelas que têm menos dinheiro; aquelas que têm recursos para se mudar se mudam.

Líderes municipais tentaram em vão reviver o centro de Middletown. Podem-se ver seus esforços mais infames, percorrendo-se a Central Avenue até o final nas margens do rio Miami, antes um lugar lindo. Por motivos que mal posso imaginar, o conselho da cidade resolveu transformar nossa bela margem do rio no Lake Middletown, um projeto de infraestrutura que aparentemente envolvia lançar toneladas de terra dentro do rio e torcer para que algo de interessante resultasse disso. Nada aconteceu, embora o rio agora tenha uma ilha artificial do tamanho de um quarteirão.

Esforços para reinventar a cidade de Middletown sempre me pareceram inúteis. As pessoas não iam embora porque nossa cidade não tivesse centros culturais da moda. Os centros culturais da moda foram embora porque não havia consumidores suficientes em Middletown para mantê-los. E por que não havia consumidores suficientes? Porque não havia empregos suficientes para empregar esses consumidores. As dificuldades enfrentadas pela cidade de Middletown eram um sintoma de todo o resto que estava acontecendo com o povo de Middletown, especialmente a perda da importância da Armco Kawasaki Steel.

AK Steel é o resultado de uma fusão que ocorreu em 1989 entre a Armco Steel e a Kawasaki – a mesma empresa japonesa que fabrica aquelas motos potentes (os "foguetes de montar" como nós as chamávamos quando éramos garotos.) A maioria das pessoas ainda a chama de Armco por dois motivos. O primeiro é que, como Mamaw costumava dizer, "a Armco construiu esta maldita cidade". E ela não estava exagerando: muitos dos melhores parques e instalações da cidade foram pagos com os dólares da Armco. O pessoal da Armco fazia parte do conselho de muitas organizações locais, e a empresa ajudou a custear as escolas. E empregava milhares de habitantes de Middletown que, como meu avô, ganhavam um bom salário apesar de não terem uma educação formal.

A Armco ganhou reputação através de um planejamento cuidadoso. "Até os anos 1950," escreve Chad Berry no seu livro *Southern Migrants, Northern Exiles* [Migrantes do Sul, exilados do Norte], "os 'quatro grandes' empregadores da região do Vale do Miami – Procter and Gamble em Cincinnati, Champion Paper and Fiber em Hamilton, Armco Steel em Middletown, e National Cash Register em Dayton – tinham tido boas relações trabalhistas, em parte porque eles [contratavam] a família e amigos dos empregados que também haviam sido migrantes. Por exemplo, Inland Container, em Middletown, tinha 220 naturais do Kentucky em sua folha de pagamento, 117 dos quais eram só de Wolfe County." Embora as relações trabalhistas sem dúvida tivessem piorado nos anos 1980, ainda havia muito boa vontade em relação à Armco (e companhias semelhantes).

O outro motivo pelo qual a maioria das pessoas ainda a chama de Armco é que a Kawasaki era uma companhia japonesa. Numa cidade cheia de veteranos da Segunda Guerra Mundial e suas famílias, quando se anunciou a fusão das duas empresas, foi como se o general Tojo, o primeiro-ministro do Japão 1941 a 1944, em pessoa tivesse decidido abrir uma loja no sudoeste de Ohio. Mas a oposição só fez barulho. Até Papaw – que um dia prometeu que deserdaria os filhos se eles comprassem um carro japonês – parou de reclamar poucos dias depois de terem anunciado a fusão.

– A verdade – me disse ele – é que os japoneses são nossos amigos agora. Se formos brigar com alguém, vai ser com os malditos chineses.

A fusão com a Kawasaki representou uma verdade inconveniente: o processo de produção na América era um negócio difícil no mundo pós-globalização. Se companhias como a Armco quisessem sobreviver, elas teriam que se reorganizar. A Kawasaki deu uma chance à Armco, e a principal empresa de Middletown provavelmente não teria sobrevivido sem ela.

À medida que crescíamos, meus amigos e eu não fazíamos ideia de que o mundo tinha mudado. Papaw tinha se aposentado poucos anos antes, possuía ações da Armco e recebia uma excelente pensão. O Armco Park continuava sendo a área de lazer mais bonita e mais exclusiva da cidade, e ter acesso ao parque era símbolo de status: significava que o seu pai (ou avô) era um homem com um emprego respeitado. Nunca me ocorreu que a Armco não estaria ali para sempre, dando bolsas de estudo, construindo parques e promovendo concertos gratuitos.

Mesmo assim, poucos dos meus amigos tinham ambições de trabalhar lá. Quando éramos pequenos, tínhamos os mesmos sonhos que as outras crianças: queríamos ser astronautas ou jogadores de futebol ou heróis de aventuras. Eu queria brincar com cachorrinhos profissionalmente, o que na época me parecia algo bastante razoável. Por volta dos doze anos, queríamos ser veterinários ou médicos ou pastores ou empresários. Mas não metalúrgicos. Mesmo na escola fundamental – onde, graças à geografia de Middletown, a maior parte dos pais não tinha terceiro grau – ninguém queria ser operário ou sonhava com uma vida de classe média respeitável. Nós não achávamos que seríamos sortudos se conseguíssemos um emprego na Armco; nós considerávamos a Armco algo dado, que fazia parte da vida.

Muitas crianças parecem pensar assim hoje. Poucos anos atrás falei com Jennifer McGuffey, professora da Middletown High School que trabalha com jovens em situação de risco.

– Muitos estudantes simplesmente não entendem como é o mundo lá fora – me disse ela, sacudindo a cabeça. – Têm garotos que planejam ser jogadores de beisebol, mas não jogam no time da escola porque não gostam do treinador. Têm aqueles que não vão bem na escola e quando tentamos conversar sobre o que eles vão fazer depois que saírem, eles falam sobre a AK. "Ah, posso conseguir um emprego na AK. Meu tio trabalha lá." É como se eles não conseguissem ver a relação entre a situação desta cidade e a falta de empregos na AK.

Minha reação inicial foi a de me perguntar: como esses garotos podiam não entender como era o mundo lá fora? Será que eles não percebiam que a cidade estava mudando bem diante dos seus olhos? Mas então me dei conta de que nós não percebíamos, então por que eles perceberiam?

Para os meus avós, a Armco foi a salvação econômica – a locomotiva que os trouxe das montanhas do Kentucky para a classe média americana. Meu avô amava a companhia e conhecia cada marca e modelo de carro fabricado com o aço da Armco. Mesmo depois que a maior parte da indústria automobilística deixou de fabricar carros com estrutura de aço, Papaw parava em todas as concessionárias sempre que via um velho Ford ou Chevy de segunda mão.

– A Armco fabricou este aço – me dizia ele, e era uma das únicas vezes em que ele demonstrava um sentimento genuíno de orgulho.

Apesar desse orgulho, ele não tinha nenhum interesse em que eu trabalhasse lá.

– A sua geração vai ganhar a vida com a cabeça, não com as mãos – me disse ele uma vez.

Agora, a única carreira aceitável na Armco era a de engenheiro, não a de operário na fundição. Muitos outros pais e avós de Middletown devem ter sentido a mesma coisa: para eles, o Sonho Americano precisava dar um salto para a frente. O trabalho manual era um trabalho honrado, mas era o trabalho da geração anterior – nós tínhamos que fazer algo diferente. Ascender era seguir em frente. Isso exigia ir para a universidade.

E, no entanto, não existia o sentimento de que não conseguir cursar a universidade traria vergonha ou qualquer outra consequência. A mensagem não era explícita; os professores não nos diziam que éramos burros ou pobres demais para isso. Entretanto, ela pairava em volta de nós, como o ar que respirávamos: ninguém em nossas famílias tinha ido para a universidade; amigos e irmãos mais velhos se contentavam em ficar em Middletown, não importava qual fosse a perspectiva de carreira que houvesse lá; nós não conhecíamos ninguém numa escola respeitada em outro estado; e todo mundo conhecia pelo menos um adulto jovem que estava subempregado ou desempregado.

Em Middletown, 20% dos alunos de escolas públicas de ensino médio que entram na universidade não chegam à graduação. A maioria não se forma na universidade. Praticamente ninguém irá para uma universidade em outro estado. Os estudantes não esperam muito deles mesmos, porque as pessoas à sua volta também não esperam muito deles também. Muitos pais aceitam esse fenômeno. Não me lembro de jamais ter sido repreendido por tirar uma nota ruim até que Mamaw começou a se interessar pelas minhas notas no ensino médio. Quando minha irmã ou eu tínhamos dificuldade na escola, eu ouvia coisas do tipo "Bem, talvez ela não seja muito boa em frações" ou "J.D. é mais ligado em números, então não me preocupo com esse teste de ortografia."

Havia, e ainda há, uma sensação de que aqueles que chegam lá são de dois tipos. Os primeiros são os sortudos: eles vêm de famílias ricas com boas relações, e suas vidas já estavam traçadas na hora em que eles nasceram. Os outros são os que merecem: eles nasceram inteligentes e não têm como fracassar. Como muito poucos em Middletown se enquadram na primeira categoria, as pessoas acham que todo mundo que chega à universidade é simplesmente muito inteligente. Para o habitante de Middletown médio, o esforço não importa tanto quanto o talento nato.

Não é que pais e professores nunca mencionem o esforço. Nem eles andam por aí proclamando em voz alta que acham que os filhos vão se dar mal. Essas crenças espreitam sob a superfície, menos no que as pessoas dizem do que no modo como elas agem. Uma das nossas vizinhas tinha passado a vida toda vivendo às custas da previdência social, mas no intervalo entre pedir emprestado o carro da minha avó ou se oferecer para trocar cupons de comida por dinheiro mediante ágio, ela discursava sobre a importância de se trabalhar duro.

– Tanta gente abusa do sistema que é impossível para aqueles que são trabalhadores conseguir a ajuda de que precisam – dizia ela.

Esse era o conceito que ela tinha fabricado em sua cabeça: a maioria dos beneficiários do sistema eram uns vadios, mas ela – apesar de nunca ter trabalhado na vida – era obviamente uma exceção.

As pessoas falam o tempo todo sobre a importância de ser trabalhador em lugares como Middletown. Pode-se percorrer toda uma cidade onde 30% dos jovens trabalham menos de vinte horas por semana e não encontrar uma só pessoa que se dê conta da própria preguiça. Durante a eleição de 2012, o Public Religion Research Institute, uma organização apartidária e não lucrativa de pesquisa e educação, publicou um relatório sobre os brancos da classe trabalhadora. O relatório apontava, entre outras coisas, que os brancos da classe trabalhadora trabalhavam mais horas do que os brancos com diploma universitário. Mas a ideia de que o branco médio da classe trabalhadora trabalha mais horas é comprovadamente falsa.[13] O Public Religion Research Institute baseou seus resultados em pesquisas de opinião pública – basicamente eles ligaram para as pessoas e perguntaram o que elas achavam.[14] A única coisa que o relatório prova é que muita gente fala sobre trabalhar mais do que realmente trabalha.

É claro que as razões pelas quais as pessoas pobres não estão trabalhando tanto quanto as outras são complexas, e é fácil demais pôr a culpa na preguiça. Para muitos, um emprego de meio expediente é tudo a que eles têm acesso, porque as Armcos do mundo estão fechando as portas e suas habilidades não se encaixam na economia moderna. Mas quaisquer que sejam os motivos, a retórica do trabalho duro está em conflito com a realidade. Os garotos em Middletown absorvem esse conflito e lutam com ele.

Nisso, como em tantas outras coisas, os migrantes escoceses-irlandeses se parecem com seus parentes do vale. Num documentário da HBO sobre os caipiras do leste do Kentucky, o patriarca de uma grande família apalachiana se apresenta traçando linhas bem definidas entre o trabalho aceitável para homens e o trabalho aceitável para mulheres. Embora seja óbvio o que ele considera "trabalho de mulher", não fica nada claro que trabalho, se é que há

---

[13] "Nice Work if You Can Get Out", *The Economist* (abril de 2014), http://www.economist.com/news/finance-and-economics/21600989-why-rich-now-have-less-leisure-poor-nice-work-if-you-can-get-out.

[14] Robert P. Jones e Daniel Cox, "Beyond Guns and God". Public Religion Institute (2012), http://publicreligion.org/site/wp-content/uploads/2012/09/WWC-Report-For-Web-Final.pdf.

algum, é aceitável para ele. Aparentemente, não é um trabalho pago, porque o homem nunca teve um emprego na vida. Finalmente, o veredicto do seu próprio filho é concludente:

– O pai diz que trabalhou muito na vida. A única coisa que o pai fez na vida foi não tirar a bunda da cadeira. Por que não diz a verdade, pai? O pai era alcoólatra. Ele vivia bêbado, ele não trazia comida para casa. A mãe sustentava os filhos. Se não fosse pela mãe, nós todos tínhamos morrido.[15]

Ao lado desses padrões conflitantes sobre o valor do trabalho manual existia uma ignorância enorme a respeito de como exercer um trabalho intelectual. Nós não sabíamos que por todo o país – e até na nossa cidade – outros garotos já estavam competindo para subir na vida. Na primeira série, fazíamos uma brincadeira todas as manhãs: a professora anunciava o dia, e um a um nós gritávamos uma equação matemática que resultava naquele número. Então se o dia fosse quatro, podia dizer "dois mais dois" e ganhar um prêmio, geralmente uma bala. Uma vez era dia trinta. Os alunos que falaram na minha frente escolheram as respostas fáceis – "Vinte e nove mais um", "Vinte e oito mais dois" "Quinze mais quinze". Eu podia fazer melhor do que isso. Ia deixar a professora impressionada.

Quando chegou a minha vez, disse com orgulho: "Cinquenta menos vinte". A professora adorou e ganhei duas balas pela minha aventura na subtração, uma operação que tínhamos aprendido apenas dois dias antes. Alguns instantes depois, enquanto eu ainda sorria por conta do meu brilhantismo, outro aluno proferiu: "Dez *vezes* três". Eu não fazia ideia do que aquilo significava. *Vezes?* Quem era aquele cara?

A professora ficou ainda mais impressionada, e meu competidor recebeu triunfante não duas, mas três balas. A professora

---

[15] *American Hollow* (documentário), dirigido por Rory Kennedy (EUA, 1999).

falou brevemente sobre a multiplicação e perguntou se algum de nós sabia o que era aquilo. Nenhum de nós levantou a mão. De minha parte, fiquei arrasado. Voltei para casa e comecei a chorar. Eu estava certo de que minha ignorância tinha origem em alguma falha de caráter. Eu simplesmente me sentia *burro*.

Não era minha culpa se até aquele dia eu nunca tinha ouvido a palavra "multiplicação". Eu não tinha aprendido aquilo na escola, e minha família não se reunia para resolver problemas matemáticos. Mas para um garotinho que queria se dar bem na escola, aquilo era um fracasso arrasador. No meu cérebro imaturo, eu não entendia a diferença entre inteligência e conhecimento. Então supus que era um imbecil.

Posso não ter sabido multiplicar naquele dia, mas quando voltei para casa e contei a Papaw sobre o meu fracasso, ele o transformou em vitória. Aprendi a multiplicar e dividir antes do jantar. E por dois anos depois disso, meu avô e eu resolvíamos problemas matemáticos cada vez mais complexos uma vez por semana, e um sorvete era a minha recompensa pelo meu bom desempenho. Eu ficava arrasado quando não entendia um conceito, e saía furioso. Mas depois de fazer beiço por alguns minutos, Papaw estava sempre pronto para tentar de novo. Mamãe nunca foi muito chegada a matemática, mas me levou à biblioteca antes mesmo de eu saber ler, fez um cartão de leitor para mim, me ensinou como usá-lo e sempre fez questão que eu tivesse acesso a livros infantis em casa.

Em outras palavras, apesar de todas as pressões do bairro e da comunidade, eu recebia uma mensagem diferente em casa. E isso pode muito bem ter sido a minha salvação.

CAPÍTULO 5

Suponho não ser o único a ter poucas lembranças de antes dos meus seis ou sete anos. Sei que tinha quatro quando subi na mesa de jantar do nosso pequeno apartamento, anunciei que era o Incrível Hulk e mergulhei de cabeça na parede para provar que era mais forte do que qualquer prédio. (Eu estava errado.)

Eu me lembro de ter sido levado às escondidas ao hospital para ver tio Teaberry. Eu me lembro de sentar no colo de Mamaw Blanton enquanto ela lia alto histórias da Bíblia antes do sol nascer, e me lembro de acariciar os pelos do queixo dela e imaginar se Deus punha pelos no rosto de todas as mulheres velhas. Eu me lembro de explicar para Ms. Hydorne no vale que meu nome era "J.D., como jota-ponto-dê-ponto". Eu me lembro de assistir ao *touch down* vencedor de Joe Montana no Super Bowl contra os Bengals. E me lembro da manhã de setembro no jardim de infância quando Mamãe e Lindsay me pegaram na escola e me disseram que nunca mais eu ia ver o meu pai. Ele estava me dando para adoção, elas disseram. Eu nunca tinha ficado tão triste na vida.

Meu pai, Don Bowman, era o segundo marido de Mamãe. Mamãe e Papai se casaram em 1983 e se separaram mais ou menos na época em que comecei a andar. Mamãe tornou a se casar dois anos depois do divórcio. Papai me deu para adoção quando eu tinha seis anos. Depois da adoção, ele se tornou uma espécie de fantasma pelos seis anos seguintes. Eu tinha poucas lembranças da vida com ele. Sabia que ele amava o Kentucky, suas belas montanhas e seus haras verdejantes. Ele bebia RC Cola e tinha um sotaque do Sul. Ele bebia, mas parou depois que se converteu ao cristianismo pentecostal. Eu sempre me sentia amado quando estava com ele e foi por isso que achei espantoso que ele "não me quisesse mais", como Mamãe e Mamaw me disseram. Ele tinha uma esposa nova, com dois filhos pequenos, e eu tinha sido substituído.

Bob Hamel, meu padrasto e futuro pai adotivo, era um cara legal porque tratava bem a mim e a Lindsay. Mamaw não gostava muito dele. "Ele é um bobalhão desdentado", ela dizia a Mamãe, e desconfio que por razões de classe e cultura: Mamaw tinha feito tudo que podia para ser melhor do que as circunstâncias do seu nascimento. Embora não fosse rica, ela queria que os filhos tivessem uma boa educação, exercessem um trabalho intelectual e se casassem com gente instruída de classe média – gente, em outras palavras, que não se parecesse em nada com Mamaw e Papaw. Bob, no entanto, era um estereótipo ambulante do caipira. Ele tinha pouco contato com o próprio pai e tinha aprendido as lições de sua infância muito bem: tinha dois filhos que mal via, embora eles morassem em Hamilton, que ficava apenas dezesseis quilômetros ao sul de Middletown. Metade dos dentes dele tinha caído e a outra metade era preta, marrom e estragada, consequência de uma vida inteira de consumo de Mountain Dew e provavelmente poucas idas ao dentista. Ele tinha largado a escola no ensino médio e ganhava a vida como caminhoneiro.

Nós iríamos aprender com o tempo que havia muito o que não gostar em Bob. Mas o que provocou o desagrado inicial de Mamaw foram os aspectos dele que mais se pareciam com ela. Minha avó aparentemente entendeu o que eu levaria mais vinte anos para aprender: que classe social nos Estados Unidos não se refere apenas a dinheiro. E o desejo de que os filhos tivessem mais sucesso do que ela ia além de ter boa educação e um bom emprego: passava também pelos relacionamentos. Quando se tratava de cônjuges para seus filhos e pais para seus netos, Mamaw achava, não sei se tinha consciência disso, que ela mesmo não era boa o bastante.

Quando Bob se tornou legalmente meu pai, Mamãe mudou meu nome de James Donald Bowman para James David Hamel. Até então, eu tinha carregado o primeiro nome do meu pai como meu nome do meio, e Mamãe usou a adoção para apagar qualquer lembrança da existência dele. Ela manteve o D para preservar o meu apelido, J.D. Mamãe me disse que eu agora tinha o nome do tio David, o irmão mais velho de Mamaw, aquele que fumava maconha. Isso me pareceu um certo exagero mesmo aos seis anos. Qualquer nome começando com D teria servido, desde que não fosse Donald.

Nossa vida nova com Bob tinha uma atmosfera superficial, gênero seriado de tevê. O casamento de Mamãe e Bob parecia feliz. Eles compraram uma casa a alguns quarteirões da casa de Mamaw. (Nós estávamos tão perto que se os banheiros estivessem ocupados ou eu tivesse vontade de fazer um lanche, simplesmente ia até a casa de Mamaw.) Mamãe tinha tirado recentemente um diploma de enfermeira, e Bob ganhava um ótimo salário, então tínhamos bastante dinheiro. Com Mamaw, sempre armada e fumando, morando perto e um novo pai, éramos uma família esquisita mas feliz.

Minha vida adquiriu um ritmo previsível: eu ia para a escola e voltava para casa e jantava. Visitava Mamaw e Papaw quase todo dia. Papaw se sentava na nossa varanda para fumar, e eu me sentava lá com ele e o ouvia resmungar sobre política ou sobre o sindicato dos metalúrgicos. Quando aprendi a ler, Mamãe comprou para mim meu primeiro livro para crianças maiores – *Space Brat*, sobre um garoto extraterrestre que tem acessos de raiva – e me elogiou por tê-lo lido tão depressa. Eu adorava ler, e adorava resolver problemas de matemática com Papaw, e adorava o fato de Mamãe se encantar com tudo o que eu fazia.

Mamãe e eu combinávamos em outras coisas também, especialmente no nosso esporte favorito: futebol americano. Eu lia tudo o que encontrava sobre Joe Montana, o maior *quarterback* de todos os tempos, via todos os jogos e escrevia cartas para os San Francisco 49ers e mais tarde para os Chiefs, os dois times de Montana. Mamãe pegava emprestado livros sobre estratégia de futebol na biblioteca pública, e nós construíamos pequenas maquetes do campo com papelão e moedas – um centavo para a defesa, cinco e dez para o ataque.

Mamãe não queria que eu entendesse apenas as regras do futebol; ela queria que eu entendesse a estratégia. Nós praticávamos em nosso campo de papelão, estudando as diversas possibilidades: o que acontecia se um determinado atacante (uma moeda de cinco centavos novinha) fosse bloqueado? O que o *quarterback* (dez centavos) podia fazer se não houvesse nenhum recebedor (outra moeda de dez) livre? Nós não tínhamos xadrez, mas tínhamos o futebol.

Mais do que qualquer outra pessoa da família, Mamãe queria que nós nos relacionássemos com pessoas de todo tipo. Um amigo dela, Scott, era um homem gay, mais velho e simpático que, mais tarde ela me contou, morreu de repente. Ela me fez assistir a um filme sobre Ryan White, um garoto não muito mais velho do que eu, que contraiu HIV numa transfusão de sangue e teve que brigar na justiça para voltar para a escola. Toda vez que eu reclamava da escola, Mamãe me lembrava de Ryan White e dizia que era uma bênção poder estudar. Ela ficou tão comovida com a história de White que escreveu uma carta para a mãe dele depois que ele morreu em 1990.

Mamãe acreditava piamente no poder da educação. Ela foi a oradora da turma no ensino médio, mas não foi para a faculdade porque Lindsay nasceu semanas depois da formatura dela. Mas ela foi para um *community college* [as faculdades de menor prestígio e que oferecem cursos técnicos] local e se formou em enfermagem. Eu devia ter uns sete ou oito anos quando ela começou a trabalhar como enfermeira em tempo integral, e eu gostava de pensar que tinha contribuído um pouco para isso: eu a "ajudava" me submetendo e deixando ela praticar tirar sangue em minhas jovens veias.

Às vezes, a devoção de Mamãe à educação ia um pouco longe demais. Quando eu estava elaborando o meu projeto para a feira de ciências no terceiro ano do ensino fundamental, Mamãe ajudou em todas as etapas – desde o planejamento e registro dos dados de laboratório até a preparar a apresentação. Na noite anterior ao dia da apresentação, o projeto estava exatamente como deveria: o trabalho de um estudante do terceiro ano que tinha sido um pouquinho desleixado. Fui para a cama esperando acordar na manhã seguinte, fazer minha apresentação medíocre e pronto. A feira de ciências era uma competição, e até pensei que, com uma boa conversa, eu poderia avançar para a etapa seguinte. Mas de manhã descobri que Mamãe tinha refeito toda a apresentação. Parecia que um cientista e um artista profissionais tinham juntado forças para criá-la. Os juízes ficaram impressionados, mas, quando começaram a fazer perguntas que eu não soube responder (mas que a autora da apresentação saberia), perceberam que algo não estava se encaixando. Não passei para a etapa final da competição.

O que esse incidente me ensinou – além do fato de que eu precisava fazer meus próprios trabalhos – foi que Mamãe se importava muito com o trabalho intelectual. Nada lhe dava mais alegria do que quando eu terminava um livro e pedia outro. Mamãe era, todo mundo dizia, a pessoa mais inteligente que eles conheciam. E eu acreditava nisso. Ela era, sem dúvida, a pessoa mais inteligente que eu conhecia.

* * *

No sudoeste de Ohio da minha juventude, aprendíamos a dar valor a lealdade, honra e obstinação. Ganhei meu primeiro soco no nariz aos cinco anos e fiquei com o olho roxo pela primeira vez aos seis. Cada uma dessas brigas começou depois que alguém xingou minha mãe. Piadas com mãe nunca foram permitidas, e piadas com avós recebiam o castigo mais duro que meus pequenos punhos eram capazes de administrar. Mamaw e Papaw se encarregaram de me ensinar as regras básicas das brigas: você nunca começa uma briga; você sempre põe fim a uma briga, se outra pessoa começá-la; e embora você nunca comece uma briga, talvez seja certo começar uma se um homem insultar sua família. Essa última regra não era dita com todas as palavras, mas era deixada bem clara. Lindsay tinha um namorado chamado Derrick, talvez seu primeiro namorado, que terminou com ela em poucos dias. Ela ficou arrasada, como só se fica aos treze anos, então resolvi confrontar Derrick quando o vi passando pela nossa casa um dia. Ele tinha cinco anos e uns quinze quilos a mais do que eu, mas o ataquei duas vezes depois de ele ter me atirado no chão com facilidade. Da terceira vez que fui para cima dele, Derrick perdeu a paciência e me deu uma surra. Eu corri para a casa de Mamaw, chorando e sangrando um pouco. Ela apenas sorriu para mim.

– Você agiu bem, meu querido. Você agiu muito bem.

Em brigas, como em tantas outras coisas, Mamaw me ensinou pela experiência. Ela nunca pôs a mão em mim para me castigar – era contra bater, de uma forma tal que isso só podia ser resultado de suas experiências ruins do passado –, mas quando perguntei como era levar um soco na cara, ela me mostrou. Um golpe rápido, com a palma da mão, diretamente no meu rosto.

– Não foi tão ruim, foi?

E a resposta foi não. Levar um soco na cara não era tão terrível quanto eu tinha imaginado. Essa era uma de suas regras de briga mais importantes: a menos que se saiba realmente como bater, um soco na cara não é nada de mais. É melhor levar um soco na cara do que perder a oportunidade de dar um. Sua segunda dica era ficar de lado, com o ombro esquerdo virado para o oponente e as mãos erguidas porque "você é um alvo bem menor assim". Sua terceira regra era atacar com o corpo inteiro, especialmente os quadris. Pouquíssimas pessoas, Mamaw me disse, avaliam a pouca importância do punho quando se trata de bater em alguém.

Apesar do conselho dela de não começar brigas, nosso tácito código de honra tornava fácil convencer alguém a começar uma briga por você. Se você quisesse realmente brigar com alguém, bastava xingar a mãe dessa pessoa. Não havia autocontrole que suportasse uma crítica bem-colocada à genitora. "Sua mãe é tão gorda que a bunda dela tem código postal", "Sua mãe é tão caipira que até os dentes postiços dela têm cáries" ou um simples "Sua mãe!". Essas eram palavras que levavam a uma briga, quer se quisesse que elas fossem ou não. Deixar de se vingar de uma série de insultos era perder a honra, a dignidade e até os amigos. Era ir para casa e ficar com medo de contar à família que você os havia desonrado.

Não sei por que, mas depois de alguns anos as opiniões de Mamaw sobre brigas mudaram. Eu estava no terceiro ano, tinha acabado de perder uma corrida, e achei que só havia uma maneira adequada de lidar com o vencedor zombeteiro. Mamaw, que estava observando tudo de perto, interveio no que seria mais uma troca de socos e pontapés no pátio da escola. Ela me perguntou seriamente se eu tinha esquecido a lição de que as únicas brigas justas são em legítima defesa. Eu não soube o que dizer – ela tinha endossado a regra tácita de lutar pela honra poucos anos antes.

– Uma vez comecei uma briga e você disse que fiz bem – disse a ela.

– Bem, então eu estava errada – me respondeu ela. – Você só deve brigar se for obrigado.

Ora, *isso* me impressionou muito. Mamaw nunca admitia erros.

No ano seguinte, reparei que havia um valentão na minha sala, que estava interessado numa vítima específica, um garoto esquisito com quem eu raramente falava. Graças às minhas experiências anteriores, eu era praticamente imune ao *bullying* e, como a maioria das crianças, me contentava em evitar chamar a atenção do valentão. Um dia, no entanto, ele disse algo sobre sua vítima e eu ouvi, e senti um forte impulso de defender o pobre garoto. Havia algo de patético nele, que parecia especialmente insultado pelo que o valentão tinha dito.

Quando falei com Mamaw depois da escola naquele dia, caí no choro. Eu me sentia incrivelmente culpado por não ter tido a coragem de defender aquele pobre garoto – de ter ficado simplesmente ali sentado, ouvindo alguém tornar a vida dele um verdadeiro inferno. Ela perguntou se eu tinha falado com a professora sobre isso, e eu disse a ela que sim.

– Aquela vaca devia ser presa por não tomar nenhuma providência – falou. E então disse algo que eu jamais esquecerei: – Às vezes, meu bem, você tem que brigar, mesmo que não seja para se defender. Às vezes é simplesmente a coisa certa a fazer. Amanhã você tem que defender aquele menino, e se tiver que se defender também, faça isso.

Então ela me ensinou um golpe: um soco rápido, com força (não esqueça de virar o quadril) direto na barriga.

– Se ele for pra cima de você, dê um soco no umbigo dele.

No dia seguinte na escola, eu estava nervoso e torci para o valentão dar uma folga. Mas no caos previsível, quando a turma fazia fila para o almoço, o valentão – o nome dele era Chris – perguntou ao meu pequeno protegido se ele estava planejando chorar aquele dia.

– Cale a boca – eu disse. – Deixe ele em paz.

Chris se aproximou de mim, me empurrou e perguntou o que eu ia fazer. Eu avancei pra cima dele, girei o quadril direito para a frente e dei um soco bem no meio da barriga dele. Ele imediata – e assustadoramente – caiu de joelhos e parecia incapaz de respirar. Quando percebi que o havia realmente machucado, ele estava ao mesmo tempo tossindo e tentando recuperar o fôlego. Chegou até a cuspir um pouco de sangue.

Chris foi para a enfermaria da escola e depois de eu me certificar de que não o havia matado e de que não chamariam a polícia, comecei a pensar imediatamente no sistema de punição escolar – se eu seria suspenso ou expulso e por quanto tempo. Enquanto as outras crianças brincavam no recreio e Chris se recuperava na enfermaria, a professora me levou para dentro da sala. Achei que ela ia me dizer que tinha chamado meus pais e que eu ia ser expulso da escola. Em vez disso, ela apenas me passou um sermão sobre brigas e me fez praticar caligrafia em vez de brincar lá fora. Percebi que ela discretamente aprovava o que eu tinha feito, e às vezes me pergunto se havia algum regulamento da escola que a impedia de disciplinar adequadamente o valentão da turma. De todo modo, Mamaw soube da briga diretamente por mim e me elogiou por ter feito algo de realmente bom. Foi a última vez que troquei socos com alguém.

Embora eu reconhecesse que nem tudo era perfeito, também reconhecia que nossa família tinha muitas coisas em comum com a maioria das famílias que eu via ao meu redor. Sim, meus pais brigavam muito, mas os pais de todo mundo brigavam. Sim, meus avós desempenhavam um papel tão importante na minha vida quanto minha mãe e Bob, mas essa era a norma nas famílias caipiras. Nós não vivíamos uma vida pacífica numa pequena família nuclear. Nós vivíamos uma vida caótica em grandes grupos de tias, tios, avós e primos. Essa era a vida que me cabia, e eu era um garoto bastante feliz.

Quando eu tinha cerca de nove anos, as coisas começaram a degringolar lá em casa. Cansados da presença constante de Papaw e da "interferência" de Mamaw, Mamãe e Bob decidiram se mudar para Preble County, uma parte pouco povoada do interior de Ohio, a aproximadamente 56 quilômetros de Middletown. Mesmo sendo ainda um menino, eu sabia que essa era a pior coisa que poderia me acontecer. Mamaw e Papaw eram os meus melhores amigos. Eles me ajudavam com meu dever de casa e me mimavam com petiscos quando eu me comportava bem ou terminava um dever difícil. Eles também eram os guardiães. Eles eram as pessoas mais assustadoras que eu conhecia – velhos caipiras que andavam com armas carregadas nos bolsos dos casacos e debaixo do assento do carro, não importava a ocasião. Eles mantinham meus monstros à distância.

Bob era o terceiro marido de Mamãe, mas isso não significava que ela tinha aprendido a lição. Quando nos mudamos para Preble County, Mamãe e Bob já tinham começado a brigar, e muitas dessas brigas me mantinham acordado até bem tarde da noite. Eles diziam coisas que amigos e parentes nunca deveriam dizer uns para os outros. "Foda-se!", "Volte para o seu trailer", Mamãe às vezes dizia para Bob, numa referência à vida que ele levava antes de se casar. Às vezes Mamãe nos levava para um motel na beira da estrada, onde ficávamos escondidos por alguns dias até Mamaw ou Papaw convencerem Mamãe a enfrentar seus problemas domésticos.

Mamãe tinha muito do fogo de Mamaw, o que significava que ela jamais se permitia ser uma vítima nas brigas domésticas. Isso significava também que ela geralmente levava desentendimentos normais a patamares a que eles não deveriam chegar. Durante um dos jogos de futebol no meu segundo ano do ensino fundamental, uma mãe alta e gorda resmungou por terem me passado a bola na jogada anterior. Mamãe, uma fila atrás da mulher, ouviu o comentário e disse a ela que eu tinha recebido a bola porque, ao contrário do filho dela, eu não era um merda gordo que tinha sido criado pela merda de uma mãe gorda. Quando notei a confusão na lateral do campo, Bob estava arrastando Mamãe embora, com um pouco de cabelo da mulher ainda na mão dela. Depois do jogo, perguntei a Mamãe o que tinha acontecido e ela respondeu apenas:

– Ninguém critica o meu filho.

Sorri para ela, todo orgulhoso.

Em Preble County, com Mamaw e Papaw a mais de 45 minutos de distância, as brigas se tornaram competições de gritos. Quase sempre o assunto era dinheiro, embora fizesse pouco sentido para uma família da região rural de Ohio, com uma renda familiar de mais de 100 mil dólares, brigar por dinheiro. Mas eles brigavam, porque compravam coisas de que não precisavam – carros novos, caminhonetes novas, uma piscina. Quando o curto casamento deles acabou, os dois tinham dívidas de dezenas de milhares de dólares, e nada que justificasse isso.

Finanças eram o menor de nossos problemas. Mamãe e Bob nunca tinham sido violentos um com o outro, mas isso aos poucos começou a mudar. Acordei uma noite com o som de vidro quebrando – Mamãe estava atirando pratos em Bob – e desci correndo para ver o que estava acontecendo. Ele a segurava contra a bancada da cozinha, e ela se contorcia e tentava mordê-lo. Quando ela caiu no chão, corri para o seu colo. Quando Bob se aproximou, me levantei e dei um soco na cara dele. Ele recuou (para devolver o golpe, imaginei) e me atirei no chão, com os braços em cima da cabeça para me proteger. O soco não veio – Bob nunca foi fisicamente violento – e minha intervenção pôs fim à briga. Ele foi para o sofá e se sentou sem dizer nada, olhando para a parede; Mamãe e eu subimos as escadas sem fazer barulho e fomos para a cama.

Os problemas de Mamãe e Bob foram minha introdução aos conflitos conjugais. As lições aprendidas foram: nunca fale num tom de voz normal quando puder gritar; se a briga ficar intensa demais, tudo bem dar tapas e socos, desde que o homem não bata primeiro; sempre expresse seus sentimentos de uma forma que seja ofensiva e irritante para o seu cônjuge; se tudo o mais falhar, leve as crianças e o cachorro para um motel, e não diga ao seu cônjuge onde encontrar vocês – se ela ou ele souber onde estão as crianças, ele ou ela não vão se preocupar tanto, e sua saída de casa não será tão eficaz.

Comecei a ir mal na escola. Muitas noites eu ficava deitado na cama sem conseguir dormir por causa do barulho – móveis batendo contra as paredes, pés pisando no chão com força, gritos, às vezes vidro quebrando. Na manhã seguinte, eu acordava cansado e deprimido, e me arrastava na escola, pensando constantemente no que me aguardava em casa. Eu só queria ir para um lugar onde pudesse me sentar em silêncio. Não podia contar a ninguém o que estava acontecendo, porque era muito embaraçoso. E embora eu odiasse a escola, odiava a minha casa mais ainda. Quando a professora anunciava que só tínhamos poucos minutos para arrumar a carteira antes da campainha tocar, eu ficava desanimado. Olhava para o relógio como se ele fosse uma bomba prestes a explodir. Nem mesmo Mamaw sabia como as coisas estavam ruins. Minhas notas baixas foram o primeiro indício.

Nem todo dia era assim, é claro. Mas mesmo quando a casa estava aparentemente calma, o ambiente era tão carregado que eu ficava constantemente em guarda. Mamãe e Bob nunca sorriam nem diziam mais coisas boas a respeito de Lindsay e de mim. Você nunca sabia quando a palavra errada ia transformar um jantar tranquilo numa briga feia, ou quando uma pequena travessura infantil ia fazer um prato ou um livro sair voando pela sala. Era como se estivéssemos vivendo num campo minado – um passo em falso e *bum!!*.

Até esse ponto da minha vida, eu era uma criança perfeitamente saudável e em boa forma física. Eu me exercitava bastante, e embora não controlasse o que comia, não precisava fazer isso. Mas comecei a engordar e, quando entrei na quinta série, estava realmente graducho. E estava sempre me sentindo enjoado e fui várias vezes para a enfermaria com dor de estômago. Embora não percebesse na época, a situação em casa estava visivelmente afetando a minha saúde. "Alunos do ensino fundamental podem mostrar sinais de estresse através de queixas somáticas como dores de estômago, dores de cabeça e outras dores", aponta um manual para diretores de escola que lidam com crianças que enfrentam problemas em casa. "Esses alunos podem apresentar mudanças bruscas de comportamento, como aumento da irritabilidade, agressividade e raiva, de forma inconsistente. Podem apresentar também alteração no desempenho escolar, diminuição de atenção e concentração em sala, e faltar mais à escola." E eu só achava que estava com prisão de ventre ou que realmente odiava minha nova cidade.

Mamãe e Bob não eram tão diferentes assim. Seria difícil listar todas as brigas e gritarias a que assisti que não tinham nada a ver com a minha família. Meu vizinho e eu brincávamos no quintal da casa dele até ouvirmos os pais dele gritando, e aí corríamos para o beco e nos escondíamos. Os vizinhos de Papaw gritavam tão alto que nós podíamos ouvir de dentro de casa, e isso era tão comum que Papaw sempre dizia: "Que merda, lá vem eles de novo." Uma vez vi uma discussão entre um casal jovem no bufê de comida chinesa ir ficando mais e mais feia até virar uma sinfonia de xingamentos e insultos. Mamaw e eu costumávamos abrir as janelas do lado da casa dela para poder ouvir as brigas explosivas entre a vizinha, Pattie, e o namorado dela. Ver pessoas se xingando, gritando e às vezes trocando tapas fazia parte da nossa vida. Após algum tempo, nem se nota mais.

Sempre achei que era assim que os adultos falavam uns com os outros. Quando Lori se casou com Dan, aprendi que havia pelo menos uma exceção. Mamaw me disse que Dan e tia Wee nunca gritavam um com o outro porque Dan era diferente. "Ele é um santo," ela dizia. Quando conhecemos melhor Dan e a família dele, percebi que eles eram mais gentis uns com os outros. Eles não gritavam uns com os outros em público. Eu tive a impressão de que eles também não gritavam muito uns com os outros em particular. Achei que eram impostores. Tia Wee via isso de outro modo.

– Achei que eles eram realmente esquisitos. Mas sabia que eles eram autênticos. Imaginei que eram autenticamente esquisitos.

Aqueles conflitos intermináveis tiveram seus efeitos. Até pensar sobre isso hoje me deixa nervoso. Meu coração fica acelerado e meu estômago vem parar na minha garganta. Quando era bem pequeno, tudo o que eu queria fazer era fugir – me esconder daquelas brigas, ir para a casa de Mamaw ou sumir. Mas eu não podia me esconder, porque estava cercado por tudo aquilo.

Com o tempo, comecei a gostar do drama. Em vez de me esconder, corria para baixo e encostava o ouvido na parede para ouvir melhor. Meu coração ainda se acelerava, mas pela expectativa, como quando estava prestes a fazer uma cesta num jogo de basquete. Mesmo aquela briga que tinha ido longe demais – quando achei que Bob ia me bater – foi menos sobre um garoto corajoso que interveio e mais sobre um espectador que ficou perto demais da ação. Aquela coisa que eu detestava tinha se tornado uma espécie de droga.

Um dia voltei da escola e vi o carro de Mamaw na entrada. Foi um presságio, já que ela nunca fazia visitas inesperadas à nossa casa em Preble County. Ela abriu uma exceção naquele dia porque Mamãe estava no hospital por causa de uma tentativa frustrada de suicídio. Apesar de todas as coisas que eu via acontecendo no mundo ao meu redor, meus olhos de onze anos deixavam de ver muito. Em seu trabalho no Hospital Middletown, Mamãe tinha conhecido e se apaixonado por um bombeiro e começado um caso que já durava muitos anos. Naquela manhã, Bob a havia confrontado a respeito do caso e pedido o divórcio. Mamãe tinha saído com sua minivan novinha em folha em alta velocidade e se jogado de propósito num poste telefônico. Pelo menos foi isso que ela disse. Mamaw tinha sua própria teoria: que Mamãe tinha tentado distrair a atenção da sua traição e dos seus problemas financeiros. Como Mamaw disse:

– Quem é que tenta se matar batendo com a porra do carro? Se ela quisesse mesmo se matar, eu tenho um monte de armas.

Lindsay e eu concordamos com Mamaw e sentimos mais alívio do que qualquer outra coisa – por Mamãe não ter se machucado muito, e pelo fato de que a tentativa de suicídio de Mamãe ia ser o final da nossa vida em Preble County. Ela só passou dois dias no hospital. Um mês depois voltamos para Middletown, um quarteirão mais perto de Mamaw do que antes, com menos um homem a reboque.

Apesar da volta para um lugar familiar, o comportamento de Mamãe se tornou cada vez mais instável. Ela era mais colega de quarto do que mãe, e de nós três – Mamãe, Lindsay e eu – ela era a mais inclinada a uma vida desregrada. Eu ia para a cama e acordava por volta da meia-noite, quando Lindsay voltava de fazer alguma coisa que os adolescentes fazem. E tornava a acordar às duas ou três da manhã, quando Mamãe chegava em casa. Ela tinha amigos novos, a maior parte deles mais jovens e sem filhos. E passava de um namorado a outro, trocando de parceiro a cada poucos meses. A coisa era tão feia que meu melhor amigo na época comentou sobre seus "sabores do mês". Cresci acostumado a um certo grau de instabilidade, mas era uma instabilidade familiar: havia brigas ou tentativas de fugir de brigas; quando as coisas ficavam difíceis, Mamãe descontava em nós e chegava a nos bater ou beliscar. Eu não gostava nem um pouco – quem gostaria? –, mas agora o novo comportamento dela era muito estranho. Mamãe tinha sido muitas coisas, mas nunca fora de festas. No entanto, quando voltamos para Middletown, isso mudou.

Junto com as festas veio o álcool, e com o álcool veio o excesso de álcool e um comportamento ainda mais bizarro. Um dia, quando eu tinha doze anos, Mamãe disse alguma coisa que não me lembro agora, mas lembro de ter saído correndo descalço pela porta e ido para a casa de Mamaw. Durante dois dias me recusei a falar com minha mãe ou vê-la. Papaw, preocupado com a desintegração do relacionamento entre mãe e filho, me implorou para falar com ela.

Então ouvi um pedido de desculpas que já tinha ouvido um milhão de vezes antes. Mamãe sempre foi boa em se desculpar. Talvez ela tivesse que ser – se ela não pedisse desculpas, talvez Lindsay e eu nunca mais tivéssemos falado com ela. Mas acho que ela realmente se arrependia. No fundo, ela sempre se sentiu culpada pelas coisas que aconteceram, e provavelmente até acreditava que, como prometia, elas "não tornariam a acontecer". Mas sempre aconteciam de novo.

Dessa vez não foi diferente. Mamãe pediu muitas, muitas desculpas porque seu pecado tinha sido muito, muito ruim. Então como castigo ela tinha que fazer algo muito, muito bom: prometeu me levar ao shopping para comprar figurinhas de futebol. Figurinhas de futebol eram a minha criptonita. Concordei em ir com ela. Esse foi provavelmente o maior erro da minha vida.

Pegamos a rodovia e eu disse algo que a irritou. Então ela acelerou para o que pareceu ser 120 quilômetros por hora e me disse que ia bater com o carro e nos matar a ambos. Pulei para o banco de trás, achando que se eu pudesse usar dois cintos de segurança ao mesmo tempo, talvez tivesse mais chance de sobreviver ao impacto. Isso a deixou ainda mais furiosa, e então ela parou o carro dizendo que ia me espancar até a morte. Quando ela parou o carro, abri a porta e saí correndo. Estávamos numa área rural do estado, então corri pelo campo, com a grama alta batendo nos meus tornozelos enquanto corria. Cheguei a uma casa pequena com uma piscina de armação. A dona da casa – uma mulher gorda, mais ou menos da mesma idade de Mamãe – estava boiando de costas, desfrutando do calor agradável de junho.

– A senhora tem que chamar minha Mamaw! – gritei. – Por favor, me ajude. Minha mãe está tentando me matar.

A mulher saiu da piscina enquanto eu olhava em volta apavorado, com medo da minha mãe estar por perto. Nós entramos e liguei para Mamaw e dei o endereço da mulher.

– Por favor, venha depressa – disse a ela. – Mamãe vai me achar.

E ela me achou mesmo. Deve ter visto para onde corri lá da rodovia. Bateu na porta da casa e mandou que eu saísse. Implorei à dona da casa para não abrir a porta, e a mulher trancou as portas e disse a Mamãe que seus dois cachorros, que não eram maiores do que um gato, iriam atacá-la se tentasse entrar. Mas Mamãe arrombou a porta da casa da mulher e foi me arrastando para fora, enquanto eu gritava e tentava me agarrar em qualquer coisa – a porta de tela, o corrimão da escada, a grama do chão. A mulher ficou ali olhando, e a odiei por não fazer nada. Mas ela de fato tinha feito alguma coisa: entre minha ligação para Mamaw e a chegada de Mamãe, a mulher tinha aparentemente ligado para a polícia. Então quando Mamãe estava me arrastando para o carro dela, dois carros de polícia chegaram e os guardas saltaram e algemaram Mamãe. Ela ainda tentou se desvencilhar deles, mas um dos guardas a segurou firme e a colocou na parte de trás do seu carro e a levou dali.

O outro guarda me pôs no banco de trás do carro dele enquanto esperávamos por Mamaw. Nunca me senti tão solitário como ali, vendo o policial interrogar a dona da casa – ainda com a roupa de banho molhada e com um cão de guarda miniatura de cada lado –, sem conseguir abrir a porta do carro pelo lado de dentro e sem saber quando Mamaw ia chegar. Eu já tinha me distraído, sonhando acordado, quando a porta do carro se abriu e Lindsay entrou e me abraçou com tanta força que eu mal conseguia respirar. Nós não choramos; não dissemos nada. Só fiquei ali sendo espremido e sentindo que estava tudo bem no mundo.

Quando saímos do carro, Mamaw e Papaw me abraçaram e perguntaram se eu estava bem. Mamaw me examinou de cima a baixo para ver se eu estava machucado. Papaw falou com o policial e perguntou onde poderia encontrar a filha que tinha sido presa. Lindsay ficou me vigiando o tempo todo. Aquele tinha sido o dia mais apavorante da minha vida. Mas o pior tinha passado.

Quando chegamos em casa, nenhum de nós conseguia falar. Mamaw sentia uma raiva silenciosa, apavorante. Torci para que ela se acalmasse antes de Mamãe sair da cadeia. Eu estava exausto e só queria me deitar no sofá e ver televisão. Lindsay foi para o quarto e dormiu um pouco. Papaw pediu comida do Wendy's. A caminho da porta da frente, ele parou e se debruçou sobre mim no sofá. Mamaw tinha saído da sala. Papaw pôs a mão na minha testa e começou a soluçar. Fiquei tão assustado que nem consegui olhar para ele. Nunca soube que Papaw chorava, nunca o tinha visto chorar, achava que ele era tão durão que não tinha chorado nem quando era bebê. Ele ficou assim por um tempo, até que ouvimos Mamaw voltando. Então ele se controlou, enxugou os olhos e saiu. Nenhum de nós jamais se referiu àquele momento.

Mamãe foi solta mediante fiança e processada por violência doméstica.[1] O caso dependia totalmente de mim. Entretanto, durante a audiência, quando me perguntaram se Mamãe havia me ameaçado, eu disse que não. O motivo foi simples: meus avós estavam pagando um dinheirão para o advogado mais poderoso da cidade. Eles estavam furiosos com minha mãe, mas também não queriam a filha na cadeia. O advogado nunca incentivou explicitamente a mentira, mas deixou claro que o que eu dissesse iria aumentar ou diminuir as chances de Mamãe passar mais tempo na prisão.

– Você não quer que sua mãe vá presa, quer? – me perguntou ele.

Então eu menti, com a combinação expressa de que embora Mamãe ficasse livre, eu poderia morar com meus avós pelo tempo que quisesse. Mamãe iria oficialmente manter a minha custódia, mas daquele dia em diante eu só iria morar na casa dela quando quisesse – e Mamaw me disse que se Mamãe não cumprisse o acordo, teria que enfrentar o cano do revólver dela. Essa era a justiça caipira, e ela não me falhou.

Lembro de mim mesmo sentado na sala do tribunal, com meia dúzia de outras famílias em volta, e de pensar que elas se pareciam muito conosco. As mães e pais e avós não usavam ternos como os advogados e o juiz. Eles usavam calças de moletom ou calças de lycra coladas ao corpo e camisetas. Seus cabelos eram desgrenhados. E foi a primeira vez que notei um "sotaque de tevê" – aquele sotaque neutro que os âncoras de programas de tevê têm. Os assistentes sociais, o juiz e os advogados todos tinham sotaques de tevê. Nenhum de nós tinha. As pessoas que mandavam no tribunal eram diferentes de nós. As pessoas que estavam sujeitas ao tribunal não eram.

Identidade é uma coisa estranha, e não entendi na época por que senti tanta empatia por aqueles desconhecidos. Poucos meses depois, durante minha primeira viagem à Califórnia, comecei a entender. Tio Jimmy levou Lindsay e eu de avião para a casa dele em Napa, Califórnia. Sabendo que ia visitá-lo, contei para todo mundo que ia para a Califórnia no verão e, além disso, que ia andar de avião pela primeira vez. A reação principal das pessoas era de incredulidade de que meu tio tivesse dinheiro suficiente para levar duas pessoas – que não eram filhos dele – de avião para a Califórnia. É uma evidência da consciência de classe da minha juventude o fato dos meus amigos pensarem antes de mais nada no custo de uma viagem de avião.

De minha parte, eu estava radiante de viajar para o Oeste e visitar tio Jimmy, um homem que eu adorava tanto quanto meus tios-avós, os homens Blanton. Apesar de termos saído muito cedo, não dormi um segundo durante o voo de seis horas de Cincinnati para São Francisco. Tudo era excitante demais: o modo como a terra encolhia durante a decolagem, as nuvens vistas de perto, a amplidão e o tamanho do céu e as montanhas vistas da estratosfera. A aeromoça prestou atenção e quando chegamos ao Colorado eu fazia visitas regulares à cabine do piloto (isso foi antes do 11 de Setembro), onde o piloto me dava lições curtas sobre como pilotar um avião e me colocava em dia sobre nosso progresso.

A aventura tinha apenas começado. Eu já tinha viajado para fora do estado antes: tinha viajado de carro com meus pais para a Carolina do Sul e para o Texas, e visitava o Kentucky regularmente. Nessas viagens, eu raramente falava com alguém que não fosse da família, e nunca notei nada que fosse assim tão diferente. Napa era como se fosse um outro país. Na Califórnia, todo dia trazia uma nova aventura com meus primos adolescentes e os amigos deles. Nós fizemos um passeio ao Distrito de Castro em São Francisco, para que, segundo minha prima mais velha, Rachel, eu pudesse aprender que os gays não queriam me molestar. Um outro dia, visitamos uma vinícola. Em outra ocasião, servimos de auxiliares no treino de futebol da escola do meu primo Nate. Tudo era muito animado. Todo mundo achou que eu falava como se fosse do Kentucky. É claro, eu meio que era do Kentucky. E adorei que as pessoas achassem que eu tinha um sotaque engraçado. Dito isso, ficou claro para mim que a Califórnia era realmente fantástica. Eu tinha visitado Pittsburgh, Cleveland, Columbus e Lexington. Tinha passado um tempo considerável na Carolina do Sul, no Kentucky, no Tennessee e até em Arkansas. Então por que a Califórnia era tão diferente?

A resposta, eu ia aprender, era a mesma rodovia caipira que levou Mamaw e Papaw do Kentucky no Leste para Ohio no Sudoeste. Apesar das diferenças topográficas e das diferentes economias regionais do Sul e do Meio Oeste industrial, minhas viagens tinham se restringido em grande parte a lugares onde as pessoas se pareciam com a minha família e agiam como ela. Nós comíamos as mesmas coisas, assistíamos aos mesmos esportes e praticávamos a mesma religião. Foi por isso que senti tanta empatia por aquelas pessoas no tribunal. Elas eram migrantes caipiras, assim como eu.

CAPÍTULO 6

Uma das perguntas que eu odiava, e que os adultos sempre faziam, era se eu tinha irmãos ou irmãs. Quando se é criança, não se pode fazer um gesto com a mão que diz "É meio complicado" e mudar de assunto. E a menos que alguém seja um sociopata especialmente habilidoso, não dá para mentir o tempo todo. Então, durante um tempo, respondia respeitosamente, explicando às pessoas a teia de relações familiares à qual eu tinha me acostumado. Eu tinha um meio-irmão e uma meia-irmã biológicos que nunca tinha visto porque meu pai biológico tinha me dado para a adoção. Eu tinha muitos irmãos e irmãs não biológicos seguindo um determinado critério, mas apenas dois se limitasse o cálculo para os filhos do marido atual de Mamãe. E havia a esposa do meu pai biológico, e ela tinha pelo menos um filho, então talvez eu tivesse que contar esse daí também. Às vezes eu pensava filosoficamente sobre o sentido da palavra "irmão". Os filhos dos antigos maridos da sua mãe ainda são seus parentes? Se são, o que dizer dos futuros filhos dos antigos maridos da sua mãe? Segundo determinados critérios, eu provavelmente tinha cerca de uma dúzia de irmãos não biológicos.

Havia uma pessoa a quem o termo "irmão" definitivamente se aplicava: minha irmã, Lindsay. Quando havia um adjetivo ao lado do seu nome, sempre foi para indicar orgulho: "minha irmã *legítima*, Lindsay"; "minha irmã *de verdade*, Lindsay"; "minha irmã *mais velha*, Lindsay". Lindsay foi (e continua sendo) a pessoa que tive mais orgulho em conhecer na vida. Quando soube que "meia-irmã" não tinha nada a ver com meus afetos e tinha tudo a ver com a natureza genética da nossa relação – que Lindsay, por ter um pai diferente, era tanto minha meia-irmã quanto pessoas que eu nunca tinha visto –, foi um dos momentos mais devastadores da minha vida. Mamaw me contou isso calmamente, uma noite, quando eu estava saindo do banho, me preparando para ir para a cama, e chorei e berrei como se tivesse acabado de saber que meu cachorro tinha morrido. Eu só me acalmei quando Mamaw cedeu e concordou que ninguém, nunca mais, iria se referir a Lindsay como sendo minha "meia-irmã".

Lindsay Leigh era cinco anos mais velha do que eu, ela nasceu dois meses depois de Mamãe se formar no ensino médio. Eu tinha verdadeira loucura por ela, tanto da forma como todas as crianças adoram seus irmãos mais velhos quanto de uma forma que era única, devido à nossa situação. Seu heroísmo em relação a mim era lendário. Uma vez, depois que ela e eu brigamos por causa de um biscoito, e Mamãe me deixou num estacionamento vazio para mostrar a Lindsay como seria a vida sem mim, foi o ataque de choro e de raiva da minha irmã que fez Mamãe voltar imediatamente. Durante as brigas explosivas entre Mamãe e algum homem que ela tivesse levado para a nossa casa, era Lindsay quem ia para o quarto dela e ligava para Mamaw e Papaw pedindo socorro. Ela me dava de comer quando eu estava com fome, trocava minha fralda quando ninguém trocava e me carregava para toda parte com ela – embora, Mamaw e tia Wee me contaram, eu pesasse quase tanto quanto ela.

Sempre a vi mais como um adulto do que como uma criança. Ela nunca mostrou a seus namorados adolescentes que não estava satisfeita indo embora furiosa e batendo as portas. Quando Mamãe trabalhava até tarde da noite ou não voltava para casa por qualquer motivo, Lindsay providenciava alguma coisa para o jantar. Eu a irritava, como todos os irmãos pequenos irritam os irmãos mais velhos, mas ela nunca berrava ou gritava comigo ou me deixava com medo dela. Num dos meus momentos mais vergonhosos, joguei Lindsay no chão durante uma briga, por razões que não me lembro. Eu tinha dez ou onze anos, o que significa que ela devia ter uns quinze, e embora eu tenha percebido naquele dia que já a ultrapassara em termos de força, continuei a achar que ela não tinha nada de infantil. Estava acima daquilo tudo, era "o único adulto de verdade na casa", como Papaw costumava dizer, e minha primeira linha de defesa, mesmo antes de Mamaw. Ela preparava o jantar quando era preciso, lavava a roupa quando ninguém lavava e me resgatou do banco de trás do carro de polícia, naquele dia em que Mamãe ficou fora de controle. Eu dependia tão completamente dela que não via o que Lindsay era de verdade: uma menina, que ainda não tinha idade para dirigir, aprendendo a se virar e a cuidar do irmão mais novo ao mesmo tempo.

Isso começou a mudar quando nossa família decidiu dar uma chance a Lindsay de realizar seu sonho. Lindsay sempre foi uma garota linda. Quando meus amigos e eu listávamos as garotas mais bonitas do mundo, eu sempre colocava Lindsay em primeiro lugar, logo acima de Demi Moore e de Pam Anderson. Lindsay tinha ouvido falar num evento para recrutar modelos no Dayton Hotel, então Mamãe, Mamaw, Lindsay e eu nos apertamos no Buick de Mamaw e fomos para o Norte. Lindsay estava explodindo de excitação, e eu também. Aquela ia ser sua grande chance e, por extensão, a de toda a nossa família.

Quando chegamos ao hotel, uma senhora nos mandou seguir as placas até um salão de baile gigantesco e esperar na fila. O salão de baile era totalmente brega, daquele jeito anos 1970: um carpete horroroso, lustres grandes e iluminação suficiente apenas para você não tropeçar nos próprios pés. Imaginei como algum caçador de talentos poderia apreciar a beleza da minha irmã naquela escuridão.

Por fim chegou a nossa vez, e a caçadora de talentos pareceu otimista em relação à minha irmã. Ela disse que ela era bonita e mandou que fosse esperar numa outra sala. Surpreendentemente disse que eu também daria um bom modelo e perguntou se eu não queria ir junto com a minha irmã e saber qual a etapa seguinte. Concordei entusiasmado.

Após algum tempo na sala de espera, Lindsay e eu e os outros escolhidos soubemos que a etapa seguinte nos aguardava na cidade de Nova York. Os funcionários da agência distribuíram folders com mais informações e nos disseram que precisávamos responder em poucas semanas. A caminho de casa, Lindsay e eu estávamos entusiasmados. Íamos para Nova York para nos tornarmos modelos famosos.

A taxa a ser paga para viajar para Nova York era alta e se alguém realmente quisesse que fôssemos modelos, teria provavelmente pago para que participássemos da nova etapa. Olhando para trás, o tratamento apressado que davam a cada pessoa – cada "teste" não passava de uma conversa de poucas frases – sugere que o evento era mais um golpe do que uma busca por novos talentos. Mas não sei: o protocolo dos testes para modelo nunca foi minha especialidade.

O que sei é que nossa exuberância não sobreviveu à viagem de carro. Mamãe começou a comentar, preocupada, sobre o preço da viagem, fazendo com que eu e Lindsay discutíssemos para ver quem devia ir (sem dúvida, eu estava sendo um pentelho). Mamãe foi ficando cada vez mais zangada e então explodiu. O que aconteceu em seguida não foi nenhuma surpresa: gritaria, troca de tapas e um carro parado no acostamento, com duas crianças soluçando. Mamaw interveio antes que as coisas ficassem fora de controle, mas foi um milagre não termos batido com o carro e morrido: Mamãe dirigindo e estapeando os filhos no banco de trás; Mamaw no banco do carona, estapeando Mamãe e gritando com ela. Foi por isso que Mamãe parou o carro – embora fosse capaz de realizar várias tarefas ao mesmo tempo, aquilo foi demais. Voltamos para casa em silêncio depois que Mamaw explicou que se Mamãe tornasse a perder a calma ela lhe daria um tiro na cara. Naquela noite Lindsay e eu ficamos na casa de Mamaw.

Nunca vou esquecer a cara de Lindsay quando ela subiu as escadas para ir para a cama. Sua cara estampava a dor de uma derrota que só uma pessoa que vai ao céu e ao fundo do poço em questão de minutos conhece. Ela tinha estado prestes a realizar um sonho de infância; agora era apenas mais uma adolescente de coração partido. Mamaw foi para o sofá, onde iria assistir a *Law & Order*, ler a Bíblia e dormir. Fiquei parado no corredor estreito que separava a sala de estar da sala de jantar e fiz a Mamaw uma pergunta que estava na minha cabeça desde que ela mandou que Mamãe nos levasse em segurança para casa. Eu sabia o que ela ia dizer, mas acho que queria uma confirmação.

– Mamaw, Deus nos ama?

Ela baixou a cabeça, me deu um abraço e começou a chorar.

A pergunta magoou Mamaw porque a fé cristã estava no centro de nossas vidas, especialmente da dela. Nós nunca íamos à igreja, exceto em raras ocasiões no Kentucky ou quando Mamãe decidia que o que precisávamos em nossas vidas era de religião. Entretanto, a fé de Mamaw era uma fé profundamente pessoal (ainda que excêntrica). Ela não conseguia dizer "religião organizada" sem desprezo. Via as igrejas como criadouros de tarados e agiotas. E odiava o que chamava de "os orgulhosos escandalosos" – gente que tirava a fé guardada na manga, sempre pronta para mostrar o quanto era piedosa. Mesmo assim, ela dava parte da sua modesta renda para igrejas em Jackson e no Kentucky, especialmente aquelas controladas pelo reverendo Donald Ison, um homem mais velho que se parecia incrivelmente com o padre de *O exorcista*.

Pelos cálculos de Mamaw, Deus nunca saiu do nosso lado. Ele comemorava conosco quando os tempos eram bons e nos consolava quando não eram. Durante uma de nossas muitas viagens ao Kentucky, Mamaw estava tentando pegar a rodovia depois de uma breve parada para colocar gasolina. Ela não prestou atenção nas placas e entrou na contramão numa saída, e os outros motoristas, irados, tiveram que desviar de nós. Eu gritava apavorado, mas depois de pegar o retorno e voltar para uma estrada de três pistas, a única coisa que Mamaw falou sobre o incidente foi "Que droga! Nós estamos bem. Você não sabe que Jesus está no carro comigo?"

A teologia que ela ensinava era sem sofisticação, mas passava uma mensagem que eu precisava ouvir. Andar sem rumo pela vida era desperdiçar o talento que Deus me deu, então eu tinha que trabalhar muito. Tinha que tomar conta da minha família porque isso era um dever cristão. Eu precisava perdoar, não só por causa da minha mãe mas por minha própria causa. Eu jamais devia perder a esperança, porque Deus tinha um plano.

Mamaw frequentemente contava uma parábola. Um homem estava sentado em casa quando começou uma terrível tempestade. Poucas horas depois, a casa começou a ser inundada pela água, e alguém veio bater à porta dele, oferecendo uma carona para um lugar mais alto. O homem não aceitou, dizendo: "Deus vai cuidar de mim." Poucas horas depois, as águas tomaram conta do primeiro andar da casa do homem, passou um barco no rio que havia se formado na rua e o capitão se ofereceu para levá-lo para um lugar seguro. O homem não aceitou, dizendo: "Deus vai cuidar de mim." Poucas horas depois, o homem estava no telhado da casa inteiramente inundada, e um helicóptero passou e o piloto se ofereceu para transportá-lo para um local seco. Mais uma vez o homem disse que não, que Deus ia cuidar dele. Pouco depois, as águas arrastaram o homem para a morte e, quando ele se viu diante de Deus no céu, protestou contra o seu destino. "O senhor prometeu que iria me ajudar se eu tivesse fé", disse. E Deus respondeu: "Mandei um carro, um barco e um helicóptero para salvá-lo. Você morreu por sua própria culpa." Deus ajuda a quem ajuda a si mesmo. Esse era o ensinamento do Livro de Mamaw.

O mundo decaído descrito pela religião cristã combinava com o mundo que eu via à minha volta: um mundo onde um passeio de carro alegre podia rapidamente se transformar em tristeza; onde o mau comportamento de uma pessoa reverberava na família e na comunidade. Quando perguntei a Mamaw se Deus nos amava, fiz isso para acreditar que a nossa religião ainda podia fazer sentido no mundo em que vivíamos. Eu precisava da confirmação de que havia uma justiça maior, de que havia um certo ritmo ou equilíbrio que espreitava por baixo do sofrimento e do caos.

Pouco depois que o sonho de criança de Lindsay de virar modelo foi para o espaço, eu estava em Jackson, com Mamaw e minha prima Gail, no dia 2 de agosto, dia do meu aniversário de onze anos. No final da tarde, Mamaw me aconselhou a ligar para Bob – ainda legalmente meu pai – porque ele ainda não tinha ligado para mim. Depois que voltamos para Middletown, ele e Mamãe se divorciaram, então não era de espantar que nos falássemos raramente. Mas meu aniversário era obviamente uma ocasião especial, e achei estranho mesmo que ele não tivesse ligado. Então liguei para ele, mas caiu na secretária eletrônica. Algumas horas depois, liguei mais uma vez com o mesmo resultado, e soube instintivamente que nunca mais veria Bob.

Não sei se pelo fato de estar com pena de mim ou porque sabia que eu amava cachorros, minha prima Gail me levou à pet shop local, onde estava exposta uma ninhada de pastores-alemães. Eu queria desesperadamente um e tinha dinheiro suficiente para comprá-lo. Gail me lembrou que cães dão muito trabalho e que minha família (leia-se: minha mãe) tinha o costume terrível de comprar cachorros e depois abandoná-los. Quando não se dá ouvidos à voz da razão – "Você tem razão, Gail, mas eles são tããão lindos!" –, entra em cena a voz da autoridade.

– Meu bem, sinto muito, mas não vou deixar você comprar esse cachorro.

Quando voltamos para a casa de Mamaw Blanton, eu estava mais zangado por causa do cachorro do que por ter perdido meu pai número dois.

Eu me importei menos com o sumiço de Bob do que com a ruptura que sua partida iria inevitavelmente causar. Ele era apenas a baixa mais recente numa longa fila de candidatos a pai fracassados. Houve Steve, um homem de fala mansa com um comportamento também muito calmo. Eu costumava rezar para Mamãe se casar com Steve porque ele era simpático e tinha um bom emprego. Mas eles terminaram, e ela começou a sair com Chip, um policial. Chip também era uma espécie de caipira: ele adorava cerveja barata, música country e pescar, e nós nos dávamos bem até que ele sumiu também.

Para ser franco, uma das piores partes da partida de Bob era que isso iria complicar ainda mais o emaranhado de sobrenomes na nossa família. Lindsay era uma Lewis (o sobrenome do pai dela), Mamãe adotava o sobrenome de todos os maridos, Mamaw e Papaw eram Vances, e todos os irmãos de Mamaw eram Blantons. Eu tinha o sobrenome de alguém de quem não gostava realmente (e isso já me incomodava) e depois que Bob foi embora, explicar por que o meu nome era J.D. Hamel iria se tornar ainda mais embaraçoso. "É, o sobrenome do meu pai adotivo é Hamel. Você não o conheceu porque nunca o vejo. Não, eu não sei por que não o vejo."

De todas as coisas que eu odiava na infância, nada se comparava a essa porta giratória de figuras paternas. Tenho que reconhecer que Mamãe tinha evitado companheiros abusivos ou negligentes, e eu nunca me senti maltratado por nenhum dos homens que ela trouxe para a nossa casa. Mas eu odiava o rompimento. E odiava a frequência com que esses namorados saíam da minha vida justo quando eu estava começando a gostar deles. Lindsay, com a vantagem da idade e da sabedoria, via todos os homens com ceticismo. Ela sabia que, em algum momento, eles iriam embora. Quando Bob foi embora, aprendi a mesma lição.

Mamãe trouxe esses homens para as nossas vidas pelos motivos corretos. Ela muitas vezes ficava se perguntando, em voz alta, se Chip ou Bob ou Steve eram boas "figuras paternas". Ela dizia: "Ele leva você para pescar, e isso é muito bom" ou "É importante aprender alguma coisa sobre masculinidade com alguém que seja um pouco mais velho do que você". Quando eu a ouvia berrando com algum deles, ou chorando no chão depois de uma discussão particularmente intensa, ou quando a via desesperada depois de um rompimento, eu me sentia culpado por ela estar passando por aquilo por minha causa. Afinal de contas, eu pensava, Papaw era uma figura paterna muito boa. Eu prometia a ela depois de cada rompimento que nós íamos ficar bem ou que iríamos superar isso juntos ou (eu imitava Mamaw) que não precisávamos de nenhum maldito homem. Eu sabia que os motivos de Mamãe não eram inteiramente altruístas: ela (como todos nós) era motivada pelo desejo de amor e companheirismo. Mas ela também estava zelando por nós.

No entanto, a estrada para o inferno está pavimentada de boas intenções. Perdidos no meio de diversos candidatos a pai, Lindsay e eu nunca aprendemos como um homem devia tratar uma mulher. Chip pode ter me ensinado a amarrar um anzol na linha, mas aprendi pouco mais sobre o que era ser um homem, além de tomar muita cerveja e gritar com a mulher quando grita com você. No fim, a única lição que ficou foi que não se pode confiar nas pessoas.

– Aprendi que os homens desaparecem num passe de mágica – disse Lindsay uma vez. – Eles não ligam para os filhos, não sustentam os filhos. Simplesmente desaparecem, e não é muito difícil fazer eles irem embora.

Mamãe talvez percebesse que Bob estava se arrependendo da sua decisão de aceitar um filho extra, porque um dia ela me chamou na sala para falar no telefone com Don Bowman, meu pai biológico. Foi uma conversa curta mas memorável. Ele perguntou se eu me lembrava de querer ter uma fazenda com cavalos e vacas e galinhas, e eu respondi que sim. Ele perguntou se eu me lembrava dos meus irmãos – Cory e Chelsea – e eu me lembrava um pouco, então eu disse: "Meio que lembro." Ele perguntou se eu gostaria de vê-lo de novo.

Eu sabia pouco sobre o meu pai biológico e mal me lembrava da minha vida antes de Bob me adotar. Eu sabia que Don tinha me abandonado porque ele não queria pagar pensão alimentícia (ou foi o que Mamãe disse). Eu sabia que ele era casado com uma mulher chamada Cheryl, que ele era alto e que as pessoas achavam que eu me parecia com ele. E eu sabia que ele era, nas palavras de Mamaw, um "Holy Roller". Essa era a expressão que ela usava para os cristãos carismáticos que, ela dizia, "mexiam com cobras e gritavam e gemiam na igreja". Isso foi o suficiente para despertar minha curiosidade: com pouca prática religiosa, eu estava louco para conhecer uma igreja de verdade. Perguntei a Mamãe se podia vê-lo e ela concordou, então no mesmo verão em que meu pai adotivo saiu da minha vida, meu pai biológico tornou a entrar nela. Mamãe tinha fechado o círculo: rodou por uma grande quantidade de homens no esforço de me arranjar um pai, mas voltou ao candidato original.

Don Bowman tinha muito mais em comum com a família do lado de Mamãe do que eu esperava. O pai dele (meu avô), Don C. Bowman, também migrou do leste do Kentucky para o sudoeste de Ohio para trabalhar. Depois de se casar e ter filhos, meu avô Bowman morreu de repente, deixando duas crianças pequenas e uma jovem viúva. Minha avó se casou de novo, e Papai passou grande parte de sua infância no leste do Kentucky com seus avós.

Mais do que qualquer outra pessoa, Papai compreendeu o que o Kentucky significava para mim, porque significava o mesmo para ele. A mãe dele tornou a se casar logo, e embora o segundo marido dela fosse um homem bom, ele era também muito firme e um forasteiro – até mesmo os melhores padrastos precisam de tempo para se acostumar com isso. No Kentucky, junto da família e com um bocado de espaço, Papai podia ser ele mesmo. Eu sentia o mesmo. Havia dois tipos de pessoas no mundo: aquelas junto das quais eu me comportava bem porque queria impressionar; e aquelas junto das quais eu me comportava bem para não passar vergonha. Essas últimas eram os forasteiros. No Kentucky não havia nenhum desses tipos.

Sob muitos aspectos, o projeto de vida de Papai era reconstruir para si mesmo o que ele um dia tivera no Kentucky. Quando o visitei pela primeira vez, Papai tinha uma casa modesta num belo terreno, com um total de catorze acres. Havia um lago médio com peixes, dois pastos para vacas e cavalos, um celeiro e um galinheiro. Toda manhã as crianças corriam até o galinheiro e pegavam o estoque de ovos – geralmente sete ou oito, um número perfeito para uma família de cinco. Durante o dia, nós corríamos no terreno junto com o cachorro, pegávamos sapos, perseguíamos coelhos. Isso era exatamente o que Papai tinha feito quando era criança, e era exatamente o que eu fazia com Mamaw no Kentucky.

Eu me lembro de correr por um campo com o collie de Papai, Dannie, uma criatura linda, enlameada, tão delicada que um dia ele pegou um filhote de coelho e o carregou na boca, sem machucá-lo, levando-o para inspeção humana. Não sei por que estava correndo, mas nós dois caímos, exaustos, na grama, a cabeça de Dannie no meu peito e meus olhos fitando o céu azul. Acho que nunca tinha me sentido tão feliz, tão completamente despreocupado com a vida e seus estresses.

Papai tinha construído um lar de uma serenidade quase irritante. Ele e a esposa discutiam, mas raramente elevavam a voz um para o outro e nunca recorriam aos xingamentos que eram comuns na casa de Mamãe. Nenhum dos amigos deles bebia, nem mesmo socialmente. Embora eles acreditassem em castigo corporal, nunca o aplicavam de forma excessiva nem acompanhado de insultos verbais – a surra era metódica e livre de raiva. Meu irmão e minha irmã mais moços claramente apreciavam suas vidas, embora não ouvissem música pop e nem vissem filmes proibidos para menores.

O pouco que eu sabia da personalidade de Papai durante seu casamento com Mamãe era indiretamente. Mamaw, tia Wee, Lindsay e Mamãe contavam, todas elas, versões da mesma história: que Papai era mau. Ele gritava um bocado e às vezes batia em Mamãe. Lindsay me contou que, quando eu era criança, tinha uma cabeça estranhamente grande e disforme, e ela atribuía isso ao fato de que uma vez tinha visto Papai empurrar Mamãe violentamente.

Papai nega que tenha alguma vez agredido alguém fisicamente, inclusive Mamãe. Desconfio que eles agrediam um ao outro da maneira que Mamãe e a maioria de seus homens: uns empurrões aqui, uns pratos atirados ali, nada além disso. O que sei é que entre o final do casamento dele com Mamãe e o início do seu casamento com Cheryl – que aconteceu quando eu tinha quatro anos –, Papai mudou para melhor. Ele atribui isso ao fato de ter se envolvido com a religião de maneira mais séria. Sob esse aspecto,

Papai personificava um fenômeno que os cientistas sociais vêm observando há décadas: as pessoas religiosas são muito mais felizes. Quem vai regularmente à igreja comete menos crimes, é mais saudável, vive mais, ganha mais dinheiro, abandona a escola com menos frequência e termina a faculdade com mais frequência do que aqueles que não vão à igreja.[16] Jonathan Gruber, economista do MIT, até observou que a relação era *de causa e efeito*: não é que as pessoas mais bem-sucedidas também vão à igreja, é que a igreja parece promover bons hábitos.

Com seus hábitos religiosos, Papai era o estereótipo de um protestante culturalmente conservador de raízes sulistas, embora esse estereótipo seja bastante incorreto. Apesar de sua reputação de se agarrar à religião, o pessoal da minha terra se parecia mais com Mamaw do que com Papai: somos profundamente religiosos, mas sem nenhuma ligação com uma comunidade religiosa específica. Na realidade, os únicos protestantes conservadores que conheci, que frequentavam regularmente a igreja, eram meu pai e a família dele.[17] No meio do Bible Belt [o Cinturão Bíblico, no sudeste dos Estados Unidos], a frequência regular à igreja é de fato muito baixa.[18]

Apesar de sua reputação, a região central dos Apalaches – especialmente do norte do Alabama e da Geórgia ao sul de Ohio – tem uma frequência a igrejas muito mais baixa do que no Meio Oeste, em partes dos Estados Montanhosos (região que abrange os estados de Montana, Idaho, Wyoming, Nevada, Utah e Colorado) e grande

---

[16] Linda Gorman, "Is Religion Good for You?", The National Bureau of Economic Research, http://www.nber.org/digest/oct05/w11377.html.

[17] 17. Raj Chetty, et al., "Equality of Opportunity Project". Equality of Opportunity. 2014. http://www.equality-of-opportunity.org. (Os autores mediram a taxa de religiosidade numa dada região. O Sul e o Cinturão da Ferrugem tiveram números bem mais baixos do que outras regiões do país.)

[18] Ibid.

parte da área entre o Michigan e Montana. Por mais estranho que pareça, pensamos que vamos à igreja muito mais do que vamos na realidade. Numa pesquisa recente, realizada pelo Instituto Gallup, os sulistas e os habitantes do Meio Oeste assinalaram as taxas mais altas de frequência à igreja do país. No entanto, a frequência *real* à igreja é muito mais baixa no Sul.

Essa fraude tem a ver com a pressão cultural. No sudoeste de Ohio, onde nasci, as regiões metropolitanas de Cincinnati e Dayton têm taxas muito baixas de frequência à igreja, mais ou menos as mesmas que a ultraliberal São Francisco. Ninguém que conheço em São Francisco se sentiria envergonhado em admitir que não vai à igreja. (Na verdade, algumas pessoas talvez se sintam envergonhadas em admitir que vão.) Em Ohio é o extremo oposto. Mesmo quando era criança, eu mentia quando as pessoas perguntavam se eu ia regularmente à igreja. Segundo o Gallup, eu não era o único a sentir essa pressão.

A justaposição é conflitante: as instituições religiosas permanecem sendo uma força positiva na vida das pessoas, mas numa parte do país afetada pelo declínio da indústria, pelo desemprego, pelas drogas e pelos lares desfeitos, a frequência à igreja diminuiu muito. A igreja de Papai oferecia algo que pessoas como eu precisavam desesperadamente. Para os alcoólatras, dava uma comunidade de apoio e o sentimento de que eles não estavam lutando contra o vício sozinhos. Para mães grávidas, oferecia uma casa gratuita com treinamento profissional e aulas sobre como cuidar de bebês e crianças. Quando alguém precisava de emprego, os amigos da igreja podiam arrumar um ou apresentar alguém. Quando Papai enfrentou dificuldades financeiras, a igreja dele se juntou e comprou um carro usado para a família. No mundo destruído que eu via à minha volta – e para as pessoas que enfrentavam dificuldades nesse mundo –, a religião oferecia uma assistência tangível para manter a fé.

A fé de Papai me atraiu embora eu tenha ficado sabendo, logo de início, que ela desempenhou um papel importante no fato de ele ter me dado para a adoção unilateral, o que levou à nossa longa separação. Embora eu realmente gostasse do tempo que passávamos juntos, a dor daquela adoção permanecia e conversávamos frequentemente sobre como e por que ela tinha acontecido. Pela primeira vez, ouvi o lado dele da história: que a adoção não teve nada a ver com um desejo de evitar pensão alimentícia e que, longe de simplesmente "me jogar fora", como Mamãe e Mamaw diziam, Papai tinha contratado vários advogados e feito tudo o que estava ao seu alcance para ficar comigo.

Ele ficou com medo que a guerra pela custódia estivesse me destruindo. Quando eu o via durante as visitas antes da adoção, me escondia debaixo da cama durante as primeiras horas, com medo de que ele me raptasse e nunca mais me deixasse ver Mamaw. Ver o filho naquele estado de terror o levou a reconsiderar sua aproximação. Mamaw o odiava, como ela mesma tinha me dito; mas Papai disse que o ódio dela vinha do início do casamento dele com Mamãe, quando ele estava longe de ser um marido perfeito. Às vezes, quando ele ia me buscar, Mamaw ficava parada na varanda e olhava fixamente para ele, agarrando uma arma que trazia escondida. Quando ele falou com o psiquiatra do conselho tutelar, soube que eu tinha começado a me comportar mal na escola e a apresentar sinais de problemas emocionais. (Isso eu sei que é verdade. Após algumas semanas no jardim de infância, fui afastado por um ano. Duas décadas mais tarde, encontrei a professora que aguentou minha primeira incursão no jardim de infância. Ela me disse que eu tinha me comportado tão mal que ela quase desistiu da profissão – três semanas depois de ter iniciado seu primeiro ano como professora. O fato de ela se lembrar de mim vinte anos depois diz um bocado sobre o meu péssimo comportamento.)

Finalmente, Papai me disse, ele pediu a Deus que lhe mandasse três sinais de que a adoção era realmente o melhor para mim. Esses sinais aparentemente vieram, e e me tornei legalmente filho de Bob, um homem que eu conhecia havia menos de um ano. Não duvido da veracidade desse relato e, embora compreenda a dificuldade óbvia de uma decisão com essa, nunca entendi muito bem esse negócio de alguém deixar o destino do filho entregue a sinais enviados por Deus.

No entanto, isso foi algo insignificante no cômputo geral das coisas. O simples fato de saber que ele tinha se importado comigo apagou grande parte da minha dor da infância. Em última instância, eu amava meu pai e a religião dele. Não tenho certeza se gostava da estrutura da religião ou se queria apenas fazer parte de algo que era importante para ele – as duas coisas, acho –, mas me tornei um convertido muito devoto. Eu devorava livros sobre o criacionismo e entrei em salas de bate-papo on-line para desafiar cientistas acerca da teoria da evolução. Fiquei sabendo sobre profecia milenarista e convenci a mim mesmo que o mundo iria acabar em 2007. Até joguei fora meus CDs do Black Sabbath. A igreja de Papai encorajava tudo isso porque ela duvidava da sabedoria da ciência profana e da moralidade da música profana.

Apesar da falta do vínculo legal, comecei a passar bastante tempo com Papai. Eu o visitava quase sempre nas férias e passava um fim de semana sim e outro não na casa dele. Embora eu adorasse ver tias, tios e primos que não faziam parte da minha vida há anos, a divisão básica das minhas duas vidas continuava. Papai evitava o lado de Mamãe da família, e vice-versa. Lindsay e Mamaw reconheciam o novo papel de Papai em minha vida, mas continuavam a não confiar nele. Para Mamaw, Papai era o "doador de esperma" que tinha me abandonado num momento crítico. Embora eu também guardasse algum ressentimento pelo passado, a teimosia de Mamaw não tornava as coisas mais fáceis.

Ainda assim, meu relacionamento com Papai continuou progredindo, assim como meu relacionamento com a igreja dele. A desvantagem da teologia dele era que ela promovia um certo isolamento do mundo. Eu não podia ouvir Eric Clapton na casa de Papai – não porque as letras fossem impróprias, mas porque Eric Clapton era influenciado por forças demoníacas. Eu já tinha ouvido pessoas dizendo de brincadeira que, se você tocasse "Stairway to Heaven", do Led Zeppelin, de trás para frente, você ouviria um feitiço maligno, mas um membro da igreja de Papai falava sobre isso como se fosse realmente verdade.

Era meio esquisito e, a princípio, eu via tudo isso como sendo pouco mais do que regras estritas que eu podia ou não seguir. Entretanto, eu era um garoto curioso, e quanto mais mergulhava na teologia evangélica, mais me sentia inclinado a desconfiar de muitos setores da sociedade. Evolução e Big Bang se tornaram ideologias a serem confrontadas, não teorias a serem compreendidas. Muitos dos sermões que ouvi passavam mais tempo criticando outros cristãos do que qualquer outra coisa. As linhas da guerra teológica estavam estabelecidas, e aqueles do outro lado não estavam apenas errados a respeito da interpretação da Bíblia, eram, de certa forma, não cristãos. Meu tio Dan era o homem que eu mais admirava no mundo, mas quando ele falou da aceitação católica da teoria da evolução, minha admiração ficou maculada de desconfiança. Minha nova fé tinha me colocado à espreita de heréticos. Bons amigos que interpretavam partes da Bíblia de modo diferente eram más influências. Até Mamaw perdeu popularidade porque suas crenças religiosas não conflitavam com sua preferência por Bill Clinton.

Como um jovem adolescente pensando seriamente pela primeira vez sobre o que eu acreditava e por que acreditava, tive uma forte sensação de que as paredes estavam se fechando em volta dos "verdadeiros" cristãos. Havia conversas sobre "guerra ao Natal" – o que, até onde eu podia ver, consistia principalmente em ativistas da ACLU, a união americana pelas liberdades civis, processando cidades pequenas por vitrines natalinas. Li um livro chamado *Persecution* [Perseguição], de David Limbaugh, sobre as diversas formas de discriminação contra os cristãos. A internet estava fervilhando de boatos sobre exposições de arte em Nova York que mostravam imagens de Cristo ou da Virgem Maria cobertas de fezes. Pela primeira vez na minha vida, me senti parte de uma minoria perseguida.

Toda essa conversa sobre cristãos que não eram suficientemente cristãos, ateus doutrinando nossa juventude, exposições de arte ofendendo nossa fé e perseguição das elites tornavam o mundo um lugar estranho e perigoso. Vejamos, por exemplo, a questão dos direitos dos gays, um tópico particularmente inflamado entre os protestantes conservadores. Jamais esquecerei o período em que convenci a mim mesmo de que era gay. Eu tinha oito ou nove anos, talvez menos, e vi um programa de um pregador vociferando sobre os castigos do inferno. O homem falava sobre as maldades dos homossexuais, sobre como eles tinham se infiltrado em nossa sociedade e sobre como eles estavam todos destinados ao inferno se não se arrependessem seriamente. Na época, a única coisa que eu sabia sobre homens gays era que eles preferiam os homens às mulheres. Eu me encaixava nessa descrição perfeitamente: não gostava de meninas e meu melhor amigo no mundo era o meu colega Bill. *Ah, não! Eu vou para o inferno.*

Toquei no assunto com Mamaw, confessando que era gay e que tinha medo de queimar no inferno. Ela me disse:

– Não seja um idiota da porra. Como você pode saber que é gay?

Eu expliquei a ela o meu raciocínio. Mamaw riu e pareceu refletir sobre como falar no assunto com um menino da minha idade. Finalmente, perguntou:

– J.D., você quer chupar paus?

Fiquei horrorizado. Por que alguém iria querer fazer isso? Ela repetiu a pergunta e eu respondi "É claro que não!". Então Mamaw disse:

– Você não é gay. E mesmo que você quisesse chupar paus, isso não teria importância. Deus ainda assim amaria você.

Isso resolveu o assunto. Aparentemente, eu não tinha mais que me preocupar em ser gay. Agora que sou mais velho, reconheço a profundidade do sentimento dela. Pessoas gays, embora estranhas ao nosso convívio, não ameaçavam em nada o modo de ser de Mamaw. Havia coisas mais importantes para um cristão se preocupar.

Na minha nova igreja, por outro lado, eu ouvia mais sobre o lobby gay e a guerra contra o Natal do que sobre qualquer traço particular de caráter que um cristão deveria desejar possuir. Lembrava daquele momento com Mamaw mais como um exemplo de pensamento ateu do que como um ato de amor cristão. A moralidade era definida como a não participação nesta ou naquela doença social: a agenda gay, a teoria da evolução, o liberalismo clintoniano ou o sexo fora do casamento. A igreja de Papai exigia tão pouco de mim. Era fácil ser um cristão. Os únicos ensinamentos afirmativos que me lembro de ter recebido daquela igreja foram que eu não devia trair minha esposa e não devia ter medo de ensinar a palavra de Deus para os outros. Então planejei uma vida de monogamia e tentei converter outras pessoas, até a minha professora de ciências da sétima série, que era muçulmana.

O mundo caminhava na direção da corrupção moral – se arrastando na direção de Gomorra. O Arrebatamento estava chegando, pensávamos. Imagens apocalípticas enchiam os sermões semanais e os livros *Deixados para trás* (uma das séries mais vendidas de todos os tempos, que devorei). As pessoas discutiam se o Anticristo já estava vivo e, se estava, qual dos líderes mundiais ele podia ser. Alguém me disse que esperava que eu me casasse com uma moça muito bonita se o Senhor já não tivesse chegado quando eu tivesse idade para me casar. O Fim dos Tempos era o término natural para uma cultura que escorregava tão rapidamente na direção do abismo.

Outros autores notaram as péssimas taxas de retenção das igrejas evangélicas e culparam precisamente essa espécie de teologia pelo declínio delas.[19] Eu não percebi isso quando era criança. E nem percebi que as ideias religiosas que desenvolvi durante meus primeiros anos com Papai estavam lançando as sementes para uma rejeição total da fé cristã. O que eu sabia era que, apesar de suas desvantagens, eu amava tanto a minha nova igreja quanto o homem que tinha me apresentado a ela. O momento, aliás, foi perfeito: os meses seguintes iriam trazer a necessidade desesperada tanto por um pai celestial quanto por um pai terreno.

---

[19] Carol Howard Merritt, "Why Evangelicalism Is Failing a New Generation", *The Huffington Post*: Religion (maio de 2010), http://www.huffingtonpost. com/carol-howard-merritt/why-evangelicalism-is-fai_b_503971.html.

CAPÍTULO 7

No outono, quando eu tinha treze anos, Mamãe começou a namorar Matt, um cara mais jovem que trabalhava como bombeiro. Adorei Matt desde o início – ele foi o meu favorito dentre todos os homens de Mamãe, e nós ainda mantemos contato até hoje. Uma noite, eu estava em casa vendo tevê, esperando Mamãe voltar do trabalho com um balde de KFC para o jantar. Eu tinha duas responsabilidades naquela noite: primeiro, achar Lindsay, para o caso dela estar com fome; e depois, levar comida para Mamaw assim que Mamãe chegasse. Um pouco antes de Mamãe chegar, Mamaw ligou.

– Onde está sua mãe?

– Não sei. O que aconteceu, Mamaw?

A resposta dela ficou gravada em fogo na minha memória. Ela estava preocupada – assustada, até. O sotaque caipira, que ela geralmente escondia, escorreu dos seus lábios.

– *Ninguém sabe onde Papaw está.*

Respondi que ligaria assim que Mamãe chegasse em casa, o que eu esperava que fosse logo.

Imaginei que Mamaw estivesse exagerando. Mas então pensei na total previsibilidade da agenda de Papaw. Ele acordava às seis da manhã todo dia, sem despertador, e ia de carro até o McDonald's às sete para tomar café com os velhos amigos da Armco. Depois de conversar por umas duas horas, ele voltava para a casa de Mamaw e passava a manhã assistindo à tevê ou jogando cartas. Quando ele saía antes do jantar, às vezes dava uma passada na loja de ferragens do amigo Paul para fazer uma visita. Invariavelmente ele estava sempre na casa de Mamaw para me receber quando eu voltava da escola. E se eu não fosse para lá – se eu fosse para a casa de Mamãe, durante as fases boas –, ele geralmente vinha se despedir antes de ir para casa à noite. O fato de ele não ter feito nada disso significava que algo estava muito errado.

Mamãe chegou poucos minutos depois de Mamaw ter ligado, e eu já estava soluçando.

– Papaw... Papaw... Acho que... ele morreu.

O resto é um borrão: acredito que passei o recado de Mamaw, depois nós a pegamos no final da rua e fomos correndo para a casa de Papaw, que ficava a poucos minutos de carro. Bati na porta com força. Mamãe correu para a porta dos fundos, deu um grito e voltou dizendo para Mamaw que ele estava sentado, todo curvado, em sua cadeira e para eu pegar uma pedra. Ela quebrou o vidro da janela e entrou, abriu a porta para nós e foi ver o pai. Naquela altura, ele já estava morto havia quase um dia.

Mamãe e Mamaw soluçavam incontrolavelmente enquanto esperávamos uma ambulância. Tentei abraçar Mamaw, mas ela estava fora de si e indiferente até a mim. Quando parou de chorar, ela me apertou contra o peito e me disse para dizer adeus antes que levassem o corpo dele embora. Bem que tentei, mas a médica ajoelhada ao lado dele me olhou como se achasse que eu era esquisito por querer olhar para um cadáver. Não contei a ela o motivo verdadeiro de ter me aproximado do meu Papaw.

Depois que a ambulância levou embora o corpo de Papaw, fomos imediatamente para a casa da tia Wee. Imaginei que Mamãe tinha ligado para ela, porque ela desceu da varanda com lágrimas nos olhos. Nós todos a abraçamos antes de nos espremer no carro e voltar para a casa de Mamaw. Os adultos me deram a tarefa ingrata de procurar por Lindsay e dar a notícia a ela. Isso foi antes de haver telefones celulares, e Lindsay, uma garota de dezessete anos, não era lá muito fácil de ser localizada. Ela não estava em casa, o telefone ficou tocando sem parar, e nenhuma das amigas dela atendeu minhas ligações. A casa de Mamaw ficava a exatamente cinco casas de distância da casa de Mamãe – McKinley 313 e McKinley 303 – então fiquei ouvindo os adultos fazerem planos enquanto olhava pela janela esperando minha irmã voltar. Os adultos falavam sobre as providências a serem tomadas para o funeral, onde Papaw gostaria de ser enterrado – "Em Jackson, pelo amor de Deus", Mamaw insistia – e quem ia ligar para tio Jimmy e dizer a ele para vir.

Lindsay voltou pouco antes da meia-noite. Fui para casa e abri a porta. Ela estava descendo a escada, mas parou imediatamente quando viu a minha cara, vermelha e inchada de tanto chorar.

– Papaw – falei. – Ele morreu.

Lindsay caiu sentada na escada, e corri para ela e a abracei. Nós ficamos ali sentados por alguns minutos, chorando como duas crianças que descobriram que o homem mais importante da vida delas morreu. Lindsay disse alguma coisa e, embora eu não me lembre das palavras exatas, lembro que ela balbuciou alguma coisa, falando que havia explorado Papaw, porque ele tinha acabado de consertar o carro dela.

Lindsay era uma adolescente quando Papaw morreu, bem no auge daquela mistura estranha de achar que sabe tudo e ligar demais para o que os outros pensam da gente. Papaw era muitas coisas, mas nunca foi um homem elegante, longe disso. Ele usava a mesma camiseta velha todo dia, que tinha um bolso na frente do tamanho exato de um maço de cigarros. Sempre cheirava meio a mofo, a umidade, porque lavava suas roupas mas as deixava secar "naturalmente", e isso significava emboladas dentro da máquina de lavar. Como havia fumado a vida inteira, possuía uma quantidade ilimitada de catarro, e não tinha problema em dividir sua relação com o catarro com todo mundo, não importava a hora ou a ocasião. Ele ouvia Johnny Cash sem parar e dirigia uma picape El Camino velha para toda parte. Em outras palavras, Papaw não era a companhia ideal para uma moça de dezessete anos, linda e com uma vida social agitada. Portanto, ela o explorava do mesmo modo que toda mocinha explora um pai: ela o amava e admirava, pedia um monte de coisas, que ele às vezes lhe dava, mas não queria falar com ele quando estava com os amigos.

Até hoje, ser capaz de "explorar" alguém é para mim a medida de se ter um pai ou uma mãe. O medo de tirar vantagem dos outros perseguia Lindsay e a mim, infectando até a comida que comíamos. Reconhecíamos instintivamente que muitas das pessoas das quais dependíamos não eram obrigadas a desempenhar aquele papel em nossas vidas, de tal forma que essa foi uma das primeiras coisas que Lindsay pensou quando soube da morte de Papaw. Estávamos condicionados a achar que não podíamos realmente depender das pessoas – que, mesmo sendo crianças, pedir comida ou ajuda para consertar um carro a alguém era um privilégio do qual não devíamos abusar demais para não esgotar o reservatório de boa vontade que servia de tábua de salvação em nossas vidas. Mamaw e Papaw faziam tudo o que podiam para matar esse instinto. Nas nossas raras idas a um bom restaurante, eles me interrogavam sobre o que eu realmente queria até eu confessar que sim, eu queria o bife. E então eles pediam bife para mim apesar dos meus protestos. Não importa quão marcante, nenhuma figura conseguiu apagar inteiramente aquele sentimento. Papaw foi quem chegou mais perto, mas é óbvio que ele não tinha conseguido inteiramente, e agora estava morto.

Papaw morreu numa terça-feira, e sei disso porque, quando o namorado de Mamãe, Matt, me levou a uma lanchonete na manhã seguinte para comprar comida para a família inteira, "Tuesday's Gone", de Lynyrd Skynyrd, estava tocando no rádio. *"But somehow I've got to carry on / Tuesday's gone with the wind"* [De alguma forma tenho que seguir em frente/ Terça-feira se foi com o vento]. Esse foi o momento em que me dei conta realmente de que Papaw nunca mais ia voltar. Os adultos faziam o que as pessoas fazem quando um ente querido morre: eles planejavam o funeral, imaginavam como iriam pagar por ele e torciam para fazer justiça ao morto. Fomos anfitriões de uma visitação pública em Middletown, naquela quinta-feira para que todos os moradores locais pudessem prestar suas homenagens. Depois tivemos uma segunda visitação, em Jackson na sexta-feira, e o funeral no sábado. Mesmo na morte, Papaw teve um pé em Ohio e outro no meio das montanhas.

Todo mundo que eu gostaria de ver foi ao funeral em Jackson – tio Jimmy com os filhos, nossa família completa e amigos, e todos os homens Blanton, que ainda estavam em forma. Quando vi esses titãs da minha família, me ocorreu que, durante os primeiros onze anos da minha vida, só os encontrei em tempos felizes – reuniões familiares e férias ou verões preguiçosos e longos fins de semana – e, nos dois últimos anos, eu só os tinha encontrado em funerais.

No funeral de Papaw, como em outros funerais caipiras que presenciei, o pastor convidou todos os presentes a ficarem de pé e dizer algumas palavras sobre o morto. Sentado no banco ao lado de tio Jimmy, solucei durante toda a cerimônia que durou uma hora, e meus olhos estavam tão irritados no final que eu mal conseguia enxergar. Mesmo assim, eu sabia que aquele era o momento e que, se eu não me levantasse e não falasse, me arrependeria pelo resto da vida.

Pensei numa ocasião quase uma década antes, da qual não me lembrava mas que ouvi alguém contar. Eu tinha quatro ou cinco anos e estava sentado num banco de igreja para o funeral de um tio-avô naquela mesma casa funerária, a Deaton's, em Jackson. Nós tínhamos chegado após uma longa viagem de carro de Middletown e quando o pastor nos pediu para baixar a cabeça e rezar, eu caí no sono. O irmão mais velho de Mamaw, tio Pete, me deitou no banco com uma Bíblia servindo de travesseiro e não pensou mais no assunto. Eu estava dormindo durante o que aconteceu depois, mas ouvi alguma versão do fato uma centena de vezes. Até hoje, quando encontro alguém que esteve naquele funeral, a pessoa me conta sobre Mamaw e Papaw.

Quando não apareci no meio da multidão de gente que saía da igreja, Mamaw e Papaw ficaram desconfiados. Havia tarados até mesmo em Jackson, eles me diziam, que queriam enfiar cacetes na sua bunda e "soprar o seu pinto", da mesma forma que havia tarados em Ohio, Indiana ou Califórnia. Papaw traçou um plano: só havia duas saídas na Deaton, e ninguém tinha ido embora ainda. Papaw correu para o carro e pegou uma Magnum .44 para si mesmo e uma .38 especial para Mamaw. Eles ficaram nas saídas da casa funerária e examinaram carro por carro. Quando se deparavam com um velho amigo, explicavam a situação e pediam ajuda. Quando se deparavam com qualquer outra pessoa, revistavam os carros como agentes da polícia federal.

Tio Pet se aproximou, irritado por Mamaw e Papaw estarem atrasando a saída do pessoal. Quando eles explicaram, tio Pet caiu na gargalhada.

– Ele está dormindo no banco da igreja, vou mostrar a vocês.

Depois que me acharam, eles liberaram o tráfego.

Eu me lembrei quando Papaw comprou para mim um revólver BB com mira de encaixe. Ele pôs o revólver sobre sua bancada de trabalho com um torno para mantê-lo no lugar e atirou diversas vezes num alvo. Depois de cada tiro, nós ajustávamos a mira, acertando as linhas com o local onde Papaw tinha acertado o alvo. E então ele me ensinou a atirar – como focar na mira e não no alvo, como expirar antes de puxar o gatilho. Anos depois, nossos instrutores de tiro no campo de treinamento dos fuzileiros navais iriam me dizer que os garotos que já "sabiam" atirar tinham o pior desempenho, porque tinham aprendido os fundamentos errados. Era verdade, com uma exceção: eu. Papaw tinha me ensinado todos os fundamentos e me qualifiquei como especialista em rifle M16, a categoria mais elevada, e com uma das notas mais altas de todo o meu batalhão.

Papaw era extremamente ríspido. Para cada sugestão ou comportamento de que ele não gostava, Papaw só tinha uma exclamação: "Que bosta é essa!" Essa era a dica para todo mundo calar a boca. O hobby dele eram carros: ele amava comprar, vender e consertar carros. Um dia, não muito depois de Papaw ter deixado de beber, tio Jimmy chegou em casa e o encontrou consertando um velho automóvel na rua.

– Ele estava praguejando sem parar. Esses malditos carros japoneses, ordinários, umas merdas. Qual foi o filho da mãe que fez essa peça. Só fiquei ouvindo ele reclamar, sem saber que havia alguém por perto, e ele continuou reclamando. Achei que ele estava infeliz.

Tio Jimmy tinha começado recentemente a trabalhar e ficou louco para gastar o dinheiro dele ajudando o pai. Então se ofereceu para levar o carro para uma oficina e mandar consertá-lo. A sugestão pegou Papaw inteiramente desprevenido.

– O quê? Por quê? – perguntou ele, inocentemente. – Adoro consertar carros.

Papaw tinha uma barriga grande e um rosto gordo, mas pernas e braços magros. Ele nunca pedia desculpas com palavras. Quando ele ajudou tia Wee a se mudar para o outro lado do país, ela o repreendeu pelo seu antigo alcoolismo e perguntou por que eles raramente tiveram a chance de conversar.

– Conversa agora, ora. Vamos passar o dia inteiro juntos no carro.

Mas ele se desculpava com atos: as raras vezes em que ele perdeu a paciência comigo foram seguidas de um brinquedo novo ou de uma ida à sorveteria.

Papaw era um caipira amedrontador feito para um outro tempo e lugar. Durante aquela viagem de um lado a outro do país com tia Wee, eles pararam numa lanchonete de beira de estrada, de manhã cedinho. Tia Wee resolveu pentear o cabelo e escovar os dentes e assim passou mais tempo no banheiro do que Papaw considerou razoável. Ele abriu a porta com um pontapé, empunhando um revólver carregado, como um personagem de um filme de Liam Neeson. Mais tarde explicou que estava certo de que ela tinha sido estuprada por algum tarado. Anos depois, quando o cachorro da tia Wee rosnou para o bebê dela, Papaw disse ao marido de tia Wee, Dan, que se ele não se livrasse do cachorro, Papaw iria dar a ele um pedaço de carne coberto de anticongelante para radiador. Papaw não estava brincando: três décadas antes, ele tinha feito a mesma promessa a um vizinho depois que um cachorro quase mordeu minha mãe. Uma semana depois o cachorro estava morto. Naquela casa funerária, pensei nisso também.

Mas pensei principalmente em Papaw e em mim. Pensei nas horas que passamos juntos, resolvendo problemas complexos de matemática. Ele me ensinou que falta de conhecimento e falta de inteligência não eram a mesma coisa. A primeira podia ser consertada com um pouco de paciência e um bocado de esforço e trabalho. E a última?

– Bem, aí acho que você está num beco sem saída.

Pensei como Papaw costumava sentar no chão comigo e com as meninas da tia Wee e brincar conosco como se fosse criança. Apesar de toda a sua rabugice, ele sempre recebeu com satisfação um beijo ou um abraço. Comprou um carro caindo aos pedaços para Lindsay e o consertou, e quando que ela bateu com o carro, ele comprou outro e o consertou também, para que ela não achasse que as coisas "vinham fáceis". Pensei nas vezes em que perdi a paciência com Mamãe ou Lindsay ou Mamaw, e como essas foram praticamente as únicas vezes em que Papaw se mostrou realmente zangado comigo, porque, como ele me disse uma vez, "a medida de um homem é como ele trata as mulheres da família". Sua sabedoria vinha da experiência, dos seus fracassos, no começo, em tratar bem as mulheres de sua família.

Fiquei de pé naquela casa funerária, decidido a contar a todo mundo o quanto ele foi importante.

– Nunca tive um pai – expliquei. – Mas Papaw sempre me apoiou e me ensinou as coisas que os homens precisam saber.

Então resumi a influência dele na minha vida:

– Ele foi o melhor pai que alguém poderia ter.

Depois do enterro, algumas pessoas me disseram que tinham apreciado a minha coragem. Mamãe não estava entre elas, o que me pareceu estranho. Quando a localizei na multidão, ela parecia estar numa espécie de transe: falava pouco, mesmo com aqueles que se aproximavam dela. Tinha os movimentos lentos e o corpo curvado.

Mamaw também não estava nada bem. O Kentucky costumava ser o único lugar onde ela ficava totalmente à vontade. Em Middletown, ela nunca pode ser ela mesma. No Perkins, nosso lugar favorito de tomar café da manhã, às vezes o gerente pedia a Mamaw para falar mais baixo ou tomar cuidado com o que dizia.

– Filho da puta – dizia ela baixinho, constrangida e humilhada. Mas no Bill's Family Diner, o único restaurante em Jackson onde valia a pena comer, ela gritava para o pessoal da cozinha "andar logo" e eles riam e diziam:

– Está bem, Bonnie.

Aí ela olhava para mim e falava:

– Você sabe que estou só implicando com eles, certo? Eles sabem que não sou uma filha da puta.

Em Jackson, no meio de velhos amigos e caipiras de verdade, ela não precisava de filtro. No enterro do irmão de Mamaw, poucos anos antes, ela e a sobrinha Denise cismaram que um dos caras que carregavam o caixão era um tarado, então invadiram o escritório dele na casa funerária e revistaram seus pertences. Elas acharam uma grande coleção de revistas, inclusive alguns números de *Beaver Hunt* (uma revista que garanto a vocês não tem nada a ver com mamíferos aquáticos). Mamaw achou aquilo hilário.

– Que porra de *Beaver Hunt*! – berrou ela. – Quem é que gosta dessa merda?

Ela e Denise combinaram de levar as revistas para casa e enviá-las pelo correio para a mulher do carregador de caixão. Depois de uma curta deliberação, ela mudou de ideia.

– Com a minha sorte – me disse ela –, vamos sofrer um acidente na viagem de volta para Ohio e a polícia vai achar essas porcarias na mala do meu carro. Eu não vou deixar ninguém sair por aí pensando que sou lésbica. E ainda por cima tarada!

Então elas jogaram fora as revistas para "dar uma lição naquele tarado" e nunca mais tocaram no assunto. Esse lado de Mamaw raramente aparecia fora de Jackson.

A casa funerária – onde ela tinha roubado aquelas *Beaver Hunt* – era organizada como uma igreja. No centro do prédio ficava o santuário principal ladeado por salas maiores com sofás e mesas. Dos outros dois lados havia corredores com saídas para cômodos menores – escritórios para os funcionários, uma pequena cozinha e banheiros. Passei muito tempo da minha vida naquela pequena casa funerária, me despedindo de tias e tios e primos e bisavós. E quando Mamaw ia à Deaton's para enterrar um velho amigo, um irmão ou sua amada mãe, Mamaw cumprimentava cada convidado, ria alto e praguejava com orgulho.

Então foi uma surpresa para mim quando, durante o velório de Papaw, fui buscar consolo e encontrei Mamaw sozinha num canto da funerária, recarregando baterias que eu nunca soube que podiam acabar. Ela estava olhando fixamente para o chão, aquele seu fogo característico substituído por algo desconhecido. Eu me ajoelhei diante dela, deitei a cabeça em seu colo e não disse nada. Naquele momento, compreendi que Mamaw não era invencível.

Olhando para trás, fica claro que havia mais do que luto tanto no comportamento de Mamaw quanto no de Mamãe. Lindsay, Matt e Mamaw fizeram o possível para esconder isso de mim. Mamaw me proibiu de ficar na casa de Mamãe, com a desculpa de que precisava de mim naquele período de luto. Talvez ela quisesse me dar um pouco de espaço para chorar a perda de Papaw. Não sei.

Não vi a princípio que alguma coisa tinha se desviado do rumo. Papaw estava morto, e cada um reagiu a isso de uma forma diferente. Lindsay passava um bocado de tempo com os amigos e estava sempre muito ocupada. Eu ficava perto de Mamaw o máximo de tempo possível e lia muito a Bíblia. Mamãe dormia mais do que o normal, e achei que essa era a forma de ela enfrentar a situação. Em casa, ela não controlava nem um pouco o seu mau gênio. Se Lindsay não lavasse a louça direito ou se esquecesse de sair com o cachorro, Mamãe explodia:

– Meu pai era a única pessoa que me compreendia! – gritava. – Eu o perdi e você não está facilitando as coisas!

Mas Mamãe sempre tivera mau gênio, então ignorei até isso.

Mamãe parecia se incomodar com o fato de alguém além dela estar sofrendo. O sofrimento de Tia Wee era injustificado, porque Mamãe e Papaw tinham uma ligação especial. O de Mamaw também, porque ela nem gostava de Papaw e escolheu não viver com ele sob o mesmo teto. Lindsay e eu precisávamos superar isso, porque quem tinha morrido era o pai de Mamãe, não o nosso. A primeira indicação de que nossas vidas estavam prestes a mudar veio numa manhã, quando acordei e fui até a casa de Mamãe, onde, eu sabia, ela e Lindsay estavam dormindo. Fui primeiro ao quarto de Lindsay, mas ela estava dormindo no meu quarto. Eu me ajoelhei ao lado dela, acordei-a e ela me abraçou com força. Em seguida, falou nervosa:

– Nós vamos superar isto, J. – era assim que ela me chamava –, eu prometo.

Ainda não faço ideia do que a levou a dormir no meu quarto naquela noite, mas logo iria saber o que ela tinha prometido que nós íamos superar.

Poucos dias depois do enterro, fui até a varanda da frente da casa de Mamaw, olhei para a rua e vi uma agitação incrível. Mamãe estava enrolada numa toalha no jardim da frente da casa dela, gritando para as pessoas que gostavam realmente dela: para Matt, "Você é um merda, um zé-ninguém"; para Lindsay, "Você é uma vaca egoísta, ele era meu pai, não o seu, então pare de agir como se tivesse perdido seu pai"; e para Tammy, seu amigo inacreditavelmente gentil, e que era gay, na verdade: "O único motivo de bancar meu amigo é porque você quer transar comigo." Corri até o jardim e implorei a Mamãe para se acalmar, mas naquela altura já havia um carro de polícia na porta. Fui para a varanda quando um policial segurou Mamãe pelos ombros e ela se jogou no chão, esperneando. O policial levou Mamãe para o carro de polícia e ela foi lutando o tempo todo. Havia sangue na varanda, e alguém disse que ela tinha tentado cortar os pulsos. Não acho que o policial a tenha prendido, embora não saiba o que aconteceu. Mamaw chegou e nos levou embora, Lindsay e eu. Eu me lembro de pensar que, se Papaw estivesse ali, ele saberia o que fazer.

A morte de Papaw lançou luz sobre algo que antes tinha ficado nas sombras. Imagino que só uma criança poderia ter deixado passar todos aqueles indícios. Um ano antes, Mamãe tinha perdido o emprego no Middletown Hospital depois de atravessar a emergência de patins. Na época, vi o comportamento bizarro dela como consequência do divórcio de Bob. Da mesma forma, as referências ocasionais de Mamaw ao fato de Mamãe "encher a cara" pareceram apenas comentários de uma pessoa conhecida por sua mania de falar demais, não um diagnóstico de uma realidade deteriorada. Pouco depois de Mamãe perder o emprego, durante minha viagem à Califórnia, eu só soube dela uma vez. Não fazia ideia de que, nos bastidores, os adultos – Mamaw de um lado e tio Jimmy e a mulher dele, tia Donna, de outro – estavam discutindo se eu deveria me mudar definitivamente para a Califórnia.

Mamãe esperneando e gritando na rua foi o ápice das coisas que eu não tinha visto. Ela tinha começado a tomar remédios controlados pouco depois de nos mudarmos para Preble County. Acho que o problema começou com uma receita legítima, mas em breve Mamãe estava roubando a dos seus pacientes e ficando tão drogada que transformar a emergência num rinque de patinação pareceu uma boa ideia. A morte de Papaw transformou uma viciada semifuncional numa mulher incapaz de seguir as regras básicas do comportamento adulto.

Nesse sentido, a morte de Papaw alterou permanentemente a trajetória da nossa família. Antes da morte dele, eu tinha me ajustado à rotina caótica mas feliz de me dividir entre a casa de Mamãe e a casa de Mamaw. Namorados iam e vinham, Mamãe tinha dias bons e maus, mas havia sempre uma rota de fuga para mim. Com Papaw morto e Mamãe internada no Cincinnati Center for Addiction Treatment, o centro de recuperação de viciados – ou a "CAT house", como nós a chamávamos – comecei a me sentir um estorvo. Embora ela nunca dissesse nada para me fazer sentir indesejado, a vida de Mamaw sempre fora uma luta constante: da pobreza do interior à violência de Papaw, do casamento adolescente de tia Wee à folha corrida de Mamãe, Mamaw havia passado a maior parte de suas sete décadas gerenciando crises. E agora, quando a maioria das pessoas da idade dela estava saboreando as delícias da aposentadoria, ela estava criando dois netos adolescentes. Sem Papaw para ajudá-la, esse fardo parecia duas vezes mais pesado.

Nos meses após a morte de Papaw, eu me lembrava da mulher que encontrei num canto isolado da funerária Deaton's e não conseguia deixar de sentir que, apesar da aura de força que Mamaw projetava, aquela outra mulher vivia em algum lugar dentro dela.

Então, em vez de correr para a casa de Mamaw, ou de chamá-la toda vez que surgiam problemas com Mamãe, eu me agarrava a Lindsay e em mim mesmo. Lindsay tinha acabado de se formar no ensino médio, e eu tinha iniciado a sétima série, mas nós dávamos conta do recado. Às vezes, Matt ou Tammy levavam comida para nós, mas de modo geral nós nos virávamos comprando todo o tipo de comida pronta que havia no supermercado: Hamburger Helper, TV Dinners, Pop-Tarts e muitos cereais. Não sei ao certo quem pagava as contas (provavelmente Mamaw). Nós não tínhamos uma vida estruturada – Lindsay uma vez chegou do trabalho e me encontrou batendo papo com dois amigos dela, todos nós bêbados – mas sob certos aspectos nós não precisávamos disso. Quando Lindsay soube que eu tinha conseguido a cerveja com um amigo dela, ela não perdeu a calma nem achou graça da história: pôs todo mundo para fora e depois me deu uma lição sobre o vício.

Nós estávamos sempre com Mamaw, e ela sempre queria ter notícias. Mas nós dois gostávamos da independência, e acho que gostávamos da sensação de não sermos um peso para ninguém, exceto, talvez, um para o outro. Lindsay e eu havíamos nos tornado tão bons em gerenciar crises, tão emocionalmente estoicos mesmo quando todo o planeta parecia perder a calma, que tomar conta de nós mesmos parecia fácil. Não importa o quanto gostássemos de Mamãe, nossas vidas eram mais fáceis com menos uma pessoa de quem cuidar.

Havia dificuldades? Com certeza. Recebemos uma carta do distrito escolar nos informando que eu havia acumulado tantas faltas não justificadas que meus pais poderiam ser convocados à escola ou processados pela cidade. Achamos essa carta hilária: um dos meus pais já tinha enfrentado um processo e mal tinha liberdade para ir de um lugar ao outro, enquanto que o outro estava tão fora de alcance que "convocá-lo" ia exigir um sério trabalho de detetive. Mas também ficamos assustados: sem um guardião legal ali para assinar a carta, não sabíamos o que fazer. Mas como tínhamos feito com outros desafios, improvisamos. Lindsay falsificou a assinatura de Mamãe, e o distrito escolar parou de mandar cartas para a nossa casa.

Em determinados dias da semana e fins de semana, nós visitávamos nossa mãe na "CAT house". Em meio às montanhas do Kentucky, Mamaw e suas armas, Mamãe e seus rompantes, achei que já tinha visto de tudo. Mas o novo problema de Mamãe me expôs ao submundo do vício americano. As quartas-feiras eram sempre dedicadas a atividades em grupo – um tipo de treinamento para a família. Todos os viciados e seus parentes se sentavam numa sala grande, com cada família numa mesa específica, discutindo algo destinado a nos ensinar a respeito de vício e seus gatilhos. Numa sessão, Mamãe explicou que usava drogas para fugir do estresse de pagar contas e para anestesiar a dor da morte de Papaw. Em outra, Lindsay e eu ficamos sabendo que uma briga normal entre irmãos tornava mais difícil para Mamãe resistir à tentação.

Essas sessões provocavam pouco mais que discussões e pura emoção, o que, suponho, era o objetivo delas. Nas noites em que nos sentávamos naquele salão gigantesco com outras famílias – todas elas negras ou brancas com sotaque do Sul como nós –, ouvíamos gritos e brigas, pais soluçando e implorando perdão num instante, e no outro culpando suas famílias. Foi lá que ouvi pela primeira vez Lindsay dizer a Mamãe o quanto se ressentia de ter sido obrigada a cuidar de todo mundo depois da morte de Papaw, em vez de viver o luto, como detestava ver eu me apegar a algum namorado de Mamãe que logo em seguida nos abandonava. Talvez fosse o ambiente, ou talvez fosse o fato de Lindsay já ter quase dezoito anos, mas à medida que minha irmã confrontava minha mãe, comecei a ver minha irmã como o adulto de verdade. E nossa rotina em casa só aumentou sua importância.

O processo de reabilitação de Mamãe prosseguia a passos largos e seu estado aparentemente melhorava. Os domingos eram um tempo de lazer para a família: nós não podíamos sair de lá com Mamãe, mas podíamos comer e ver tevê e conversar normalmente. Os domingos eram geralmente alegres, embora Mamãe tenha brigado conosco durante uma visita porque nosso relacionamento com Mamaw tinha ficado próximo demais.

– Eu é que sou mãe de vocês, não ela – disse.

Compreendi que Mamãe tinha começado a se arrepender das sementes que havia plantado em relação a mim e a Lindsay.

Quando Mamãe voltou para casa alguns meses depois, trouxe com ela um novo vocabulário. Recitava regularmente a Oração da Serenidade, um item essencial nos círculos de viciados em que os integrantes pedem a Deus "a serenidade para aceitar as coisas que não podem mudar". O vício em drogas era uma doença e assim como eu não podia julgar um paciente de câncer por ter um tumor, não devia julgar um viciado em narcóticos por seu comportamento. Aos treze anos, eu achava isso um absurdo, e Mamãe e eu frequentemente discutíamos se essa recém-descoberta sabedoria era uma verdade científica ou uma desculpa para pessoas cujas decisões destruíram a família. Por mais estranho que pareça, provavelmente as duas coisas são verdadeiras: estudos revelam a existência de uma tendência genética ao abuso de substâncias, mas aqueles que acreditam que o vício é uma doença mostram menos inclinação para resistir a ele. Mamãe estava dizendo a verdade para si mesma, mas a verdade não a libertava.

Eu não acreditava em nenhuma das suas frases feitas nem nos seus sentimentos, mas acreditava que ela estava tentando. O tratamento contra o vício parecia dar a Mamãe um rumo, e era algo que nos unia. Eu lia o que podia sobre a "doença" dela e até passei a frequentar algumas das reuniões do Narcóticos Anônimos, que ocorriam exatamente como se esperava: uma sala deprimente, mais ou menos uma dúzia de cadeiras, e um grupo de estranhos sentados em círculo, se apresentando como "Meu nome é Bob, e sou viciado". Eu achava que se participasse, talvez ela realmente melhorasse.

Numa das reuniões, um homem entrou alguns minutos atrasado, cheirando a lata de lixo. O cabelo ensebado e as roupas imundas evidenciavam uma vida nas ruas, uma verdade confirmada assim que ele abriu a boca.

– Meus filhos não falam comigo. Ninguém fala – disse ele. – Arranjo algum dinheiro e gasto com heroína. Esta noite não consegui arranjar nem dinheiro nem heroína, então entrei aqui porque parece quentinho.

O organizador perguntou se ele estava disposto a desistir das drogas por mais de uma noite, e o homem respondeu com uma franqueza admirável.

– Eu poderia dizer que sim, mas, para ser franco, acho que não. Eu provavelmente estarei de volta às drogas amanhã à noite.

Nunca mais vi aquele homem. Antes de ele sair, alguém perguntou de onde ele era.

– Bem, tenho vivido aqui em Hamilton quase a vida inteira. Mas nasci no leste do Kentucky, em Owsley County.

Na época, eu não conhecia a geografia do Kentucky a ponto de poder dizer ao homem que ele tinha nascido a menos de 35 quilômetros da casa dos meus avós.

CAPÍTULO 8

Quando terminei a oitava série, Mamãe já estava sóbria havia pelo menos um ano, e estava namorando Matt havia dois ou três anos. Eu estava indo bem na escola, e Mamaw tinha tirado duas férias – uma viagem à Califórnia para visitar o tio Jimmy e outra a Las Vegas com sua amiga Kathy. Lindsay tinha se casado logo depois da morte de Papaw. Eu gostava do marido dela, Kevin, e ainda gosto, por uma razão muito simples: ele nunca a maltratou. Isso foi tudo o que sempre desejei do marido para a minha irmã. Pouco menos de um ano depois do casamento, Lindsay teve um filho, Kameron. Ela se mostrou uma ótima mãe. Eu tinha orgulho dela e adorava o meu sobrinho. Tia Wee também tinha dois filhos pequenos, então eu tinha três crianças pequenas para amar. Vi isso tudo como um sinal da renovação da nossa família. O verão anterior à minha ida para o ensino médio foi, portanto, bastante auspicioso.

Mas naquele mesmo verão, Mamãe anunciou que eu ia me mudar para a casa de Matt em Dayton. Eu gostava de Matt e, naquela altura, Mamãe já estava morando com ele em Dayton havia algum tempo. Mas Dayton ficava a 45 minutos de carro da casa de Mamaw, e Mamãe deixou claro que queria que eu fosse à escola em Dayton. Eu gostava da minha vida em Middletown – queria ir à escola lá, gostava dos meus amigos e, embora isso fosse um tanto incomum, gostava de dividir o meu tempo entre a casa de Mamãe e a casa de Mamaw durante a semana e de ficar com Papai nos fins de semana. O mais importante é que, em Middletown, eu podia ir para a casa de Mamaw se precisasse, e isso fazia toda a diferença. Eu me lembrava de como era a vida quando eu não tinha aquela válvula de escape e não queria voltar àqueles tempos. E, principalmente, não queria ficar longe de Lindsay e Kameron. Então, quando Mamãe anunciou que eu ia morar com Matt, gritei:

– De jeito nenhum! – e saí batendo a porta.

Mamãe deduziu dessa conversa que eu tinha problemas para controlar minha raiva e marcou uma hora para mim na terapeuta dela. Eu não sabia que ela tinha uma terapeuta nem dinheiro para pagar uma terapeuta, mas concordei em me encontrar com essa senhora. Nosso primeiro encontro ocorreu na semana seguinte, num consultório velho e mofado perto de Dayton, Ohio, onde uma mulher de meia-idade desinteressante, Mamãe e eu tentamos entender por que eu estava tão zangado. Eu admito que os seres humanos não são muito bons em julgar a si mesmos: talvez eu estivesse errado ao achar que não sentia mais raiva (de fato, bem menos) do que a maioria das pessoas que faziam parte da minha vida. Talvez Mamãe tivesse razão e eu tivesse mesmo muita raiva reprimida. Tentei manter a mente aberta. Pensei que, no mínimo, aquela mulher pudesse dar a mim e a Mamãe a oportunidade de colocar tudo às claras.

Mas aquela primeira sessão pareceu uma emboscada. Na mesma hora, a mulher começou a perguntar por que eu tinha gritado com a minha mãe e saído de casa furioso, por que eu não reconhecia que ela era minha mãe e que eu tinha que morar com ela legalmente. A terapeuta citou crises de raiva que eu supostamente tinha tido, algumas remontando a épocas que eu nem conseguia lembrar – a vez que dei um ataque numa loja aos cinco anos, minha briga com outra criança na escola (o valentão em quem eu não queria bater, mas em quem dei um soco incentivado por Mamaw), as vezes que fugi para a casa dos meus avós por causa da "disciplina" de Mamãe. Claramente, aquela mulher tinha formado uma ideia a meu respeito com base apenas no que Mamãe tinha contado a ela. Se eu não tinha problemas de raiva antes, agora eu tinha.

– A senhora faz alguma ideia do que está dizendo? – perguntei.

Aos catorze anos, eu sabia pelo menos um pouco sobre ética profissional.

– A senhora não deveria me perguntar o que eu penso das coisas e não simplesmente me criticar?

Fiz um longo resumo da minha vida até aquele ponto. Não contei a história toda, porque sabia que tinha que escolher as palavras cuidadosamente. Durante o processo por violência doméstica de Mamãe, uns dois anos antes, Lindsay e eu tínhamos deixado escapar alguns detalhes desagradáveis sobre o tratamento que Mamãe dava aos filhos e, como isso contou como uma nova revelação de abuso, o advogado da família teve que comparecer no conselho tutelar. Então não deixei de perceber a ironia de ter que mentir para a terapeuta (para proteger Mamãe e não provocar outra intervenção do conselho tutelar). Expliquei a situação bastante bem: depois de uma hora, ela disse simplesmente:

– Talvez devêssemos nos encontrar a sós.

Vi essa mulher como um obstáculo a ultrapassar – um obstáculo colocado por Mamãe – não como alguém que poderia ajudar. Só expliquei metade do que sentia: que não tinha interesse em colocar uma barreira de 45 minutos entre mim e todo mundo que me havia apoiado a vida inteira para ir viver com um homem que eu sabia que ia ser mandado embora. A terapeuta obviamente entendeu. O que não disse a ela foi que pela primeira vez na minha vida eu me sentia preso numa armadilha. Não havia mais Papaw, e Mamaw – uma fumante de longa data que sofria de enfisema – parecia frágil e cansada demais para cuidar de um menino de catorze anos. Minha tia e meu tio tinham dois filhos pequenos. Lindsay era recém-casada e tinha um filho. Eu não tinha para onde ir. Já vivenciara muito caos e brigas, violência, drogas e muita instabilidade. Mas nunca sentira que não tinha saída. Quando a terapeuta perguntou o que eu ia fazer, respondi que provavelmente iria morar com meu pai. Ela disse que isso parecia uma boa ideia. Quando saí do consultório dela, agradeci pelo tempo que me dedicou e soube que nunca mais tornaria a vê-la.

Mamãe tinha um enorme ponto cego na forma de perceber o mundo. O fato de ela ter me pedido para me mudar com ela para Dayton, o fato de parecer genuinamente surpresa com minha resistência, e o fato de ela ter me sujeitado a uma apresentação unilateral à terapeuta significavam que Mamãe não entendia o que eu e Lindsay sentíamos. Lindsay me disse uma vez:

– Mamãe não entende.

Discordei dela.

– Claro que entende, só que ela não consegue mudar o jeito dela.

Depois do evento com a terapeuta, soube que Lindsay tinha razão.

Mamaw ficou triste quando contei a ela que pretendia morar com Papai, assim como todo mundo. Ninguém entendeu o motivo, e eu não consegui falar muito a respeito. Sabia que se dissesse a verdade, teria algumas pessoas me oferecendo seus quartos extras, e todos iriam se curvar à exigência de Mamaw de que eu fosse morar definitivamente com ela. Eu também sabia que morar com Mamaw viria acompanhado de muita culpa, e de muitas perguntas sobre por que eu não morava com meu pai ou minha mãe, e de muitos cochichos de um monte de gente de que Mamaw precisava descansar e aproveitar seus anos dourados. Esse sentimento de ser um fardo para Mamaw não foi algo que imaginei. Ele veio de alguns pequenos sinais, das coisas que ela murmurava baixinho e do cansaço que a cobria como uma roupa preta. Eu não queria isso, então escolhi o que me pareceu ser a opção menos pior.

Sob certos aspectos, eu gostava de morar com Papai. A vida dele era *normal* exatamente do modo que eu sempre desejara que a minha fosse. Minha madrasta trabalhava meio período, mas geralmente estava em casa. Papai voltava do trabalho no mesmo horário todo dia. Um deles (geralmente minha madrasta, mas às vezes Papai também) preparava o jantar toda noite, que comíamos ao redor da mesa como uma família. Antes de cada refeição, rezávamos (algo que eu sempre gostara, mas que nunca havia feito fora do Kentucky). Nos dias de semana, assistíamos a alguma série de televisão juntos. E Papai e Cheryl nunca gritavam um com o outro. Uma vez, eu os ouvi elevar a voz durante uma discussão sobre dinheiro, mas vozes um pouco elevadas eram muito diferentes de gritos.

No meu primeiro fim de semana na casa de Papai – o primeiro fim de semana que passava com ele sabendo que, na segunda-feira, não iria para outro lugar – meu irmão mais novo convidou um amigo para dormir lá. Nós pescamos no lago de Papai, alimentamos os cavalos e fizemos churrasco para o jantar. Aquela noite, assistimos aos filmes do Indiana Jones até de madrugada. Não houve brigas, nenhum adulto berrando insultos um para o outro, nenhuma louça atirada violentamente na parede ou no chão. Foi uma noite entediante. E um exemplo perfeito do que me atraía na casa de Papai.

O que nunca perdi, entretanto, foi a sensação de estar sempre alerta. Quando me mudei para a casa do meu pai, fazia dois anos que o conhecia. Eu sabia que ele era um homem bom, um tanto calado, um cristão devoto de uma tradição religiosa muito rígida. Quando nos reencontramos, ele deixou claro que não apreciava o meu gosto por rock clássico, especialmente o Led Zeppelin. Ele não foi grosseiro quanto a isso – esse não era o estilo dele – e não me disse que eu não podia ouvir minhas bandas favoritas. Ele apenas me aconselhou a ouvir rock cristão. Eu nunca pude dizer a Papai que colecionava figurinhas de um jogo chamado Magic, porque temia que ele achasse que as figurinhas eram satânicas – afinal de contas, os garotos do grupo de jovens da igreja costumavam falar de Magic e de sua má influência nos jovens cristãos. E como ocorre com muitos adolescentes, eu tinha muitas dúvidas a respeito da minha fé – se ela era compatível com a ciência moderna, por exemplo, ou se esta ou aquela denominação era correta em certas discussões doutrinárias.

Duvido que ele tivesse ficado aborrecido se eu perguntasse a ele sobre essas coisas, mas nunca perguntei porque não sabia como ele iria reagir. Não sabia se ele ia me dizer que eu era um filho do demônio e me mandar embora. Não sabia até que ponto o nosso relacionamento era construído sobre a ideia de que eu era um bom garoto. Não sabia como ele reagiria se eu ouvisse os CDs do Led Zeppelin na casa dele com meus irmãos menores em volta. O fato de não saber me consumia de tal forma que não pude mais aguentar.

Acho que Mamaw entendia o que estava se passando na minha cabeça, embora eu nunca tenha contado nada para ela. Nós nos falávamos frequentemente no telefone, e uma noite ela me disse que eu precisava saber que ela me amava mais do que tudo e que queria que eu voltasse para casa quando estivesse pronto.

– Esta é a sua casa, J.D., e sempre vai ser.

No dia seguinte, liguei para Lindsay e pedi para ela vir me buscar. Ela tinha um emprego, uma casa, um marido e um bebê. Mas ela disse:

– Chego aí em 45 minutos.

Pedi desculpas a Papai, que ficou arrasado com a minha decisão. Mas ele compreendeu:

– Você não consegue ficar longe daquela maluca da sua avó. Sei que ela é boa para você.

Foi uma admissão espantosa de um homem a respeito do qual Mamaw nunca disse nada de bom. E foi a primeira indicação de que Papai entendia os sentimentos complexos e conflitantes que existiam em mim. E isso significou muito. Quando Lindsay e a família dela vieram me buscar, entrei no carro, suspirei e disse:

– Obrigado por me levar para casa.

Dei um beijo na testa do meu sobrinho e não disse mais nada até chegarmos à casa de Mamaw.

Passei quase todo o resto do verão com Mamaw. Umas poucas semanas com Papai não tinham me proporcionado nenhuma revelação divina: eu ainda me sentia preso entre o desejo de ficar e o medo de que a minha presença a estivesse privando dos confortos da velhice. Então, antes de iniciar meu primeiro ano de ensino médio, disse a Mamãe que moraria com ela desde que pudesse estudar em Middletown e visitar Mamaw sempre que quisesse. Ela disse algo sobre precisar me transferir para uma escola em Dayton quando eu terminasse o primeiro ano, mas achei que cuidaria disso um ano depois, quando chegasse a hora.

Morar com Mamãe e Matt era como ter um lugar na primeira fila para o fim do mundo. As brigas eram relativamente normais pelos meus padrões (e os de Mamãe), mas tenho certeza de que o pobre Matt vivia perguntando a si mesmo como e quando ele tinha embarcado naquele trem para a cidade da loucura. Éramos só nós três naquela casa, e estava claro para todos nós que aquilo não ia dar certo. Era apenas uma questão de tempo. Matt era um cara legal, e como eu e Lindsay dizíamos brincando, caras legais nunca sobreviviam aos encontros com nossa família.

Dado o estado do relacionamento de Mamãe e Matt, fiquei surpreso quando cheguei em casa da escola um dia, durante meu segundo ano de ensino médio, e Mamãe anunciou que ia se casar. Talvez, pensei, as coisas não estivessem tão ruins quanto eu pensava.

– Achei que você e Matt fossem se separar – disse. – Vocês brigam todo dia.

– Bem – respondeu ela –, não vou me casar com ele.

Essa história até eu achei incrível. Mamãe trabalhava como enfermeira num centro de diálise local, um trabalho que ela tinha arranjado alguns meses antes. O patrão dela, embora fosse dez anos mais velho, convidou-a para jantar uma noite. Ela aceitou e, com seu relacionamento em frangalhos, concordou em se casar com ele uma semana depois. Ela me contou numa quinta-feira. No sábado, nós nos mudamos para a casa de Ken. A casa dele era a minha quarta casa em dois anos.

Ken nasceu na Coreia mas foi criado por um veterano de guerra americano e a esposa dele. Durante a primeira semana na casa dele, resolvi olhar sua pequena estufa e encontrei um pé de maconha relativamente maduro. Contei a Mamãe, que contou a Ken e, no fim do dia, ele o tinha substituído por um pé de tomate. Quando confrontei Ken, ele gaguejou um pouco e finalmente disse:

– É para fins medicinais, não se preocupe com isso.

Os três filhos de Ken – uma menina e dois rapazes mais ou menos da minha idade – acharam a nova situação tão estranha quanto eu. O rapaz mais velho brigava constantemente com Mamãe, o que – graças ao código de honra apalachiano – significava que ele brigava constantemente comigo. Pouco antes de eu ir me deitar uma noite, estava descendo as escadas quando ele a xingou. Nenhum caipira que se prezasse toleraria aquilo, então deixei muito claro que pretendia surrar meu novo meio-irmão até quase matá-lo. Meu apetite por violência aquela noite se mostrou tão insaciável que Mamãe e Ken decidiram que meu novo meio-irmão e eu precisá-vamos ser separados. Eu não estava particularmente zangado. Meu desejo de brigar nasceu mais de um sentimento de dever. Mas era um sentimento errado de dever, então Mamãe e eu fomos passar a noite na casa de Mamaw.

Eu me lembro de assistir a um episódio de *The West Wing* sobre educação na América, o que a maioria da população acredita, com razão, ser a chave para as oportunidades. Nele, o presidente fictício discute se deve instituir um vale-estudante (dar dinheiro público aos estudantes para que eles não fracassem nas escolas públicas) ou, em vez disso, focar exclusivamente na melhoria daquelas mesmas escolas malsucedidas. Essa discussão é importante, claro – durante muito tempo, grande parte dos alunos das escolas públicas malsucedidas do meu distrito escolar se habilitaram para receber vales –, mas era impressionante que numa discussão sobre por que as crianças pobres tinham dificuldades na escola, a ênfase permanecesse apenas nas instituições públicas. Como um professor da minha antiga escola de ensino médio me disse recentemente:

– Eles querem que sejamos pastores para essas crianças. Mas ninguém quer abordar o fato de que muitos deles são criados por lobos.

Não sei o que aconteceu um dia depois de Mamãe e eu termos fugido da casa de Ken para a casa de Mamaw para passar a noite. Talvez eu tivesse uma prova e não tenha tido tempo de estudar. Talvez eu tivesse um dever de casa que não tenha tido tempo de terminar. O que sei é que eu estava no segundo ano do ensino médio e estava muito infeliz. As mudanças e brigas constantes, o carrossel aparentemente interminável de pessoas novas que eu tinha que conhecer, aprender a amar e depois esquecer – isso, e não minha escola pública medíocre, eram as verdadeiras barreiras às oportunidades.

Eu não sabia disso, mas estava perto do precipício. Quase não consegui passar no primeiro ano do ensino médio, obtendo uma média final de 2,1. Eu não fazia os deveres de casa, não estudava e minha frequência era péssima. Nuns dias eu fingia estar doente, noutros me recusava a ir. Quando ia, era só para evitar uma repetição das cartas que a escola tinha mandado para a minha casa alguns anos antes – aquelas que diziam que se eu não fosse à escola a administração seria obrigada e enviar meu caso para o conselho tutelar.

Junto com meu péssimo desempenho escolar, veio a experiência com álcool e drogas – nada muito pesado, só as bebidas que eu conseguia arranjar e o estoque de maconha que eu e o filho de Ken encontramos. Prova definitiva, suponho, de que eu sabia a diferença entre um pé de tomate e um pé de maconha.

Pela primeira vez na vida, eu me sentia afastado de Lindsay. Havia algo de heroico no casamento dela – depois de tudo que ela tinha testemunhado, era surpreendente que ela tivesse se juntado a alguém que a tratava bem e tinha um emprego decente. Lindsay parecia genuinamente feliz. Ela era uma boa mãe e adorava o filho. Tinha uma casinha não muito longe da casa de Mamaw e parecia estar encontrando seu caminho.

Embora eu me sentisse feliz por minha irmã, sua nova vida intensificou meu sentimento de separação. Desde que eu me entendia por gente, tínhamos morado sob o mesmo teto, mas agora ela tinha ficado em Middletown e eu morava com Ken a cerca de 35 quilômetros de distância. Enquanto Lindsay construía uma vida praticamente oposta à que tinha deixado para trás – ela ia ser uma boa mãe, ia ter um casamento bem-sucedido (e apenas um) –, eu me via atolado nas coisas que nós dois odiávamos. Enquanto Lindsay e o marido faziam viagens para a Flórida e a Califórnia, eu me sentia preso na casa de um estranho em Miamisburg, Ohio.

CAPÍTULO 9

Mamaw sabia pouco sobre como essa combinação me afetava. Em parte, de propósito. Durante um longo recesso de Natal, apenas alguns meses após eu me mudar para a casa do meu novo padrasto, liguei para ela para reclamar. Mas quando ela atendeu, pude ouvir as vozes da família ao fundo – minha tia, pensei, e minha prima Gail, e talvez alguns outros. O som ao fundo sugeria alegria natalina, e não tive coragem de contar para ela o que tinha ligado para contar: que eu detestava morar com esses estranhos e que tudo que tornara a minha vida até aquele ponto tolerável – o adiamento dos castigos quando estava na casa dela, a companhia da minha irmã – aparentemente tinha sumido. Pedi a ela que dissesse a todas as pessoas cujas vozes ouvia que eu as amava e depois desliguei o telefone e subi para assistir à tevê. Nunca tinha me sentido tão sozinho. Continuei a frequentar feliz as escolas de Middletown, o que me mantinha em contato com meus amigos de colégio e me dava uma desculpa para passar algumas horas com

Mamaw. Durante o ano letivo, eu a via algumas vezes durante a semana e toda vez que a visitava, ela me lembrava da importância de me sair bem nos estudos. Mamaw disse muitas vezes que se alguém na minha família ia "conseguir", esse alguém seria eu. Mas eu não tinha coragem de contar a ela o que estava acontecendo de fato. Eu deveria ser advogado, médico ou homem de negócios, e não um garoto que abandonou o colégio no ensino médio. Mas eu estava mais perto de largar a escola do que de qualquer outra coisa.

Ela descobriu a verdade quando Mamãe apareceu um dia de manhã, pedindo uma amostra de urina limpa. Eu tinha dormido na casa de Mamaw e estava me arrumando para ir para a escola quando Mamãe entrou, agitada e arfante. Ela tinha que entregar amostras de urina para análise ocasionalmente, para que o conselho de enfermagem mantivesse sua licença, e alguém tinha ligado pedindo uma amostra até o fim daquele dia. Na urina de Mamaw havia meia dúzia de drogas controladas, então eu era o único candidato.

O pedido de Mamãe parecia mais uma exigência. Ela não tinha nenhum remorso, nem a menor noção de que estava me pedindo para fazer uma coisa errada. E também não tinha a menor culpa de ter quebrado a promessa de nunca mais usar drogas.

Recusei. Ao ver minha resistência, Mamãe mudou de tática. Ficou desesperada e começou a se desculpar, chorando e implorando.

– Prometo que vou melhorar... Prometo.

Eu já tinha ouvido isso muitas vezes antes e não acreditei nem um pouquinho. Lindsay certa vez me falou que, acima de tudo, Mamãe era uma sobrevivente. Ela sobreviveu à infância, sobreviveu aos homens que chegaram e partiram, sobreviveu às penas sucessivas impostas pela lei, e agora estava fazendo tudo que podia para sobreviver a um conflito com o conselho de enfermagem.

Estourei. Falei para Mamãe que se ela quisesse mijo limpo, deveria parar de foder com a própria vida e obtê-lo da própria bexiga. Eu disse a minha avó que deixar que Mamãe continuasse daquele jeito só piorava as coisas e que se ela tivesse sido firme trinta anos antes, talvez Mamãe não estivesse implorando pelo mijo limpo do filho. Eu disse a Mamãe que ela era uma mãe de merda e disse a Mamaw que ela também era uma mãe de merda. Mamaw empalideceu, nem sequer me olhou nos olhos. O que eu disse claramente a atingiu.

Apesar de ter falado sério, eu também sabia que a minha urina talvez não estivesse limpa. Mamãe desabou no sofá, chorando baixinho, mas Mamaw não iria ceder tão fácil assim, ainda que eu a tivesse ferido com minhas críticas. Puxei Mamaw para o banheiro e sussurrei uma confissão – que eu tinha fumado maconha com Ken duas vezes nas últimas semanas.

– Não posso dar uma amostra para ela. Se Mamãe usar meu xixi, nós dois vamos ficar encrencados.

Antes de mais nada, Mamaw acalmou meus medos. Algumas tragadas num cigarro de maconha ao longo de três semanas não apareceriam no teste, ela me garantiu.

– Além disso, você provavelmente não soube fazer merda nenhuma direito. Você não tragou, mesmo que tenha tentado.

Depois ela tocou na questão moral, envolvendo a circunstância.

– Sei que isso não é certo, querido. Mas ela é sua mãe, e é minha filha. E talvez, se a ajudarmos dessa vez, ela finalmente aprenda a lição.

Era a eterna esperança, algo que eu não poderia lhe negar. Aquela esperança me fez comparecer voluntariamente a diversas reuniões dos Narcóticos Anônimos, me fez consumir livros sobre o vício e participar ao máximo que pude do tratamento de Mamãe. Fez com que eu entrasse no carro com ela aos doze anos, sabendo que seu estado emocional poderia levá-la a fazer algo de que se arrependeria depois. Mamaw nunca perdeu essa esperança, mesmo depois de mais dor e mais decepção do que sou capaz de conceber. A vida dela era um manual sobre como perder a fé nas pessoas, mas Mamaw sempre encontrava uma forma de acreditar nas que amava. Então não me arrependo de ter tido pena dela. Dar meu mijo para Mamãe foi errado, mas nunca vou me arrepender de ter feito o que Mamaw pediu. A esperança dela a fez perdoar o Papaw após os anos difíceis do casamento deles. E a convenceu a me acolher quando mais precisei.

Apesar de eu ter feito o que Mamaw pediu, alguma coisa dentro de mim se quebrou naquela manhã. Fui para a escola com os olhos vermelhos por ter chorado e arrependido de ter ajudado. Algumas semanas antes, eu tinha ido com Mamãe num bufê chinês e fiquei lá sentado enquanto ela tentava, em vão, colocar comida na boca. É uma lembrança que ainda faz meu sangue ferver: Mamãe incapaz de abrir os olhos ou fechar a boca, levantando a colher e deixando a comida cair de volta no prato. As outras pessoas nos olhavam, Ken não falava nada e Mamãe estava completamente desligada de tudo. Foi um remédio de tarja preta (ou muitos) que a deixaram daquele jeito. Eu a odiei por aquilo e prometi a mim mesmo que se ela voltasse a se drogar algum dia, eu sairia de casa.

O episódio da urina foi a gota d'água para Mamaw também. Quando voltei da escola, ela me disse que queria que eu ficasse com ela definitivamente, sem ficar indo de um lado para o outro. Mamãe não pareceu se importar: ela precisava de uma "folga", disse, suponho que da função de mãe. Ela e Ken não duraram muito. Antes do fim do meu segundo ano no ensino médio, ela já tinha se mudado da casa dele, e eu para a de Mamaw, para nunca mais voltar para as casas de Mamãe e de seus homens. Pelo menos, ela passou no exame de urina.

Nem precisei fazer as malas, porque a maior parte do que eu tinha ficava na casa de Mamaw mesmo, enquanto eu pulava de um lugar para o outro. E Mamãe não quis que eu levasse muitas coisas para a casa de Ken, convencida de que ele e os filhos poderiam roubar minhas meias e camisas (nem Ken nem os filhos dele jamais roubaram nada de mim). Apesar de gostar de morar com Mamaw, minha nova casa testou minha paciência de diversas formas. Eu ainda me sentia inseguro com a hipótese de ser um fardo para ela. E, o mais importante, ela era uma mulher difícil de se conviver, muito ágil nas respostas e com a língua afiada. Se eu não tirasse o lixo, ela me dizia para "deixar de ser um merda preguiçoso". Quando eu me esquecia de fazer o dever de casa, ela falava que eu tinha um "cérebro de merda" e lembrava que a não ser que eu estudasse, não seria ninguém. Ela exigia que eu jogasse cartas com ela – normalmente canastra – e nunca perdia. "Porra, você é o pior jogador de cartas que eu já conheci", se gabava. (Isso não fazia com que eu me sentisse mal, pois ela ganhava de todo mundo na canastra mesmo.)

Anos depois, todos os meus parentes – tia Wee, tio Jimmy, até Lindsay – repetiram alguma versão do comentário "Mamaw era muito dura com você, dura demais". Havia três regras na casa dela: tire boas notas, arrume um emprego e "levante a bunda do sofá e me ajude". Não havia lista de tarefas determinada; eu só tinha que ajudar no que quer que ela estivesse fazendo. E ela nunca me disse o que fazer – ela simplesmente gritava comigo se estivesse fazendo alguma coisa e eu não estivesse ajudando.

Mas nos divertíamos muito. Mamaw latia muito mais forte que mordia, pelo menos comigo. Ela uma vez me obrigou a assistir a um programa de tevê com ela, numa sexta-feira à noite, sobre um misterioso assassinato de arrepiar, o tipo de coisa a que Mamaw adorava assistir. No clímax do programa, no momento feito para fazer o telespectador dar um pulo no sofá, Mamaw apagou as luzes e deu um berro no meu ouvido. Ela já tinha visto aquele episódio antes e sabia o que ia acontecer. E me fez ficar sentado lá por 45 minutos só para me assustar no momento certo.

A melhor parte de morar com Mamaw foi que comecei a entender o que a irritava. Até então, eu me ressentia com o fato de só irmos ao Kentucky muito raramente, depois da morte de minha bisavó Blanton. A diminuição das visitas não foi perceptível no começo, mas quando estava no segundo segmento do fundamental, só visitávamos o Kentucky algumas vezes ao ano, e durante alguns poucos dias. Morando com Mamaw, descobri que ela e a irmã, Rose – uma mulher de uma bondade incomum –, tiveram uma briga depois que a mãe delas morreu. Mamaw queria que a velha casa fosse compartilhada pela família, enquanto Rose queria que a casa ficasse com seu filho e a família dele. Rose tinha um argumento: nenhum dos irmãos que vivia em Ohio ou Indiana vinha com frequência ao Kentucky, então fazia sentido dar a casa a quem fosse usá-la. Mas Mamaw temia que, sem uma base, seus filhos e netos não teriam onde ficar quando fossem a Jackson. Ou seja, ela também tinha argumento.

Comecei a entender que para Mamaw ir a Jackson era um dever a ser tolerado e não uma oportunidade de divertimento. Para mim, Jackson tinha a ver com meus tios, com perseguir tartarugas e dar um tempo naquela instabilidade que envenenava minha existência em Ohio. Jackson me oferecia um lar junto com Mamaw, uma viagem de três horas para contar e ouvir histórias e um local onde todos me conheciam como o neto dos famosos Jim e Bonnie Vance. Jackson era algo muito diferente para ela. Era o local onde muitas vezes tinha passado fome na infância, de onde fugiu quando a sua gravidez na adolescência foi um escândalo, e onde muitos dos seus amigos perderam a vida nas minas. Eu queria fugir para Jackson; e ela tinha fugido de lá.

Com uma idade já avançada e mobilidade reduzida, Mamaw adorava assistir à tevê. Ela preferia programas de humor escrachado e dramas épicos, então tinha muitas opções. Mas sua série favorita, de longe, era a história de uma família de mafiosos da HBO, *Família*

Soprano. Pensando bem, não é de surpreender que uma série de forasteiros absolutamente leais e às vezes violentos causasse fortes impressões em Mamaw. Troque os nomes e as datas, e a máfia italiana começa a parecer bastante com a disputa Hatfield-McCoy na região central dos Apalaches. O personagem principal, Tony Soprano, era um assassino violento, uma pessoa verdadeiramente terrível sob quase qualquer ótica. Mas Mamaw respeitava sua lealdade e o fato de que ele não media esforços para proteger a honra de sua família. Apesar de matar incontáveis inimigos e beber demais, a única crítica que ela alguma vez dirigiu a ele foi sobre sua infidelidade.

– Ele anda com todo mundo. Não gosto nada disso.

Também vi pela primeira vez o amor de Mamaw pelas crianças, não como um objeto de afeição, mas como uma observadora delas. Ela costumava tomar conta dos filhos de Lindsay ou dos da tia Wee. Uma vez, ela ficou o dia todo com as duas meninas e o cachorro de tia Wee. Quando o cachorro latia, Mamaw gritava:

– Cale a boca, seu filho da puta.

Minha prima Bonnie Rose correu para a porta dos fundos e começou a gritar sem parar:

– Filho da puta! Filho da puta!

Mamaw foi mancando até Bonnie Rose e a pegou no colo.

– Psiu! Você não pode falar isso ou vai me arrumar problema.

Mas ela ria tanto que mal conseguia falar. Algumas semanas depois, cheguei da escola e perguntei para Mamaw como tinha sido seu dia. Ela me disse que tinha sido ótimo, pois tinha cuidado do filho de Lindsay, Kameron.

– Ele me perguntou se podia falar "porra", como eu faço. Eu disse a ele que podia, mas só na minha casa.

Depois ela riu consigo mesma. Independente de como estivesse se sentindo, ou da dificuldade de respirar por causa do enfisema, ou da dor no quadril ser tão forte que ela mal conseguia andar, jamais recusou uma oportunidade de "ficar com aqueles bebês", como ela mesma dizia. Mamaw os amava, e comecei a entender por que ela sempre sonhou em se tornar advogada para defender as crianças vítimas de negligência ou abuso.

Numa determinada ocasião, Mamaw teve que fazer uma cirurgia complicada na coluna para tentar diminuir a dor que quase a impedia de andar. Ficou numa casa de repouso por alguns meses até se recuperar, e assim fui obrigado a morar sozinho, uma experiência que felizmente não durou muito. Toda noite ela ligava para Lindsay, tia Wee ou para mim e fazia o mesmo pedido:

– Odeio a droga da comida aqui. Você pode ir ao Taco Bell e me trazer um burrito de feijão?

De fato, Mamaw detestava tudo na casa de repouso e uma vez me pediu para que eu lhe prometesse que se algum dia, ela viesse a ter que morar lá para sempre, eu pegaria sua Magnum .44 e lhe daria um tiro na cabeça.

– Mamaw, você não pode me pedir isso. Eu passaria o resto da vida na cadeia.

– Bem – disse ela, fazendo uma pausa um instante para refletir –, então trate de conseguir um pouco de arsênico. Assim ninguém fica sabendo.

A cirurgia na coluna, no fim das contas, foi completamente inútil. Ela tinha uma fratura no quadril e, assim que isso foi reparado, ela se recuperou, apesar de ter que usar bengala desde então. Agora que sou advogado fico chocado por nunca termos cogitado um processo contra o médico que fez uma cirurgia desnecessária na coluna dela. Mas Mamaw não teria permitido. Ela não acreditava no uso do sistema legal até que fosse inevitável.

Às vezes, eu via Mamãe com frequência e, às vezes, passava semanas sem sequer ter notícias dela. Após o fim de um relacionamento, ela passou alguns meses no sofá de Mamaw, e nós dois gostamos da companhia dela. Mamãe tentava à sua maneira: quando estava trabalhando, sempre me dava dinheiro nos dias de pagamento, tenho quase certeza de que mais do que podia. Por motivos que jamais compreendi, Mamãe equiparava dinheiro a afeto. Talvez ela achasse que eu jamais entenderia que ela me amava, a não ser que ela me desse dinheiro. Mas eu nunca liguei para aquele dinheiro. Só queria que ela se mantivesse saudável e equilibrada.

Nem mesmo meus amigos mais próximos sabiam que eu morava na casa da minha avó. Eu reconhecia que apesar de muitos dos meus amigos não terem uma família americana tradicional, a minha era menos tradicional do que a maioria. E éramos pobres, um status que Mamaw vestia como uma medalha de honra, mas que eu tinha dificuldade de aceitar. Eu não usava roupas da Abercrombie & Fitch ou da American Eagle, a não ser que ganhasse de Natal. Quando Mamaw me buscava no colégio, eu pedia para que ela não saltasse do carro para que meus amigos não a vissem – com aquele seu uniforme de calças jeans largas e camiseta masculina – com um enorme cigarro mentolado na boca. Quando as pessoas me perguntavam, eu mentia e dizia que morava com minha mãe e que nós dois cuidávamos da minha avó doente. Até hoje me arrependo do fato de que muitos dos meus amigos e conhecidos de colégio nunca tenham sabido que Mamaw foi a melhor coisa que já me aconteceu.

No meu penúltimo ano de ensino médio, fiz prova para a turma de matemática avançada – uma mistura de trigonometria, álgebra avançada, e pré-cálculo. O professor, Ron Selby, era uma lenda viva entre os alunos por ser brilhante e muito exigente. Em vinte anos, ele nunca tinha faltado. Todo mundo na Middletown High School conhece a história de que uma vez um aluno ligou para a escola, fazendo uma ameaça de bomba durante uma das provas de Selby. O garoto tinha escondido o dispositivo numa bolsa no seu armário. A escola inteira foi evacuada, e Selby entrou no prédio, tirou o dispositivo do armário do garoto, saiu e jogou tudo no lixo.

– Fui professor desse menino. Ele não tem inteligência o suficiente para montar uma bomba que funcione – disse Selby aos policiais reunidos na escola. – Agora deixem meus alunos entrar para acabarem a prova.

Mamaw adorava histórias assim e, apesar de jamais ter conhecido Selby, ela o admirava e me incentivava a seguir os passos dele. Selby estimulava (mas não exigia) que seus alunos tivessem calculadoras científicas avançadas – o modelo 89 da Texas Instruments era o mais novo e melhor. Não tínhamos telefones celulares, nem roupas caras, mas Mamaw garantiu que eu tivesse uma daquelas calculadoras. Isso me ensinou uma lição importante sobre os valores de Mamaw e fez com que eu me empenhasse na escola de um jeito que nunca tinha feito. Se Mamaw podia gastar 180 dólares numa calculadora científica – ela não deixou que eu gastasse um centavo do meu dinheiro –, então eu tinha que levar os estudos mais a sério. Eu devia isso a ela, e ela me lembrava disso constantemente.

– Você já terminou o trabalho daquele professor Selby?

– Não, Mamaw, ainda não.

– É melhor começar logo. Não gastei todo o meu dinheiro naquele computadorzinho para você ficar fazendo porra nenhuma o dia inteiro.

Aqueles três anos com Mamaw – ininterruptos e sozinho – me salvaram. Não notei a relação de causa e efeito da mudança, como morar com ela transformou a minha vida. Não percebi que minhas notas começaram a melhorar logo depois que me mudei para a casa dela. E eu não podia saber que estava fazendo amigos para a vida toda.

Durante aquele tempo, Mamaw e eu começamos a falar sobre problemas na nossa comunidade. Mamaw me estimulou a procurar um emprego – ela me dizia que seria bom para mim e que eu precisava aprender o valor de um dólar. Quando não dei ouvidos àquela sugestão, ela simplesmente mandou que eu arrumasse um emprego, e arrumei, como caixa no Dillman's, um mercado local.

Trabalhar como caixa me transformou num sociólogo amador. Um estresse agitado tomava conta de muitos dos nossos clientes. Uma de nossas vizinhas entrava e gritava comigo pelos menores erros – não sorrir para ela, ou colocar as compras num saco, deixando-o pesado demais num dia, ou leve demais no outro. Alguns entravam na loja com pressa, andavam de um lado para o outro nos corredores, procurando ansiosamente um item em particular. Mas outros vagavam com toda a calma pelos corredores, ticando cuidadosamente cada item de suas listas. Algumas pessoas compravam muita comida enlatada e congelada, enquanto outras sempre chegavam ao caixa com carrinhos lotados de produtos frescos. Quanto mais estressado o cliente, quanto mais comida pré-pronta ou congelada ele comprasse, maior a probabilidade de ser pobre. E eu sabia que eram pobres por causa das roupas que usavam, ou porque compravam comida com cupons de desconto. Após alguns meses cheguei em casa e perguntei para Mamaw por que somente pessoas pobres compravam leite em pó para bebês.

– Pessoas ricas não têm filhos? – perguntei.

Mamaw não sabia a resposta, e eu ainda levaria muitos anos para aprender que é consideravelmente muito mais provável que as pessoas ricas amamentem seus filhos.

Enquanto meu emprego me ensinava um pouquinho mais sobre a divisão de classes nos Estados Unidos, ele também me imbuiu com um pouco de ressentimento, tanto pelos ricos quanto pelos meus semelhantes. Os donos do Dillman's faziam comércio à moda antiga, ou seja vendiam fiado para certas pessoas, e algumas delas tinham contas que passavam de mil dólares. Eu sabia que se algum dos meus parentes entrasse e fizesse uma compra de mais de mil dólares, teria que pagar por ela imediatamente. Eu detestava sentir que meu patrão considerava pessoas como eu menos confiáveis do que aquelas que levavam suas compras embora num Cadillac. Mas superei isso: um dia, disse a mim mesmo, teria minha própria conta.

Também aprendi como as pessoas jogavam o jogo da assistência social. Compravam duas embalagens com uma dúzia de refrigerantes com cupons e depois os vendiam com desconto por dinheiro. Eles passavam suas compras separadamente, comprando comida com cupons, e cerveja, vinho e cigarros com dinheiro. E frequentemente passavam pelo caixa falando ao celular. Nunca entendi por que nossas vidas eram uma luta sem fim enquanto aqueles que viviam da generosidade do governo tinham um monte de quinquilharias com as quais eu só podia sonhar.

Mamaw ouvia atentamente sobre as minhas experiências no Dillman's. Começamos a enxergar boa parte dos nossos companheiros da classe trabalhadora com desconfiança. A maioria de nós lutava para sobreviver, mas conseguíamos, trabalhávamos duro e tínhamos esperança de uma vida melhor. Mas uma ampla minoria se contentava em viver de subsídios. A cada duas semanas eu recebia um contracheque e sempre reparava a linha que mostrava os impostos federais e estatais que eram debitados do meu pagamento. Pelo menos com essa mesma frequência nosso vizinho viciado em drogas comprava cortes de T-bone, que eu era pobre demais para comprar, mas era forçado pelo Tio Sam a comprar para os outros. Era assim que eu pensava aos dezessete anos, e apesar de ter menos raiva hoje, para mim esse foi o primeiro indício de que as políticas do "partido dos trabalhadores" de Mamaw – os democratas – não eram lá essas coisas, não.

Cientistas políticos escreveram páginas e páginas, tentando explicar como a população da região central dos Apalaches e do Sul passou de democrata convicta a republicana convicta em menos de uma geração. Alguns culpam as relações raciais e o fato de o Partido Democrata ter acolhido o movimento dos direitos civis. Outros citam a religião e o controle do conservadorismo social sobre os evangélicos daquela região. Grande parte da explicação está no fato de que muitos brancos da classe trabalhadora viram exatamente o que eu vi trabalhando no Dillman's. Desde os anos 1970, a classe trabalhadora branca passou a se voltar para Richard Nixon porque começou a perceber que, como um homem disse, o governo estava "pagando para pessoas que vivem de assistência social e não fazem nada! Eles estão rindo do nosso país! Nós somos trabalhadores e eles estão rindo da nossa cara porque trabalhamos todos os dias!"[20]

Mais ou menos nessa mesma época, nosso vizinho – um dos amigos mais antigos de Mamaw e Papaw – registraram a casa ao lado da nossa na Seção 8. A Seção 8 é um programa do governo que oferece a moradores de baixa renda um título para alugar casas. O amigo de Mamaw não estava conseguindo alugar aquela casa, mas quando a inscreveu na Seção 8, tinha certeza de que conseguiria. Mamaw viu aquilo como uma traição, certa de que pessoas "ruins" se mudariam para a vizinhança e fariam o valor das propriedades despencar.

Apesar de nossos esforços para traçar linhas claras entre os pobres trabalhadores e os não trabalhadores, Mamaw e eu reconhecíamos que tínhamos muito em comum com aqueles que tornavam a reputação da nossa classe tão ruim. Os que recebiam os títulos da Seção 8 se pareciam muito conosco. A matriarca da primeira família a se mudar para a casa ao lado tinha nascido no Kentucky, mas se mudou para o Norte ainda jovem porque seus pais queriam uma vida melhor. Ela tinha se envolvido com alguns homens e tinha um filho de cada um deles, mas não recebia nenhuma pensão. Ela era legal, e seus filhos também. Mas as drogas e as brigas tarde da noite revelavam os problemas que muitos caipiras que migraram conheciam bem demais. Confrontada com a percepção da luta de sua própria família, Mamaw ficou frustrada e irritada.

---

[20] Rick Perlstein, *Nixonland: The Rise of a President and the Fracturing of America* (Nova York: Scribner, 2008).

E daquela raiva surgia Bonnie Vance, a especialista em políticas sociais: "Ela é uma vadia preguiçosa, mas não seria se fosse obrigada a arrumar um emprego"; "Detesto esses imbecis por darem a essa gente dinheiro para morarem no nosso bairro". Ela praguejava sobre as pessoas que víamos no mercado: "Não entendo por que pessoas que trabalharam a vida toda passam dificuldade enquanto esses parasitas compram bebida alcoólica e crédito de celular com nosso dinheiro."

Eram observações estranhas demais para a minha avó, normalemente cheia de compaixão. E se ela xingava o governo por fazer de mais num dia, xingava por fazer de menos no outro. O governo, afinal, só estava ajudando os pobres a terem um lugar para morar, e minha avó adorava a ideia de qualquer pessoa ajudando os pobres. Ela não tinha qualquer objeção filosófica aos títulos da Seção 8. Então a democrata nela ressurgia. E reclamava do desemprego, e ficava imaginando se seria por isso que nossa vizinha não conseguia encontrar um bom homem. Em seus momentos de maior compaixão, Mamaw se perguntava se fazia algum sentido que nosso país tivesse condições de custear porta-aviões, mas não pudesse financiar clínicas de tratamento de viciados – como a de Mamãe – para todo mundo. Às vezes criticava os "ricos", como uma entidade, que não estavam dispostos a carregar sua justa parte do fardo social. Mamaw via cada fracasso na votação do imposto para a melhoria da escola local (e houve várias) como um exemplo do fracasso do nosso país em prover educação de qualidade a jovens como eu.

Os sentimentos de Mamaw fazia com que ela se colocasse em áreas extremamente diferentes do espectro político. Dependendo do seu estado de espírito, Mamaw era uma conservadora radical ou uma social-democrata no estilo europeu. Por causa disso, inicialmente supus que Mamaw fosse uma simplória sem nenhum esclarecimento e que, assim que ela abrisse a boca para falar de política, eu podia fechar os ouvidos. No entanto, logo percebi que, nas contradições de Mamaw, havia uma grande sabedoria. Passei muito tempo apenas tentando sobreviver ao meu mundo. Mas agora que tinha um pouco de espaço para observar, comecei a enxergar o mundo como Mamaw o fazia. Eu estava assustado, confuso, irritado e desiludido. Culpava as grandes empresas por fecharem as portas e se mudarem para o exterior, e depois ficava imaginando se eu não teria feito a mesma coisa. Maldizia nosso governo por não ajudar o suficiente e depois ficava me perguntando se em suas tentativas de ajudar, eles não tinham, na verdade, piorado o problema.

Mamaw podia vociferar impropérios como um instrutor de perfuração da Marinha, mas o que ela via na nossa comunidade não a deixava apenas muito zangada. Aquilo partia seu coração. Por trás das drogas e das brigas, havia pessoas com problemas sérios e que estavam sofrendo. Nossos vizinhos tinham uma espécie de tristeza desesperada em suas vidas. Era possível ver isso na mãe da casa ao lado que torcia a boca de lado, mas nunca sorria de verdade, ou na sua filha adolescente que contava rindo que a mãe a "enchia de porrada". Eu sabia o que esse tipo de humor desajeitado pretendia esconder, porque eu mesmo já o tinha usado no passado. Sorria e aguente firme, diz o ditado. Se alguém apreciava isso, esse alguém era Mamaw.

Os problemas da nossa comunidade estavam na nossa porta. A luta de Mamãe não era um evento isolado. Os casos se repetiam, se replicavam e eram revividos por muitas pessoas que, assim como nós, tinham se mudado de lugares milhares de quilômetros distantes em busca de uma vida melhor. Não havia um fim à vista. Mamaw achava que tinha escapado da pobreza das montanhas, mas a pobreza – emocional, e também financeira – a seguira. Alguma coisa fez seus últimos anos serem estranhamente muito parecidos com os primeiros. O que estava acontecendo? Quais eram as perspectivas da filha adolescente da nossa vizinha? Certamente as estatísticas estavam contra ela, com um lar como aquele. Isso levantava uma questão: o que aconteceria comigo?

Eu não conseguia responder a essas perguntas de uma maneira que não envolvesse algo muito profundo naquilo que eu chamava de lar. O que eu sabia era que as outras pessoas não viviam como nós. Quando visitava o tio Jimmy, não acordava ouvindo os gritos dos vizinhos. No bairro de tia Wee e Dan, as casas eram bonitas e os gramados bem-cuidados, e os policiais passavam e sorriam, e acenavam, mas nunca colocavam o pai ou a mãe de alguém numa viatura.

Então eu ficava me perguntando o que havia de diferente em nós – não só em mim e na minha família, mas no nosso bairro e na nossa cidade, e em todo mundo de Jackson a Middletown, e além. Quando Mamãe foi presa alguns anos antes, as varandas e quintais dos vizinhos se encheram de espectadores. Não há vergonha em acenar tranquilamente para os vizinhos logo depois que a polícia levou sua mãe. As proezas de Mamãe eram, sem dúvida, extremas, mas todos nós já tínhamos visto o mesmo show antes com outros vizinhos. Essas coisas tinham seu próprio ritmo. Gritos leves convidavam algumas cortinas a se abrir e alguns olhos curiosos a investigar. Se as coisas se intensificassem um pouco mais, as luzes dos quartos se acendiam e as pessoas acordavam para assistir à baderna. E se as coisas saíssem do controle, a polícia aparecia e levava o pai bêbado ou a mãe transtornada de alguém para o prédio da prefeitura. Naquele prédio ficavam a arrecadação fiscal, vários serviços de utilidade pública e até mesmo um pequeno museu, mas as crianças do meu bairro sabiam que ali ficava também a delegacia de Middletown.

Eu devorava livros sobre políticas sociais e trabalhadores pobres. Um livro em particular, um estudo do célebre sociólogo William Julius Wilson, chamado *The Truly Disadvantaged* [Os verdadeiramente desfavorecidos], "pisou no meu calo". Eu tinha dezesseis anos quando o li pela primeira vez e, apesar de não tê-lo entendido completamente, consegui captar o argumento central.

Enquanto milhões migravam para o Norte para trabalharem em fábricas, as comunidades que se formavam em torno dessas fábricas eram cheias de energia, porém frágeis: quando as fábricas fechavam as portas, as pessoas que sobravam ficavam presas em cidades que não conseguiam mais manter uma grande população com trabalhos de qualidade. Os que podiam – normalmente os que tinham uma educação melhor, eram ricos ou bem relacionados – iam embora, deixando para trás as comunidades de pobres. Os que sobravam eram os "verdadeiramente desfavorecidos" – incapazes de encontrar bons empregos por conta própria e cercados por grupos de pessoas que pouco ofereciam em termos de relações ou apoio social.

O livro de Wilson me marcou. Eu queria escrever uma carta para ele e dizer que ele tinha descrito onde eu vivia com precisão. O fato de ter me identificado tanto é estranho, no entanto, porque ele não estava falando sobre os caipiras oriundos da região central dos Appalaches – ele estava escrevendo sobre os negros nas cidades do interior. O mesmo se aplicava a *Losing Ground* [Perdendo terreno], de Charles Murray, outro livro sobre negros que poderia ter sido escrito sobre os caipiras, e falava sobre como nosso governo incentivava a decadência social através dos programas de benefícios.

Apesar de perspicazes, nenhum desses livros respondia totalmente às questões que me afligiam: por que aquela nossa vizinha não largou aquele homem violento e abusivo? Por que ela gastava seu dinheiro em drogas? Por que ela não enxergava que seu comportamento estava destruindo a filha? Por que todas essas coisas estavam acontecendo não só com a nossa vizinha, mas também com a minha mãe? Eu levaria anos até aprender que nenhum livro, especialista ou área de estudo poderia explicar totalmente os problemas dos caipiras nos Estados Unidos modernos. Nossa elegia é sociológica, sim, mas também é uma questão de psicologia, comunidade, cultura e fé.

Durante meu penúltimo ano de ensino médio, nossa vizinha Pattie ligou para seu senhorio para reclamar de um teto que pingava. O senhorio chegou e encontrou Pattie sem blusa, drogada e inconsciente no sofá da sala. No andar de cima, a banheira estava transbordando – daí o vazamento. Pattie aparentemente preparou um banho para si mesma, tomou alguns comprimidos tarja preta e desmaiou no sofá. O andar superior da casa e muitos dos móveis e objetos da família ficaram destruídos. Essa é a realidade da nossa comunidade. Uma mulher drogada nua que destrói o pouco que há de valor em sua vida. Crianças que perdem seus brinquedos e roupas para o vício da mãe.

Outra vizinha vivia sozinha numa casa grande e rosa. Ela vivia reclusa, um mistério para a vizinhança. Só saía de casa para fumar. Nunca disse olá para ninguém, e deixava sempre todas as luzes apagadas. Ela e o marido tinham se divorciado, e os filhos acabaram na cadeia. A mulher era extremamente obesa – quando criança eu ficava imaginando se ela odiava sair de casa por ser pesada demais para se locomover.

Havia os vizinhos no final da rua, uma moça jovem com um filho pequeno e seu namorado de meia-idade. O namorado trabalhava, e a mulher passava os dias assistindo a *The Young and the Restless*. Seu filho pequeno era adorável, e ele adorava Mamaw. Em todas as horas do dia – uma vez após a meia-noite – ele podia entrar pela porta dela e pedir um lanchinho. Sua mãe não fazia nada o dia inteiro, mas não cuidava do filho com atenção suficiente para impedir que ele entrasse na casa de estranhos. Às vezes, a fralda dele precisava ter sido trocada já há algum tempo. Mamaw certa vez chamou a assistência social, torcendo para que, de alguma forma, eles salvassem o menino. Eles não fizeram nada. Então Mamaw pegava as fraldas do meu sobrinho e ficava de olho na vizinhança, sempre procurando por sinais de seu "amiguinho".

Uma amiga de minha irmã morava num pequeno dúplex com a mãe (que era uma rainha da assistência social, se é que isso realmente existia). Ela tinha sete irmãos, a maioria deles do mesmo pai – o que, infelizmente, era uma raridade. Sua mãe nunca ficava muito tempo num emprego e parecia interessada "somente em se reproduzir", como dizia Mamaw. Seus filhos nunca tiveram uma chance na vida. Uma das meninas acabou num relacionamento abusivo que produziu um filho antes mesmo de ela ter idade suficiente para comprar cigarros. O mais velho teve uma overdose e foi preso pouco tempo depois de se formar na escola.

Esse era o meu mundo: o mundo de comportamentos verdadeiramente irracionais. Gastamos tudo até ficarmos pobres. Compramos tevês gigantes e iPads. Nossos filhos usam roupas boas graças a cartões de crédito com juros altos e empréstimos. Compramos casas de que não precisamos, refinanciando-as em troca de mais dinheiro para gastar e depois declaramos falência, e as deixamos geralmente cheias de lixo. Economizar é uma hostilidade a nós. Gastamos para fingir que somos de uma classe superior. E quando a poeira assenta – quando a falência chega ou algum parente paga a fiança da nossa estupidez –, não sobra nada. Nada para pagar a faculdade dos filhos, nenhum investimento que possa nos manter, nenhum fundo de emergência se alguém perder o emprego. Sabemos que não devemos gastar assim. Às vezes nos censuramos por isso, mas fazemos assim mesmo.

Nossas casas são uma bagunça caótica. Gritamos e berramos uns com os outros como se fôssemos torcedores num jogo de futebol. Pelo menos um membro de nossas famílias usa drogas – às vezes o pai, às vezes a mãe, às vezes os dois. Em momentos particularmente estressantes, batemos e socamos uns aos outros, tudo na frente do resto da família, inclusive das crianças pequenas; boa parte das vezes, os vizinhos escutam o que está acontecendo. Um dia ruim é quando os vizinhos chamam a polícia para acabar com a confusão. Nossos filhos vão para lares temporários, mas nunca ficam por muito tempo. Pedimos desculpas a eles. E eles acreditam que realmente lamentamos, e é verdade. Mas nos comportamos mal do mesmo jeito alguns dias depois.

Não estudamos quando crianças, e não fazemos nossos filhos estudarem quando somos pais. Nossos filhos vão mal na escola. Podemos nos irritar com eles, mas nunca lhes damos as ferramentas – como paz e sossego em casa – para vencerem. Mesmo os melhores e mais inteligentes provavelmente farão faculdade perto de casa, se sobreviverem à zona de guerra de seus próprios lares. "Não ligo se você só passou para a Notre Dame", afirmamos. "Você pode ter uma formação boa e barata num *community college*." A ironia é que, para pessoas pobres como nós, a formação na Notre Dame é, ao mesmo tempo, a melhor e a mais barata.

Escolhemos não trabalhar quando devíamos estar procurando um emprego. Às vezes arrumamos um, mas não ficamos nele por muito tempo. Somos despedidos por atrasos, ou por roubar mercadorias e vender no eBay, ou porque algum cliente reclama do cheiro de álcool no nosso hálito, ou porque ficamos 35 minutos no banheiro no nosso turno. Falamos sobre o valor de trabalhar duro, mas dizemos a nós mesmos que o motivo pelo qual não estamos trabalhando é alguma injustiça evidente: Obama fechou as minas de carvão, ou todos os empregos foram para os chineses. Essas são as mentiras que contamos a nós mesmos para resolvermos a dissonância cognitiva – a conexão partida entre o mundo que vemos e os valores que pregamos.

Conversamos com nossos filhos sobre responsabilidade, mas nunca damos o exemplo. É assim: durante anos sonhei ter um filhote de pastor-alemão. Não sei exatamente como, mas Mamãe conseguiu um para mim. Mas ele era nosso quarto cachorro, e eu não fazia ideia de como treiná-lo. Em alguns anos todos eles desapareceram – foram doados ao departamento de polícia, ou a algum amigo da família. Depois de dizer adeus a quatro cachorros, nosso coração endurece. Aprendemos a não nos apegar tanto.

Nossa alimentação e nossos hábitos de exercício parecem feitos para nos mandarem para a cova mais cedo, e está funcionando: em certas partes do Kentucky, a expectativa de vida é de 67 anos, uma década e meia a menos do que no estado vizinho da Virginia. Um estudo recente descobriu que a expectativa de vida da classe branca operária está caindo, algo raro entre os grupos étnicos dos Estados Unidos. Comemos pães doces no café da manhã, Taco Bell no almoço e McDonald's no jantar. Raramente cozinhamos, apesar de ser mais barato e melhor para o corpo e a alma. Só fazemos exercício quando brincamos na infância. Só vemos pessoas correndo na rua quando saímos de casa para servir o exército ou para ir para a faculdade em algum lugar distante.

Nem toda a classe branca operária dá duro. Mesmo criança eu sabia que havia diferentes costumes e pressões sociais. Meus avós encarnavam um tipo: antiquados, crentes, autossuficientes, trabalhadores. Minha mãe e, cada vez mais, o resto da vizinhança encarnavam outro: consumistas, isolados, irritados, desconfiados.

Havia (e ainda há) muitos que viveram como meus avós. Às vezes se percebia isso de formas mais sutis: uma senhora que cuidava com zelo do seu jardim mesmo quando outros vizinhos permitiam que suas casas apodrecessem de dentro para fora; a moça que cresceu com a minha mãe, que voltava ao bairro todos os dias para ajudar a mãe já idosa. Não digo isso para romantizar a vida dos meus avós – que, como já observei, era cheia de problemas –, mas para destacar que muitas pessoas no nosso bairro lutaram contra dificuldades, mas tiveram sucesso. Há muitas famílias intactas, muitos jantares compartilhados em lares pacíficos, muitas crianças estudando com afinco e acreditando que conquistarão seu próprio Sonho Americano. Muitos dos meus amigos prosperaram e formaram famílias felizes em Middletown ou em lugares próximos. Eles não são o problema e, acreditando-se em estatísticas, os filhos desses lares intactos têm muitos motivos para serem otimistas.

Sempre vivi entre os dois mundos. Graças a Mamaw, nunca enxerguei apenas o pior do que a nossa comunidade tinha a oferecer, e acredito que isso tenha me salvado. Sempre havia um lugar seguro e um abraço carinhoso quando eu precisava. Os filhos dos nossos vizinhos não podiam dizer o mesmo.

Num domingo, Mamaw concordou em tomar conta dos filhos de tia Wee por algumas horas. Tia Wee os deixou lá em casa às dez. Eu tinha que trabalhar de onze às oito no mercado. Fiquei com as crianças por cerca de 45 minutos, e saí para trabalhar às 10h45. Fiquei muito chateado – desolado, até – por deixá-los. A coisa que eu mais queria era passar o dia com Mamaw e as crianças. Disse isso a ela e, em vez de me mandar "parar de resmungar" como imaginei, ela me falou que também gostaria que eu pudesse ficar em casa. Foi um raro momento de empatia.

– Mas se você quer ter o tipo de trabalho que permita que você passe os fins de semana com a sua família, tem que ir para a faculdade e fazer alguma coisa da sua vida.

Essa era a essência do gênio de Mamaw. Ela não apenas passava sermão, reclamava e dava ordens. Ela me mostrava o que era possível – uma tarde de domingo de paz com as pessoas que eu amava – e se certificava de que eu soubesse como chegar lá.

Páginas e páginas de estudos sociológicos atestam o efeito positivo de um lar amoroso e estável. Eu poderia citar dezenas deles, que sugerem que a casa de Mamaw não só me ofereceu abrigo a curto prazo, mas também uma vida melhor. Volumes inteiros são dedicados ao fenômeno das "crianças resilientes" – crianças que prosperam apesar de um lar instável porque têm o apoio de um adulto amoroso.

Sei que Mamaw foi boa para mim não porque algum psicólogo de Harvard diz isso, mas porque senti. Considere a minha vida antes de me mudar para a casa dela. No meio da terceira série deixamos Middletown e meus avós para vivermos em Preble County com Bob; ao fim da quarta série deixamos Preble County para vivermos num dúplex em Middletown no número 200 da McKinley Street; no fim da quinta série deixamos o número 200 da McKinley Street para o 300, e àquela altura Chip era figura frequente na nossa casa, apesar de nunca ter morado conosco; no fim da sexta série permanecemos no número 300 da McKinley Street, mas Chip tinha sido substituído por Steve (e houve muitas conversas sobre nos mudarmos para a casa de Steve); no fim da sétima série, Matt tinha tomado o lugar de Steve, Mamãe estava se preparando para morar com ele e torcia para que eu fosse com ela para Dayton; no fim da oitava série, ela exigiu que eu fosse para Dayton, e após um breve período na casa do meu pai, concordei; no fim do nono ano, fui para a casa de Ken – um estranho completo – e seus três filhos. Além de tudo isso, havia as drogas, a violência doméstica, o serviço social vasculhando nossas vidas e a morte de Papaw.

Hoje, lembrar dessa época para escrever provoca uma ansiedade intensa e indescritível em mim. Há não muito tempo, notei que uma amiga de Facebook (uma conhecida de colégio com raízes caipiras semelhantes) vivia mudando de namorado – entrando e saindo de relacionamentos, postando fotos de um sujeito numa semana, e de outro três semanas depois, brigando com seu novo caso na mídia social até a relação ruir publicamente. Ela tem a minha idade e é mãe de quatro filhos, e quando postou que tinha finalmente encontrado um homem que a trataria bem (um refrão que eu já tinha ouvido muitas vezes antes), a filha dela, de treze anos, comentou: "Pare com isso. Só quero que você pare com isso." Eu queria poder abraçar essa garotinha, porque sei como ela se sente. Por longos sete anos, só quis que minha mãe parasse com tudo aquilo. Não ligava tanto para as brigas, para os gritos ou mesmo para as drogas. Eu só queria um lar, queria ficar nele e queria que aqueles malditos estranhos desaparecessem.

Agora considere a minha vida depois que mudei para a casa de Mamaw definitivamente. No fim do primeiro ano do ensino médio, eu morava com Mamaw, na casa dela, e com mais ninguém. No fim do segundo ano do ensino médio, eu morava com Mamaw, na casa dela, e com mais ninguém. E no fim do terceiro ano, eu morava com Mamaw, na casa dela, e com mais ninguém. Poderia dizer que a paz na casa de Mamaw me ofereceu um ambiente seguro para fazer o dever de casa. Poderia dizer que o fato de não haver brigas e instabilidades de todo tipo permitiu que eu me concentrasse na escola e no trabalho. Poderia dizer que passar todo esse tempo na mesma casa com a mesma pessoa fez com que fosse mais fácil para mim construir amizades duradouras com outros adolescentes no colégio. Poderia dizer que ter um emprego e aprender um pouco sobre o mundo me ajudou a entender exatamente o que eu queria da vida. Em retrospecto, essas explicações fazem sentido, e tenho certeza de que há um pouco de verdade em tudo.

Estou certo de que um sociólogo e um psicólogo, juntos numa sala, poderiam explicar por que perdi o interesse pelas drogas, por que minhas notas melhoraram, por que tirei nota alta no SAT, a versão americana do Enem, e por que encontrei alguns professores que me inspiraram a amar aprender. Mas do que mais me lembro é que eu era *feliz* – não tinha mais medo do sinal da escola no fim do dia, sabia onde estaria morando no mês seguinte, e que as decisões românticas de uma pessoa não afetariam a minha vida. E dessa felicidade vieram muitas das oportunidades que tive nos últimos doze anos.

CAPÍTULO 10

Durante meu último ano de escola, fiz um teste para o time de golfe. Tinha feito aulas com um velho golfista profissional por um ano. No verão anterior, arrumei um emprego num campo local, onde eu podia treinar de graça. Mamaw nunca demonstrou qualquer interesse em esportes, mas me incentivava a aprender golfe porque "é quando os ricos fazem negócios". Apesar de sábia à sua maneira, Mamaw não entendia muito dos negócios e hábitos das pessoas ricas, e eu disse isso a ela.

– Cale a boca, seu merda – retrucou. – Todo mundo sabe que pessoas ricas adoram jogar golfe.

Mas quando eu praticava meu *swing* dentro de casa (eu não usava bola, então o único dano que causava era ao chão), ela me mandava parar de estragar o carpete.

– Mas Mamaw – protestei de forma sarcástica –, se você não me deixar treinar, nunca vou poder fazer negócios no campo de golfe. É melhor largar logo a escola e arranjar um emprego empacotando compras.

– Seu espertinho. Se eu não fosse aleijada, me levantava agora e te dava um pontapé na bunda.

Então ela me ajudou a pagar minhas aulas e pediu ao seu irmão mais novo (meu tio Gray), o mais jovem dos rapazes Blanton, para me arrumar alguns tacos velhos. Ele me mandou um belo conjunto de tacos MacGregors, melhores do que qualquer coisa que poderíamos ter tido condições financeiras de comprar sozinhos, e eu treinava o máximo possível. Quando chegou a época do teste para o time de golfe, eu já tinha desenvolvido meu *swing* o suficiente para não passar vergonha.

Não consegui entrar para o time, mas consegui melhorar o suficiente para poder jogar com meus amigos que entraram, e isso era tudo que eu realmente queria. Aprendi que Mamaw tinha razão: o golfe era um jogo de ricos. No campo onde eu trabalhava, poucos dos nossos clientes vinham dos bairros das classes trabalhadoras de Middletown. No meu primeiro dia de treino, fui com um sapato social, achando que aquilo era calçado de golfe. Quando um jovem empreendedor notou, antes do primeiro pino, que eu estava usando um par de sapatos sociais marrons da Kmart, ficou zombando de mim pelas quatro horas seguintes. Resisti ao impulso de enfiar meu taco na orelha maldita dele, lembrando do sábio conselho de Mamaw para "agir como se já tivesse estado lá". (Só uma observação sobre a lealdade caipira: ao se lembrar recentemente dessa história, Lindsay começou a discursar zangada sobre o quão idiota aquele cara era. O incidente ocorreu há treze anos).

Eu sabia, bem lá no fundo, que teria que tomar certas decisões sobre o meu futuro em breve. Todos os meus amigos planejavam fazer faculdade; o fato de eu ter amigos tão motivados vinha da influência de Mamaw. Quando eu estava na sétima série, muitos dos meus amigos do bairro já fumavam maconha. Mamaw descobriu e me proibiu de andar com eles. Reconheço que a maioria dos jovens ignora ordens como essa, mas a maioria dos jovens não as recebe de Bonnie Vance. Ela me garantiu que, se me visse junto com qualquer garoto da sua lista negra, ela o atropelaria com o carro.

– Ninguém vai ficar sabendo – sussurrou ameaçadoramente.

Com meus amigos indo para a faculdade, concluí que tinha que fazer o mesmo. Tirei notas boas o suficiente no SAT para superar as notas ruins nos meus primeiros anos escolares, e sabia que as duas únicas faculdades que me interessavam – Ohio State e a Universidade de Miami – me aceitariam. Alguns meses antes de me formar, eu tinha (confesso, sem pensar muito) optado por Ohio State. Um envelope grande chegou pelo correio, cheio de informações sobre o auxílio financeiro da universidade. Falavam sobre as Pell Grants, um susbsídio federal para estudantes de baixa renda, empréstimos subsidiados, empréstimos não subsidiados, bolsas de estudo e uma coisa chamada "trabalho-estudo". Era tudo muito empolgante, se ao menos Mamaw e eu conseguíssemos entender o que tudo aquilo significava. Matutamos sobre os formulários durante horas antes de concluirmos que eu poderia comprar uma boa casa em Middletown com a dívida que eu iria contrair indo para a faculdade. Não tínhamos começado a preencher os formulários ainda – isso exigiria outro esforço hercúleo outro dia.

A empolgação se transformou em apreensão, mas lembrei a mim mesmo que a faculdade seria um investimento no meu futuro.

– É a porra da única coisa em que vale a pena gastar dinheiro agora – disse Mamaw.

Ela tinha razão, mas quando passei a me preocupar menos com os formulários de auxílio financeiro, comecei a me preocupar por outro motivo: eu não estava pronto. Nem todos os investimentos são bons investimentos. Toda aquela dívida, e para quê? Para encher a cara o tempo todo e tirar notas horrorosas? Um bom desempenho na faculdade exigia determinação, e eu tinha muito pouca.

Meu histórico escolar deixava muito a desejar: dezenas de faltas e atrasos, e nenhuma atividade extracurricular. Eu estava, sem sombra de dúvida, numa trajetória ascendente, mas mesmo no final do colégio, notas C em matérias fáceis revelavam um aluno despreparado para o rigor da educação superior. Na casa de Mamaw, eu estava me curando, mas mesmo assim, enquanto analisávamos aqueles formulários de auxílio financeiro, eu não conseguia me livrar da sensação de que tinha um longo percurso pela frente.

Tudo na possível experiência sem uma estrutura formal da universidade me apavorava – desde ter que me alimentar de maneira saudável até ter que pagar minhas próprias contas sozinho. Eu nunca tinha feito nenhuma dessas coisas. Mas sabia que queria mais da vida. Sabia que queria me sair bem na faculdade, conseguir um bom emprego e oferecer à minha própria família as coisas que eu nunca tinha tido. Eu só não estava pronto para iniciar essa jornada. Foi quando minha prima Rachael – uma veterana dos Fuzileiros Navais – me aconselhou a pensar na Marinha:

– Lá eles vão dar um jeito em você.

Rachael era a filha mais velha do tio Jimmy, e, portanto, a líder da nossa geração de netos. Todos nós, inclusive Lindsay, admirávamos Rachael, então os conselhos dela tinham um peso grande.

Os ataques de 11 de setembro tinham ocorrido há apenas um ano, durante meu penúltimo ano de colégio e como qualquer caipira de respeito, cogitei ir para o Oriente Médio matar terroristas. Mas a perspectiva do serviço militar – os instrutores berrando sem parar, os exercícios físicos constantes, a distância da família – me assustava. Até Rachael me falar para conversar com um agente de recrutamento – argumentando implicitamente que ela achava que eu dava conta – entrar para o Corpo de Fuzileiros Navais me parecia tão plausível quanto ir para Marte. Mas, naquele momento, poucas semanas antes de ter que fazer um depósito para a Ohio State, eu não conseguia pensar em nada além dos Fuzileiros Navais.

Então num sábado no fim de março, entrei no escritório de um agente de recrutamento militar e perguntei a ele sobre o Corpo de Fuzileiros. Ele não tentou me vender nada. Me disse que eu ganharia muito pouco dinheiro e poderia até ir para a guerra.

– Mas lá vão lhe ensinar muito sobre liderança e vão transformá-lo num jovem disciplinado.

Isso despertou meu interesse, mas a ideia de J.D., Fuzileiro Naval dos Estados Unidos, ainda inspirava descrença. Eu era um garoto gordinho e de cabelos compridos. Quando nosso professor de educação física nos mandava correr um quilômetro e meio, eu caminhava pelo menos metade do percurso. Nunca tinha acordado antes das seis da manhã. E ali estava essa organização prometendo que eu acordaria regularmente às cinco da manhã e correria vários quilômetros por dia.

Voltei para casa e considerei minhas opções. Lembrei a mim mesmo que meu país precisava de mim e que sempre me arrependeria de não ter participado da mais nova guerra americana. Pensei em todos os benefícios concedidos por lei aos veteranos e em como isso me ajudaria a trocar as dívidas por liberdade financeira. Eu sabia que, acima de tudo, não tinha outra escolha. Havia nada, ou a universidade, ou os Fuzileiros, e eu não gostava das duas primeiras opções. Quatro anos no Corpo de Fuzileiros, disse a mim mesmo, me ajudariam a ser a pessoa que eu queria ser. Mas não queria sair de casa. Lindsay tinha acabado de ter a segunda filha, uma garotinha adorável, e estava esperando mais uma bebê, e meu sobrinho ainda era um garotinho. Os filhos de tia Wee também eram bebês. Quanto mais pensava, menos queria ir. E sabia que, se esperasse demais, me convenceria a não me alistar. Então duas semanas depois, quando a crise no Iraque se transformou na guerra do Iraque, assinei meu nome numa linha pontilhada e prometi ao Corpo de Fuzileiros Navais os primeiros quatro anos da minha vida adulta.

Inicialmente minha família caçoou de mim. Os Fuzileiros não eram para mim, as pessoas diziam isso na minha cara. Por fim, sabendo que eu não mudaria de ideia, todos se convenceram e alguns até pareciam empolgados com a ideia. Todos, isto é, exceto Mamaw. Ela tentou todas as técnicas de persuasão: "Você é um idiota filho da puta, eles vão te mastigar e depois te cuspir"; "Quem vai cuidar de mim?"; "Você é burro demais para entrar para os Fuzileiros"; "Você é inteligente demais para entrar para os Fuzileiros"; "O mundo está muito perigoso, vão explodir sua cabeça"; "Você não quer estar aqui para cuidar dos filhos de Lindsay?"; "Estou preocupada e não quero que você vá". Apesar de ela, num determinado momento, ter aceitado minha decisão, nunca gostou dela. Pouco depois de minha partida, o agente de recrutamento foi conversar com minha frágil avó. Ela o esperou de pé, do lado de fora, tão ereta quanto possível, e o encarou furiosa.

– Se colocar o pé na porra da minha varanda, vou explodir você – alertou.

– Achei que ela podia estar falando sério – me contou ele depois. Então a conversa aconteceu ali mesmo, no jardim da frente.

Meu maior medo quando fui para o campo de treinamento não era morrer no Iraque, ou não passar na peneira. Quase não me preocupava com essas coisas. Mas quando Mamãe, Lindsay e a tia Wee me levaram para pegar o ônibus que me deixaria no aeroporto, imaginei como seria a minha vida quatro anos depois. E vi um mundo sem a minha avó. Alguma coisa dentro de mim *sabia* que ela não iria sobreviver ao meu período no Corpo de Fuzileiros. Eu nunca mais voltaria para casa, pelo menos não em caráter permanente. Minha casa era em Middletown com Mamaw. Mas quando deixasse o Corpo de Fuzileiros, Mamaw não estaria mais lá.

O período de treinamento dos Fuzileiros Navais dura 13 semanas, cada uma com um foco diferente. Na noite em que cheguei à ilha Parris, na Carolina do Sul, um instrutor irritado recebeu meu grupo ao desembarcarmos do avião. Ele ordenou que entrássemos num ônibus e, após um curto trajeto, outro instrutor ordenou que saltássemos do ônibus e fôssemos para as tradicionais "pegadas amarelas". Ao longo das seis horas seguintes, fui cutucado e espetado por toda a equipe médica, recebi equipamento e uniformes, e perdi todo o meu cabelo. Tínhamos permissão para um telefonema, então, naturalmente, liguei para Mamaw e li o cartão que me entregaram:

– Cheguei em segurança à ilha Parris. Em breve mando meu endereço. Tchau.

– Espere aí, seu merdinha. Você está bem?

– Desculpe, Mamaw, não posso falar. Mas estou bem, sim. Escrevo assim que puder.

O instrutor, ao ouvir minhas frases adicionais, me perguntou em tom sarcástico se tinha dado tempo "para ela te contar a porra de uma história". Esse foi o primeiro dia.

Não há ligações telefônicas no campo. Só pude fazer uma, para Lindsay, quando fiquei sabendo que o meio-irmão dela tinha morrido. Percebi, através das cartas, o quanto a minha família me amava. Enquanto a maioria dos outros recrutas – era assim que nos chamavam; ainda tínhamos que conquistar o título de "fuzileiro naval", terminando aquele treinamento rigoroso – recebia uma carta a cada um ou dois dias, eu às vezes recebia meia dúzia por noite. Mamaw me escrevia todos os dias, às vezes mais de uma vez, oferecendo opiniões sobre o que havia de errado com o mundo em algumas cartas e algumas frases em fluxo de consciência noutras. Acima de tudo, Mamaw queria saber como eram os meus dias e me tranquilizar. Os agentes de recrutamento falavam para as famílias que do que mais precisávamos no campo eram palavras de estímulo, e Mamaw me dava isso aos montes. Enquanto eu lutava com instrutores de treinamento que berravam e uma rotina de exercícios físicos que levavam meu corpo fora de forma ao limite, eu lia todos os dias que Mamaw se orgulhava de mim, me amava e sabia que eu não iria desistir. Graças tanto a minha sabedoria quanto minha tendência herdada de acumular coisas, consegui guardar quase todas as cartas que recebi da minha família.

Muitas delas ilustravam de forma interessante a casa que deixei para trás. Uma foi a carta de Mamãe, perguntando se eu estava precisando de alguma coisa e dizendo que se orgulhava muito de mim. "Eu estava tomando conta das crianças" [de Lindsay], escreveu ela. "Eles estavam brincando com lesmas no jardim. Esmagaram uma e a mataram sem querer. Mas a joguei fora e disse a eles que ela não tinha morrido porque Kam ficou um pouco chateado, achando que eles a mataram." Essa é a melhor versão de Mamãe: amorosa e engraçada, uma mulher que adora os netos. Na mesma carta, uma referência a Greg, provavelmente algum namorado que tinha desaparecido da minha memória. E uma visão do nosso senso de normalidade: "O marido de Mandy, Terry", começa ela, falando de uma amiga, "foi preso por violação de condicional. Eles estão todos bem."

Lindsay também escrevia com frequência, mandando várias cartas no mesmo envelope, cada uma num papel de cor diferente, com instruções na parte de trás – "Leia esta em segundo lugar"; "Esta é a última". Cada uma das cartas tinha uma referência aos seus filhos. Fiquei sabendo do êxito de minha sobrinha em aprender a usar o banheiro, dos jogos de futebol do meu sobrinho, dos primeiros sorrisos da minha sobrinha mais nova e seus primeiros esforços para alcançar as coisas. Após uma vida de triunfos e tragédias compartilhadas, nós dois adorávamos os filhos dela mais do que qualquer outra coisa. Em quase todas as cartas que eu mandava para casa, pedia para ela "dar um beijo nas crianças e dizer a elas que eu as amo".

Separado da minha casa e da minha família pela primeira vez, aprendi muito sobre mim e minha cultura. Ao contrário da sabedoria popular, o militarismo não é um lugar para jovens de baixa renda sem outras opções. Os 69 membros do meu pelotão incluíam jovens negros, brancos e hispânicos; jovens ricos do norte do estado de Nova York e jovens pobres de West Virginia; católicos, judeus, protestantes e até alguns ateus.

Eu naturalmente era atraído pelos meus semelhantes. "A pessoa com quem mais falo", contei para a minha família na primeira carta que mandei para casa, "é de Leslie County, no Kentucky. Ele fala como alguém de Jackson. Eu estava contando a ele que merda que é os católicos terem tanto tempo livre e que eles conseguem isso por causa da forma como a igreja organiza o trabalho. Ele definitivamente é um cara do campo, porque respondeu: 'O que é um católico?' E expliquei que era apenas outra forma de cristianismo, e ele disse: 'Acho que eu talvez deva experimentar isso'." Mamaw entendeu exatamente de onde ele vinha. "Nessa parte do Kentucky todo mundo manipula serpentes", respondeu ela, se referindo ao ritual praticado em algumas igrejas das áreas rurais.

Durante meu tempo longe, Mamaw demonstrou uma vulnerabilidade que eu jamais havia visto. Sempre que recebia uma carta minha, ela ligava para a minha tia ou minha irmã, exigindo que alguém fosse até a casa dela na mesma hora para traduzir meu garrancho. "Eu amo você muito e sinto muito sua falta esqueço que você não está aqui penso que vai descer as escadas e eu vou gritar com você isso me dá uma impressão de que você não foi embora. Minhas mãos estão doendo hoje é a artrite eu acho... agora já vou indo escrevo mais tarde amo você por favor se cuide". As cartas de Mamaw nunca tinham a pontuação necessária e sempre incluíam alguns artigos, quase sempre da *Reader's Digest*, para ocupar meu tempo.

Ela ainda conseguia ser a clássica Mamaw: malvada e ferozmente leal. Após cerca de um mês de treinamento, tive uma discussão feia com o instrutor, que me colocou à parte por meia hora, me forçando a alternar polichinelo, abdominal e corridas curtas até eu estar completamente exausto. Isso era normal no campo, algo que quase todo mundo encarava em algum momento. Eu, aliás, tinha sorte por ter conseguido evitar por tanto tempo. "Querido J.D.", Mamaw escreveu quando soube do incidente, "devo dizer que eu estava esperando que esses babacas filhos da puta começassem a encher seu saco, e agora começaram. Ainda não inventaram palavras para mostrar o quanto eles me irritam... só continue fazendo o melhor que pode e não se esqueça de que esse imbecil com um QI de 2, que se acha um valentão, usa calcinha de mulher. Detesto todos eles." Quando li esse desabafo, concluí que Mamaw tinha descarregado. Mas no dia seguinte ela tinha mais a dizer: "olá querido só consigo pensar naqueles babacas do caralho gritando com você essa é minha função e não desses merdas. Estou brincando sei que você vai ser o que quiser porque você é inteligente e eles não são e sabem disso eu odeio eles odeio muito. Gritar é parte do jogo deles... continue fazendo tudo da melhor maneira possível e vai acabar na frente." Eu tinha a velha caipira mais malvada me dando cobertura, mesmo que ela estivesse a centenas de quilômetros de distância.

No campo, a hora de refeição é de uma eficiência maravilhosa. Você fica na fila do refeitório, segurando uma bandeja. Os atendentes derrubam *todas* as ofertas do dia no seu prato, tanto porque você tem medo de falar sobre o que não gosta quanto pelo fato de que você está com tanta fome que ficaria feliz em comer um cavalo morto. Você se senta e, sem olhar para o prato (isso não seria profissional de sua parte) ou balançar a cabeça (isso não seria profissional de sua parte), enfia comida na boca até que lhe mandem parar. Todo o processo não leva mais do que oito minutos, e no fim ou você ainda não está completamente cheio de comida até o pescoço ou está passando mal (mas a sensação é mais ou menos a mesma).

A única parte opcional das refeições é a sobremesa, separada em pequenos pratos no final da fila. Durante a primeira refeição do campo, peguei o pedaço de bolo oferecido e marchei para o meu lugar. *Se nada mais estiver bom*, pensei, *esse bolo certamente será a exceção*. Então meu instrutor, um homem branco e magrelo com um sotaque do Tennessee, parou na minha frente. Ele me olhou da cabeça aos pés com seus olhos pequenos e intensos e perguntou:

– Você está realmente precisando desse bolo, não é mesmo?, seu bundão gordo.

Eu me preparei para responder, mas a pergunta foi retórica, pois em seguida ele derrubou o bolo no chão e partiu para a próxima vítima. Nunca mais peguei o bolo.

Havia uma importante lição aqui, mas não era sobre comida, nem autocontrole, nem nutrição. Se você me dissesse que eu reagiria a esse insulto limpando o bolo do chão e voltando para o meu lugar, eu jamais acreditaria. As experiências da minha juventude me encheram de inseguranças. Em vez de me parabenizar por ter superado alguns obstáculos, me preocupei em *ser* superado pelos próximos. O treinamento do Corpo de Fuzileiros, com seus bombardeios de desafios grandes e pequenos, começaram a me ensinar que eu tinha me subestimado.

O campo de treinamento intensivo da Marinha é planejado para ser um desafio de vida ou morte. Desde o dia em que chegamos, ninguém nos chama pelo primeiro nome. Não se pode dizer "eu" porque nos ensinam a desconfiar da nossa própria individualidade. Toda pergunta começa com "Esse recruta": "Esse recruta precisa usar a cabeça?" (ir ao banheiro); "Esse recruta precisa visitar o homem do corpo?" (o médico). Os poucos idiotas que chegam ao campo com tatuagens dos Fuzileiros são impiedosamente censurados. A cada esquina os recrutas são lembrados de que não valem nada até terminarem o treinamento e conquistarem o título de "fuzileiro". Nosso pelotão começou com 83 e, quando terminamos, 69 permaneciam. Os que caíram fora – principalmente por motivos médicos – serviam para reforçar o valor do desafio.

Toda vez que o instrutor gritava comigo e eu aguentava firme com orgulho; toda vez que eu achava que ficaria para trás numa corrida e conseguia acompanhar o grupo; toda vez que eu aprendia a fazer alguma coisa que considerava impossível, como subir pela corda, eu me aproximava um pouquinho mais de acreditar em mim. Psicólogos chamam de "desamparo aprendido" quando uma pessoa acredita, como eu fiz durante a juventude, que as escolhas que fiz não tinham efeito nos resultados da minha vida. De um mundo com poucas expectativas em Middletown passando pelo constante caos da nossa casa, a vida me ensinou que eu não tinha controle. Mamaw e Papaw me salvaram de sucumbir totalmente a essa noção, e o Corpo de Fuzileiros Navais me abriu novos horizontes. Se eu tinha aprendido o desamparo em casa, os Fuzileiros estavam me ensinando a obstinação aprendida.

O dia em que completei o treinamento foi o que senti mais orgulho em toda a minha vida. Uma multidão de caipiras apareceu para a minha formatura – 18 no total – inclusive Mamaw, numa cadeira de rodas, embaixo de alguns cobertores, parecendo mais frágil do que eu me lembrava. Mostrei a todos a base, me sentindo como se tivesse acabado de ganhar na loteria, e quando fui liberado por dez dias no dia seguinte, fomos em caravana para Middletown.

No primeiro dia em casa, fui até a barbearia do velho amigo do meu avô. Fuzileiros devem manter os cabelos curtos, e eu não queria ser desleixado só porque não havia supervisão. Pela primeira vez, o barbeiro da esquina – uma espécie em extinção, embora eu não soubesse disso na época – me cumprimentou como adulto. Sentei na cadeira dele, contei algumas piadas sujas (a maioria eu tinha aprendido há apenas algumas semanas), e contei algumas histórias do treinamento. Quando ele tinha mais ou menos a minha idade, ele foi recrutado pelo exército para combater na Coreia, então trocamos algumas figurinhas sobre o Exército e o Corpo de Fuzileiros Navais. Depois do corte, ele se recusou a aceitar meu dinheiro, e me disse para eu me cuidar. Ele já tinha cortado meu cabelo várias vezes antes e eu passava pela barbearia dele quase todos os dias, durante dezoito anos. E aquela foi a primeira vez que ele apertou a minha mão e me tratou como um semelhante.

Tive muitas dessas experiências depois do treinamento. Nos primeiros dias como fuzileiro naval – todos passados em Middletown –, todas as interações foram uma revelação. Eu tinha perdido vinte quilos, então várias pessoas mal me reconheceram. Meu amigo Nate – que mais tarde seria meu padrinho de casamento – me olhou duas vezes quando estendi a mão para ele num shopping. Talvez eu estivesse também com outra postura. Minha velha cidade parecia achar que sim.

A minha nova perspectiva de vida se disseminava em todas as direções. Muitos pratos que eu comia antes agora violavam os padrões da forma física de um fuzileiro. Na casa de Mamaw tudo era frito – frango, pepino, tomate. Aquele sanduíche de mortadela com pão torrado e batatas fritas não me parecia mais saudável. Torta de amora, antes considerada tão saudável quanto qualquer prato feito de fruta (amoras) e grãos (farinha), perdeu o brilho. Comecei a perguntar coisas que nunca tinha perguntado antes: tem açúcar? Essa carne tem muita gordura saturada? E quanto de sal? Era só comida, mas eu estava começando a perceber que nunca mais veria Middletown do mesmo jeito. Em alguns poucos meses, os Fuzileiros Navais tinham mudado minha maneira de pensar.

Logo saí de casa para uma missão permanente, e a vida lá continuou como sempre. Tentava voltar sempre que podia e, com os fins de semana prolongados e as licenças generosas dos Fuzileiros, normalmente via a minha família a cada poucos meses. As crianças pareciam um pouco maiores cada vez que eu as encontrava, e Mamãe se mudou para a casa de Mamaw não muito depois que fui para o treinamento, apesar de não ter planos de ficar. A saúde de Mamaw parecia ter melhorado: ela estava andando melhor e até tinha engordado um pouco. Lindsay e tia Wee, assim como suas respectivas famílias, estavam bem e felizes. Meu maior medo antes de ir para o campo era que alguma tragédia assolasse minha família durante minha ausência, e eu não tivesse como impedir. Por sorte, nada disso estava acontecendo.

Em janeiro de 2005, descobri que minha unidade iria para o Iraque em alguns meses. Eu estava ao mesmo tempo animado e nervoso. Mamaw ficou muda quando liguei para contar. Após alguns segundos desconfortáveis de silêncio, ela só disse que torcia para que a guerra acabasse antes que eu tivesse que partir. Apesar de nos falarmos por telefone com frequência, nunca falávamos sobre o Iraque, mesmo quando o inverno se tornou primavera e todos sabiam que eu iria para a guerra no verão. Dava para perceber que Mamaw não queria tocar nem pensar no assunto, e fiquei quieto.

Mamaw estava idosa, frágil e doente. Eu não morava mais com ela, e me preparava para lutar uma guerra. Apesar de estar um pouco melhor, ela ainda tomava uma dúzia de remédios e ia ao hospital a cada três meses por causa de diversas doenças. Quando a AK Steel – que dava o plano de saúde para Mamaw como viúva de Papaw – anunciou que iria aumentar a mensalidade, Mamaw simplesmente não tinha condições de pagar. Ela mal sobrevivia com o que sobrava e agora precisava de mais trezentos dólares por mês. Ela um dia me contou isso, e eu imediatamente me ofereci para cobrir os gastos. Ela nunca tinha aceitado nada de mim – nem dinheiro do meu salário no Dillman's; nem parte do que eu ganhava na marinha. Mas aceitou meus trezentos dólares por mês e foi assim que eu soube que ela estava desesperada.

Eu mesmo não ganhava muito – perto de mil dólares líquidos, mas tinha moradia e comida, então o dinheiro rendia. Eu também ganhava uns trocados jogando pôquer on-line. Eu tinha o pôquer no sangue – jogava a centavos com Papaw e meus tios desde que me entendia por gente – e a onda do pôquer on-line na época basicamente tornava aquilo dinheiro fácil. Eu jogava dez horas por semana em mesas de apostas baixas, ganhando quatrocentos dólares por mês. Pretendia guardar esse dinheiro, mas em vez disso ajudei minha avó a pagar o plano de saúde. Mamaw naturalmente se preocupou que eu tivesse me viciado e estivesse jogando cartas em algum trailer com vários chefões do jogo caipiras, mas garanti a ela que era on-line e era legalizado.

– Bem, você sabe que não entendo nada dessa porra de internet. Só não se vicie em álcool e mulheres. É sempre isso que acontece com esses merdas que se envolvem na jogatina.

Eu e Mamaw amávamos o filme *Exterminador do futuro 2*. Provavelmente assistimos juntos cinco ou seis vezes. Mamaw via Arnold Schwarzenegger como a personificação do Sonho Americano: um imigrante forte e capaz que se deu bem. Mas eu enxergava o filme como uma espécie de metáfora da minha própria vida. Mamaw era minha guardiã, minha protetora e, se necessário, minha exterminadora. Independente do que a vida jogasse para cima de mim, eu ficaria bem porque ela estava ali para me proteger.

Pagar pelo plano de saúde dela me fez sentir, pela primeira vez na vida, como seu protetor. Isso me deu uma satisfação que eu nunca tinha imaginado possível – e como poderia? Nunca tive dinheiro para ajudar ninguém antes dos Fuzileiros. Agora, quando voltava para casa, podia levar Mamãe para almoçar, comprar sorvete para as crianças e bons presentes de Natal para Lindsay. Numa das minhas visitas, Mamaw e eu levamos os dois filhos mais velhos de Lindsay para o Parque Estadual Hocking Hills, no sudeste de Ohio, aos pés dos montes Apalaches, para encontrarmos tia Wee e Dan. Dirigi o caminho todo, paguei a gasolina e comprei jantar para todo mundo (admito que foram hambúrgueres na Wendy's). Me senti um homem, um adulto de verdade. Rir e brincar com as pessoas que eu mais amava enquanto elas comiam a comida que comprei me deu uma sensação de alegria e realização que palavras não são capazes de descrever.

Por toda minha vida oscilei entre o medo, nos meus piores momentos, e uma sensação de segurança e estabilidade nos melhores. Ou estava sendo perseguido pelo exterminador do mal, ou protegido pelo exterminador do bem. Mas nunca me senti com poder – nunca acreditei que tivesse a capacidade e a responsabilidade de cuidar de quem amava. Mamaw podia discursar sobre responsabilidade e trabalho duro, sobre eu vencer na vida e não ficar procurando desculpas. Nenhum discurso ou sermão de incentivo foi capaz de me mostrar qual era a sensação da transição de procurar abrigo para oferecê-lo. Tive que aprender isso sozinho, e depois que aprendi, não tinha como voltar atrás.

O aniversário de 72 anos de Mamaw era em abril de 2005. Algumas semanas antes eu estava na sala de espera de um centro automotivo do Walmart enquanto mecânicos trocavam o óleo do meu carro. Liguei para Mamaw para o celular que comprei com meu dinheiro, e ela me contou que estava tomando conta dos filhos de Lindsay.

– Meghan é uma danadinha – me disse ela. – Falei para ela ir cagar no vaso, e ela passou três horas falando "cagar no vaso, cagar no vaso, cagar no vaso" sem parar. Disse para ela parar ou eu me meteria em encrenca, mas ela continuou.

Eu ri, disse a Mamaw que a amava e avisei que o cheque de trezentos dólares estava a caminho.

– J.D., obrigada por me ajudar. Tenho muito orgulho de você. Eu te amo.

Dois dias depois, um domingo, acordei de manhã com uma ligação da minha irmã, falando que o pulmão de Mamaw tinha entrado em colapso e ela estava em coma no hospital, e que eu deveria voltar para casa o quanto antes. Duas horas depois, eu estava na estrada. Levei meu uniforme azul, caso precisasse dele para o funeral. No caminho, um policial em West Virginia me parou porque eu estava a 145 quilômetros por hora na estrada. Ele me perguntou por que eu estava com tanta pressa e quando expliquei, ele me disse que não havia radar pelos próximos 112 quilômetros e que, depois disso, eu cruzaria a fronteira de Ohio, então eu tinha que ir o mais rápido possível até lá. Peguei o aviso de excesso de velocidade, agradeci a ele profundamente e fui a 165 por hora até cruzar a divisa estadual. Fiz a viagem de treze horas em menos de onze.

Quando cheguei ao Hospital Regional de Middletown, toda minha família estava reunida em volta da cama de Mamaw. Ela não estava reagindo. Apesar de seu pulmão ter sido reinflado, a infecção que provocou o colapso não demonstrava sinais de responder ao tratamento. Até isso acontecer, o médico nos disse, seria uma tortura acordá-la – se é que ela acordaria.

Esperamos alguns dias por indícios de que a infecção estivesse cedendo. Mas todas as taxas mostravam o contrário: seus leucócitos continuavam subindo e alguns órgãos começaram a entrar em falência. O médico nos explicou que ela não tinha chances realistas de viver sem ventilação e um tubo de alimentação permanentes. Todos nós nos reunimos e decidimos que se, no dia seguinte, a contagem de glóbulos brancos de Mamaw tivesse aumentado ainda mais, iríamos desligar os aparelhos. Legalmente, aquela era uma decisão exclusiva da tia Wee, e nunca vou me esquecer de quando ela, com os olhos cheios de lágrimas, me perguntou se eu achava que ela estava cometendo um erro. Até hoje tenho convicção de que ela – e nós – tomamos a decisão certa. Mas acho que é impossível saber com certeza. Na época desejei que tivéssemos um médico na família.

O médico nos disse que, sem ventilação, Mamaw morreria em quinze minutos, no máximo uma hora. Em vez disso ela durou três horas, lutando até o último minuto. Todos estavam presentes – tio

Jimmy, Mamãe e tia Wee; Lindsay, Kevin e eu – e ficamos em volta da cama dela, sussurrando alternadamente ao seu ouvido, torcendo para que ela pudesse nos ouvir. Quando o coração dela começou a desacelerar e percebemos que o momento estava chegando, abri uma Bíblia num ponto aleatório e comecei a ler. Era Coríntios I, capítulo 13, versículo 12: "Hoje vemos como por um espelho, confusamente; mas então veremos face a face. Hoje conheço em parte; mas então conhecerei totalmente, como eu sou conhecido." Alguns minutos depois, ela morreu.

Não chorei quando Mamaw morreu, e não chorei durante dias. Tia Wee e Lindsay ficaram frustradas comigo, depois preocupadas. Você é tão estoico, elas diziam. Precisa passar pelo luto como todos nós, ou vai explodir.

Eu estava passando pelo luto à minha própria maneira, mas sentia que toda nossa família estava à beira de um colapso, e eu queria passar a impressão de que tinha força emocional. Todos nós sabíamos como Mamãe tinha reagido à morte de Papaw, mas a morte de Mamaw criou novas pressões: era hora de tomar providências, levantar as dívidas de Mamaw, vender a casa e dividir o que sobrasse. Pela primeira vez tio Jimmy entendeu o verdadeiro impacto financeiro de Mamãe sobre Mamaw – as contas das clínicas de reabilitação de drogas, os muitos "empréstimos" nunca pagos. Até hoje ele se recusa a falar com ela.

Para aqueles de nós que conhecemos a generosidade de Mamaw, sua situação financeira não foi nenhuma surpresa. Apesar de Papaw ter trabalhado e economizado por mais de quarenta anos, a única coisa de valor que restava era a casa que ele e Mamaw compraram cinquenta anos antes. E as dívidas de Mamaw eram grandes o suficiente para consumirem boa parte do valor da casa. Para nossa sorte, estávamos em 2005 – o ápice da bolha imobiliária. Se Mamaw tivesse morrido em 2008, a herança dela teria sido a falência.

No testamento, Mamaw dividiu o que sobrou entre os três filhos com um detalhe: a parte que cabia a Mamãe foi dividida igualmente entre mim e Lindsay. Isso, sem dúvida, contribuiu para a inevitável explosão de Mamãe. Eu estava tão envolvido com as questões financeiras da morte de Mamaw e passando o tempo com parentes que não via há meses que não percebi que Mamãe estava sucumbindo lentamente ao ponto em que chegou depois da morte de Papaw. Mas é difícil não notar um trem indo a toda na sua direção, então percebi a tempo.

Assim como Papaw, Mamaw queria um velório em Middletown, para que todos os seus amigos de Ohio pudessem estar lá e se despedir. Assim como Papaw, ela queria um segundo velório e o funeral em casa, em Jackson, na funerária Deaton's. Após o velório, a caravana partiu para Keck, um vale não muito longe de onde Mamaw nasceu, onde ficava o cemitério da nossa família. No folclore familiar, Keck tinha uma posição de honra ainda maior que o local de nascimento de Mamaw. Sua própria mãe – nossa adorada Mamaw Blanton – tinha nascido em Keck, e a irmã mais nova dela – tia Bonnie, ela mesma com quase noventa anos de idade – tinha uma bela casa de madeira na mesma propriedade. Depois de uma trilha curta que começa no chalé e sobe a montanha, fica a área do terreno relativamente plana que serve como o jazigo perpétuo a Papaw e a Mamaw Blanton, e diversos parentes, alguns nascidos no século XIX. Era para lá que nossa caravana se dirigia, através das estradas estreitas da montanha, para entregar Mamaw à família que tinha partido antes dela.

Fiz aquele caminho numa caravana funerária provavelmente uma meia dúzia de vezes, e cada curva revela uma paisagem que inspira a lembrança de tempos mais felizes. É impossível sentar no carro durante o caminho de vinte minutos e não contar histórias sobre os que se foram, todas elas começam com "Lembram quando...?". Mas depois do funeral de Mamaw, não ficamos nos lembrando de uma série de histórias amorosas sobre Mamaw, Papaw, tio Red e Teaberry, e aquela vez em que o tio David despencou montanha abaixo vários metros e escapou sem um arranhão... Em vez disso, Lindsay e eu ouvimos Mamãe nos dizer que estávamos *tristes demais*, que amávamos Mamaw *demais* e que Mamãe tinha mais direito de sofrer porque, nas palavras dela, "Ela era minha mãe, e não de vocês!".

Nunca senti tanta raiva de ninguém por motivo algum. Durante anos procurei desculpar Mamãe. Tentei ajudar a contornar seu problema com as drogas, li todos aqueles livros estúpidos sobre vício e a acompanhei a reuniões dos Narcóticos Anônimos. Suportei, e nunca reclamei, uma infinidade de figuras paternas que me deixaram vazio e incapaz de confiar nos homens. Concordei em entrar no carro no dia em que ela ameaçou me matar e depois fiquei diante de um juiz e menti para que ela não fosse presa. Me mudei para a casa dela e de Matt, e depois para a casa dela e de Ken, porque queria que ela melhorasse, e achei que se jogasse o jogo, havia uma chance de isso acontecer. Durante anos, Lindsay me chamou de "filho misericordioso" – o que enxergava o melhor em Mamãe, o que arrumava desculpas, o que acreditava. Abri a boca para cuspir veneno puro na direção de Mamãe, mas Lindsay falou primeiro:

– Não, Mãe. Ela era nossa mãe também.

Isso disse tudo, então continuei em silêncio.

No dia seguinte ao funeral, voltei para a Carolina do Norte para a minha unidade dos Fuzileiros. No caminho, numa estrada estreita por entre as montanhas na Virginia, derrapei numa curva e perdi o controle do carro. Fui rodando muito rápido na direção da mureta de proteção. Por um instante pensei que fosse o fim – que fosse bater na mureta e encontrar Mamaw um pouco mais cedo do que o esperado – quando, de repente, o carro parou. Foi o mais próximo que já cheguei de um evento sobrenatural qualquer. Apesar de ter certeza de que alguma lei das forças de atrito pode explicar o que aconteceu, imaginei que Mamaw tivesse impedido o carro de despencar pelo abismo. Fiz a volta, peguei a minha faixa e parei no acostamento. Foi aí que desabei e liberei todas as lágrimas que tinha segurado durante as últimas duas semanas. Falei com Lindsay e com a tia Wee antes de reiniciar minha viagem e em poucas horas estava de volta à base.

Meus últimos dois anos no Corpo de Fuzileiros Navais passaram voando e foram muito tranquilos, apesar de dois incidentes terem se destacado, cada qual fala sobre como os Fuzileiros mudaram minha maneira de ver o mundo. O primeiro foi no Iraque, onde tive a sorte de escapar de qualquer confronto de verdade, e me afetou profundamente. Como fuzileiro de relações públicas, eu me juntava a diferentes unidades para conhecer sua rotina. Às vezes acompanhava a imprensa civil, mas normalmente tirava fotos ou escrevia artigos sobre fuzileiros ou seu trabalho. No início da minha missão, acompanhei uma unidade de assuntos civis para fazer a divulgação do trabalho deles. Missões de assuntos civis eram tipicamente consideradas mais perigosas, pois um número reduzido de fuzileiros se aventurava em territórios desprotegidos para encontrar alguém. Na nossa missão em particular, os fuzileiros sêniores foram se encontrar com diretores de escola enquanto o resto de nós fazia a segurança ou brincava com alunos, jogando futebol e distribuindo balas e materiais escolares. Um menino muito tímido se aproximou de mim e estendeu a mão. Quando lhe entreguei uma pequena borracha, seu rosto se iluminou de alegria rapidamente antes de ele correr para a família, triunfante, com seu prêmio de dois centavos. Nunca vi tanta alegria no rosto de uma criança.

Não acredito em epifanias. Não acredito em momentos transformadores, pois transformações são mais difíceis do que um momento. Já vi gente demais imbuída de um desejo genuíno de mudar, que perde o foco rapidamente quando percebe o quanto é difícil mudar. Mas aquele instante, com aquele menino, foi bem próximo de uma epifania para mim. Por toda a minha vida, trouxe dentro de mim um ressentimento contra o mundo. Tinha raiva da minha mãe e do meu pai, e de tudo que eles me fizeram passar, raiva por ter que ir de ônibus para a escola enquanto os outros alunos pegavam carona com os amigos, raiva por minhas roupas não serem de marca, raiva por meu avô ter morrido, raiva por morar numa casa pequena e caindo aos pedaços. Essa raiva não desapareceu num instante, mas enquanto eu olhava para aquela multidão de crianças numa escola sem água, numa nação assolada pela guerra, e para aquele menino feliz com sua borracha, comecei a apreciar minha própria sorte: nasci no melhor país do mundo, com todas as conveniências modernas ao meu alcance; sempre recebi o apoio de dois adoráveis caipiras; e era parte de uma família que, mesmo com todas as suas peculiaridades, me amava incondicionalmente. Naquele momento, decidi ser o tipo de homem que sorriria quando alguém lhe desse uma borracha. Ainda não cheguei lá, mas sem aquele dia no Iraque, não estaria tentando.

O outro componente transformador da minha experiência no Corpo de Fuzileiros Navais foi constante. Desde o primeiro dia, com aquele instrutor berrando com um louco e o pedaço de bolo, até o último, quando peguei meu certificado de dispensa e corri para casa, os Fuzileiros Navais me ensinaram a viver como adulto.

O Corpo de Fuzileiros presume ignorância máxima dos que se alistam. Presume que ninguém lhe ensinou nada sobre forma física, higiene pessoal ou finanças pessoais. Fiz aulas obrigatórias sobre como equilibrar minhas contas, economizar, e investir. Quando ia voltar para casa com meu salário de 1.500 dólares e depositá-los num banco regional medíocre, um fuzileiro sênior me levou ao Navy Federal – um instituição financeira respeitada – e me fez abrir uma conta. Quando tive faringite estreptocócica e estava tentando bancar o durão, meu comandante percebeu e mandou que eu fosse ao médico.

Costumávamos reclamar constantemente sobre a grande diferença percebida entre nosso emprego e os empregos de civis: no mundo civil, seu chefe não podia controlar sua vida depois que você saísse do trabalho. No Corpo de Fuzileiros, meu chefe não só se certificava de que eu fizesse um bom trabalho, mas também de que eu mantivesse meu quarto arrumado, meu cabelo cortado e meus uniformes limpos e passados. Ele mandou um fuzileiro mais velho me supervisionar quando fui comprar meu primeiro carro para que eu acabasse com um carro prático, como um Toyota ou um Honda, e não com o BMW que eu queria. Quando quase concordei em financiar a compra diretamente pela concessionária com uma taxa de juros de 21%, o cara que que acompanhava ordenou que eu ligasse para o Navy Federal e me informasse sobre a taxa deles (os juros eram menos da metade). Eu não fazia ideia de que as pessoas faziam essas coisas. Comparar bancos? Achava que era tudo igual. Pesquisar antes de fazer um empréstimo? Me sentia tão sortudo de conseguir um empréstimo que estava pronto para aceitar quaisquer condições sem pestanejar. O Corpo de Fuzileiros exigia que eu pensasse estrategicamente sobre todas as decisões e depois me ensinava a executá-las.

E tão importante quanto, o Corpo de Fuzileiros mudou a expectativa que eu tinha para mim mesmo. No treinamento, pensar em subir numa corda de nove metros me aterrorizava; no fim do meu primeiro ano, eu conseguia subir essa corda usando apenas um braço. Antes de me alistar, eu nunca tinha corrido um quilômetro e meio sem parar. No meu último teste físico, eu corria cinco quilômetros em dezenove minutos. Foi nos Fuzileiros que, pela primeira vez, mandei homens adultos fazerem algum coisa e vi que eles tinham me ouvido; foi onde aprendi que liderança depende muito mais de conquistar o respeito dos seus subordinados do que dar ordens a eles; foi onde aprendi a conquistar esse respeito; e onde vi que homens e mulheres de diferentes classes sociais e raças podiam trabalhar juntos e formar uma boa equipe e criar laços como uma família. Foi no Corpo de Fuzileiros que me foi dada a primeira oportunidade de realmente fracassar. Eles me fizeram agarrar essa oportunidade e, quando fracassei, me deram uma nova chance.

Quando você trabalha em relações públicas, os fuzileiros mais graduados se relacionam diretamente com a imprensa. A imprensa é o Santo Graal das relações públicas do Corpo de Fuzileiros: sua maior plateia e seu maior inimigo. Nosso oficial de mídia em Cherry Point era um capitão que, por motivos que jamais entendi, rapidamente se desgastou com o chefe da base. Apesar de ser um capitão – oito patentes acima da minha – por causa das guerras do Iraque e do Afeganistão, não havia substituto pronto quando ele foi desligado. Então meu chefe me disse que pelos próximos nove meses (até o fim do meu serviço), eu seria o oficial das relações de imprensa de uma das maiores bases militares da Costa Leste.

Àquela altura eu já tinha me acostumado à natureza por vezes aleatória das missões do Corpo de Fuzileiros. Mas isso era algo completamente diferente. Como um amigo meu brincou, eu tinha um rosto muito bom... para o rádio e não estava pronto para entrevistas ao vivo na tevê sobre os acontecimentos da base. O Corpo de Fuzileiros me atirou aos lobos. Sofri um pouco no começo – permiti que alguns fotógrafos tirassem fotos de um avião secreto; e falei fora de ordem numa reunião com oficiais sêniores – e fui descascado. Meu chefe, Shawn Haney, me explicou o que eu tinha que fazer para me corrigir. Discutimos como construir a relação com a imprensa, como se manter no assunto e como administrar meu tempo. Melhorei e, quando centenas de milhares vieram a nossa base para um show aéreo bianual, nossas relações com a mídia foram tão bem que recebi uma medalha.

A experiência me ensinou uma lição valiosa: que eu era capaz. Eu conseguia trabalhar 24 horas por dia quando precisava. Eu conseguia falar com clareza e confiança na frente de câmeras de tevê. Eu conseguia ficar numa sala com majores, coronéis e generais e dar conta. Eu conseguia fazer o trabalho de um capitão mesmo quando tinha medo de não conseguir.

Mesmo com todos os esforços de Mamaw, com todos os seus discursos de que "você consegue fazer qualquer coisa, não seja como esses merdas que acham que não estão com 'uma boa mão'", a mensagem só tinha sido parcialmente assimilada antes de eu me alistar. Ao meu redor havia outro recado: eu e pessoas como eu não éramos bons o suficiente; o motivo pelo qual de Middletown não saía um graduado nas melhores faculdades do país era um defeito genético ou de caráter. Eu não conseguia enxergar o quão destrutiva era essa mentalidade até escapar dela. O Corpo de Fuzileiros a substituiu por algo diferente, algo que abomina desculpas. "Dar tudo de mim" era um slogan, algo que eu ouvia nas aulas de educação física. A primeira vez que corri cinco quilômetros, ligeiramente impressionado com meu tempo medíocre de 25 minutos, um instrutor sênior assustador estava me esperando na linha de chegada:

– Se não está vomitando, é um preguiçoso de marca maior! Deixe de ser preguiçoso!

Ele então ordenou que eu corresse até uma árvore e voltasse repetidamente. Só quando achei que estivesse prestes a desmaiar, ele me mandou parar. Eu estava ofegante, mal conseguia respirar.

– É assim que você deve ficar ao fim de toda corrida! – gritou ele.

No Corpo de Fuzileiros, dar tudo de si é um modo de vida.

Não estou dizendo que capacidade não importa. Certamente ajuda. Mas existe algo poderoso em perceber que você se subestimou – que, de algum jeito, a sua mente confundiu falta de esforço com falta de capacidade. É por isso que sempre que as pessoas me perguntam o que eu mais gostaria de mudar na classe trabalhadora branca americana, respondo: "A ideia de que nossas escolhas não importam." O Corpo de Fuzileiros extraiu essa ideia de dentro de mim como um cirurgião remove um tumor.

Alguns dias depois do meu vigésimo terceiro aniversário, fiz minha primeira grande compra – um velho Honda Civic – peguei meus documentos de liberação e dirigi pela última vez de Cherry Point, na Carolina do Norte, para Middletown, em Ohio. Durante os quatro anos no Corpo de Fuzileiros vi, no Haiti, um grau de pobreza que nunca soube que existia. Testemunhei as terríveis consequências de um acidente aéreo num bairro residencial. Vi Mamaw morrer e fui para a guerra poucos meses depois. Fiz amizade com um ex-traficante de crack que acabou se mostrando um dos fuzileiros mais empenhados que conheci.

Quando entrei para os Fuzileiros, em parte o fiz porque não estava pronto para a vida adulta. Não sabia como organizar minhas contas e muito menos como preencher os formulários de auxílio financeiro para a faculdade. Agora sabia exatamente o que queria da vida e como conseguir. E em três semanas começaria a estudar na Ohio State.

CAPÍTULO 11

Cheguei para a orientação na Ohio State no início de setembro de 2007, e não poderia estar mais animado. Lembro de cada detalhe sobre aquele dia: almoço no Chipotle, foi a primeira vez que Lindsay comeu nesse restaurante; a caminhada do prédio da orientação para a casa ao sul do campus que em breve se tornaria minha casa em Columbus; o dia lindo. Encontrei um orientador que me explicou a minha primeira grade de horários na faculdade. Eu só tinha aula quatro dias por semana, nunca antes das nove e meia da manhã. Depois dos Fuzileiros e de acordar às cinco e meia, mal pude acreditar na minha própria sorte.

O campus principal da Ohio State em Columbus fica a mais ou menos 160 quilômetros de Middletown, o que significava que era próximo o suficiente para visitar minha família nos fins de semana. Pela primeira vez em anos, eu podia ir a Middletown quando me desse vontade. E enquanto Havelock (a cidade da Carolina do Norte mais próxima da minha base) não era muito diferente de

Middletown, Columbus parecia um paraíso urbano. Columbus era (e continua sendo) uma das cidades que mais crescem no país, alimentada em parte pela universidade agitada que agora era minha casa. Os formados na Ohio State estavam abrindo negócios, edifícios históricos estavam sendo convertidos em novos restaurantes e bares, e até os piores bairros pareciam passar por significativa revitalização. Não muito depois da minha mudança para Columbus, um dos meus melhores amigos começou a trabalhar como diretor de promoções de uma rádio local, então eu sempre sabia o que estava acontecendo pela cidade e sempre tinha entrada para os melhores eventos, desde festivais locais a ingressos VIP para o show anual de fogos de artifício.

De muitas maneiras, a universidade me pareceu muito familiar. Fiz muitos amigos novos, mas praticamente todos eles eram do sudoeste de Ohio. Dos meus seis colegas de quarto cinco se formaram na Middletown High School e um na Edgewood High School de Trenton, uma cidade próxima. Eles eram um pouco mais novos (o Corpo de Fuzileiros me fez passar da idade de um calouro típico), mas eu conhecia a maioria deles da minha cidade. Meus amigos mais próximos já tinham se formado, ou estavam prestes a isso, mas muitos ficaram em Columbus após a formatura. Apesar de não saber disso, eu estava testemunhando um fenômeno que cientistas sociais chamam de "fuga de cérebros" – quando pessoas têm oportunidade de sair de cidades em dificuldade e encontram um novo lar com perspectiva de educação e trabalho. Anos depois, olhei para os meus seis padrinhos de casamento e percebi que cada um deles tinha, assim como eu, crescido numa cidade pequena naquele estado antes de irem para a Ohio State. Todos eles, sem exceção, tinham encontrado carreiras fora de suas cidades natais, e nenhum tinha o menor interesse em voltar.

Quando comecei na Ohio State, o Corpo de Fuzileiros tinha me imbuído de uma incrível sensação de invencibilidade. Eu frequentava as aulas, fazia meus trabalhos, estudava na biblioteca e voltava para casa a tempo de beber até depois da meia-noite com meus amigos, para acordar cedo no outro dia e sair para correr. Minha agenda era intensa, mas tudo que havia me feito temer a vida independente da universidade quando eu tinha dezoito anos parecia mamão com açúcar agora. Eu tinha quebrado a cabeça com aqueles formulários de auxílio financeiro com Mamaw alguns anos antes, e fiquei na dúvida quanto a colocar Mamãe ou ela como "pai ou responsável". Ficamos preocupados que, a não ser que eu de algum jeito obtivesse e informasse os dados financeiros de Bob Hamel (legalmente o meu pai), fosse acusado de fraude. Toda essa experiência nos deixou dolorosamente conscientes da nossa falta de familiaridade com o mundo lá fora. Eu tinha quase fracassado no colégio, tirando Ds e Fs em inglês. Agora pagava minhas próprias contas e tirava A em todas as matérias que fazia na faculdade. Eu me sentia completamente no controle do meu destino de um jeito que nunca tinha acontecido antes.

Eu sabia que a Ohio State era tudo ou nada para mim. Tinha deixado o Corpo de Fuzileiros não só com a sensação de que podia fazer o que quisesse, mas também com a capacidade de me planejar. Eu queria fazer Direito, e sabia que para entrar na melhor faculdade, teria que tirar notas boas na universidade, e nota máxima no temido exame de admissão para a escola de direito [nos Estados Unidos, primeiro a pessoa se forma na faculdade e depois cursa a escola de direito]. Havia muito que eu não sabia, é claro. Não sabia explicar de fato porque queria estudar Direito, além do fato de que em Middletown as "crianças ricas" eram filhas de médicos ou advogados, e eu não queria trabalhar com sangue. Não sabia muito sobre as opções que existiam, mas meu pouco conhecimento me deu, pelo menos, uma direção, e isso era tudo de que eu precisava.

Eu detestava dívidas e a sensação de limitação que ela impunha. Apesar dos benefícios concedidos aos veteranos de guerra pagarem uma parte significativa da minha educação, e a Ohio State cobrar relativamente pouco de residentes do estado, eu ainda precisava cobrir cerca de vinte mil dólares por conta própria. Arranjei um emprego na Ohio Statehouse, a sede do governo do estado de Ohio, e trabalhava para um senador extremamente gentil da área de Cincinnati chamado Bob Schuler. Ele era um bom sujeito, e eu gostava da política que ele fazia, então quando constituintes ligavam e reclamavam, eu tentava explicar suas posições. Via lobbystas entrando e saindo, e ouvia o senador e sua equipe discutirem se um projeto era bom para seus constituintes, bom para o estado, ou bom para ambos. Observar o processo político de dentro me fez apreciá-lo de um jeito que assistir aos jornais da tevê nunca fez. Mamaw achava que todo político era ladrão, mas aprendi que, independente de suas posições políticas, isso estava longe de ser verdade na Ohio Statehouse.

Após alguns meses trabalhando lá, enquanto minhas contas se acumulavam e eu encontrava cada vez menos formas de compensar a diferença entre meus gastos e meus ganhos (a pessoa só pode doar sangue duas vezes por semana, descobri), decidi arrumar outro emprego. Uma organização sem fins lucrativos anunciou uma vaga de meio período que pagava dez dólares a hora, mas quando apareci para a entrevista usando calças cáqui, uma camisa verde horrenda e botas de combate dos Fuzileiros Navais (meu único calçado que não era tênis na época), percebi a reação da pessoa que me entrevistou e sabia que não tinha tido sorte. Mal reparei no e-mail de resposta que chegou uma semana depois. Também havia oferta de emprego numa outra organização sem fins lucrativos local que trabalhava com crianças que sofreram abuso e negligência, e eles também pagavam dez dólares por hora. Comprei uma camisa melhor e um par de sapatos pretos, e consegui o trabalho de "consultor". Eu gostava da missão da organização, e eles eram pessoas incríveis. Comecei a trabalhar imediatamente.

Com dois empregos e uma grade acadêmica lotada, minha agenda ficou mais pesada, mas não me importei. Não percebi que havia algo inusitado nos meus compromissos até um professor mandar um e-mail pedindo para me encontrar depois da aula para discutirmos um trabalho. Quando ele viu minha agenda, ele ficou chocado e me disse vigorosamente que eu deveria me concentrar na minha educação e não deixar que o trabalho me distraísse. Sorri, apertei a mão dele, agradeci, mas não segui o conselho. Eu gostava de ficar acordado até tarde para trabalhar em projetos, acordar cedo depois de apenas três ou quatro horas de sono e me parabenizar por ter a capacidade de fazer isso. Após tantos anos de medo do meu próprio futuro, de preocupação com a possibilidade de acabar como tantos dos meus vizinhos e familiares – viciado em drogas, preso, ou com filhos que eu não poderia ou não iria criar – eu me sentia num momento incrível. Conhecia as estatísticas. Tinha lido os panfletos no escritório da assistente social quando pequeno. Tinha reconhecido o olhar de pena da dentista na clínica para pessoas de baixa renda. Eu não deveria vencer na vida, mas estava me saindo bem sozinho.

Fui longe demais? Definitivamente. Não dormia o suficiente. Bebia demais, e comia Taco Bell em quase todas as refeições. Depois de uma semana sofrendo do que achei que fosse uma gripe muito forte, um médico me disse que eu estava com mononucleose. Ignorei-o e continuei vivendo como se remédios para gripe, para a noite e para o dia, fossem elixires mágicos. Após uma semana assim, minha urina adquiriu uma coloração marrom nojenta, e eu estava com uma febre de quarenta graus. Percebi que devia me cuidar, então tomei alguns comprimidos de Tylenol junto com algumas cervejas e fui dormir.

Quando Mamãe descobriu o que estava acontecendo, dirigiu até Columbus e me levou para a emergência. Ela não era perfeita, nem trabalhava mais como enfermeira, mas se orgulhava de supervisionar cada interação que tínhamos com o sistema de saúde. Ela fez as perguntas certas, se irritou com os médicos quando eles não deram respostas diretas e se certificou de que eu tivesse tudo de que precisava. Passei dois dias inteiros no hospital enquanto os médicos esvaziavam cinco sacos de soro para me reidratar e descobri que eu tinha contraído uma infecção por estafilococos além da mononucleose, o que explicava porque fiquei tão mal. Os médicos me liberaram e Mamãe me buscou no hospital e me levou para casa para que eu me recuperasse.

Minha doença durou mais algumas semanas, que, felizmente, coincidiram com o recesso entre os semestres de primavera e verão. Enquanto estive em Middletown, me dividi entre as casas da tia Wee e de Mamãe; ambas cuidaram de mim e me trataram como filho. Foi minha primeira introdução de fato a exigências emocionais em competição de Middletown num mundo pós Mamaw: eu não queria ferir os sentimentos de Mamãe, mas o passado havia criado fendas que provavelmente jamais desapareceriam. Nunca encarei essas demandas. Nunca expliquei a Mamãe que, por mais gentil e carinhosa que ela pudesse ser em qualquer momento – e enquanto estive com mononucleose ela não poderia ter sido uma mãe melhor –, eu simplesmente não me sentia confortável perto dela. Dormir na casa dela significava conversar com o marido número cinco, um homem gentil, porém um estranho que jamais seria nada para mim além de um futuro ex de Mamãe. Significava olhar para os móveis e me lembrar do tempo em que me escondia atrás deles durante uma de suas brigas com Bob. Significava tentar entender como Mamãe podia ser essa contradição ambulante – uma mulher que ficava comigo pacientemente no hospital durante dias, e uma viciada que mentiria para a família para tentar arrancar dinheiro deles um mês depois.

Eu sabia que minha relação cada vez mais próxima com a tia Wee iria ferir os sentimentos de Mamãe. Ela falava disso o tempo todo. "Eu sou sua mãe, e não ela", repetia. Até hoje fico me perguntando se Mamãe poderia ter ficado melhor se como adulto eu tivesse a coragem que tinha quando criança. Viciados ficam mais vulneráveis durante períodos emocionalmente desgastantes, e eu sabia que tinha o poder de tirá-la de, pelo menos, alguns momentos de tristeza. Mas eu não conseguia mais. Não sabia o que tinha mudado, mas não era mais aquela pessoa. Talvez não fosse mais do que autopreservação. De toda forma, eu não conseguia fingir que me sentia em casa com ela.

Após algumas semanas de mononucleose, me senti bem o suficiente para voltar para Columbus e para as aulas. Tinha emagrecido muito – sete quilos e meio em quatro semanas –, mas, fora isso, me sentia bem. Com as contas do hospital que vieram se somar às minhas despesas regulares, tive que arrumar um terceiro emprego (como tutor para o SAT de Princeton), que pagava um incrível valor de dezoito dólares a hora. Três empregos eram demais, então larguei o meu preferido – o no governo do estado de Ohio – porque era o que me pagava menos. Eu precisava de dinheiro e da liberdade financeira que vinha com ele, e não de um trabalho recompensador. Isso, eu disse a mim mesmo, viria depois.

Pouco depois que saí, o governo de Ohio começou a debater uma medida que reduziria os empréstimos por agiotagem significativamente. O senador para quem eu trabalhava foi contra o projeto (um dos poucos a fazê-lo), e apesar de não ter explicado por quê, gosto de achar que talvez ele e eu tenhamos algo em comum. Os outros senadores e a equipe do projeto pouco consideravam o papel dos que emprestam dinheiro na economia informal em que pessoas como eu viviam. Para eles, pessoas que emprestam dinheiro a juros eram tubarões predatórios, cobrando taxas de juros altas sobre empréstimos e taxas exorbitantes por cheques descontados. Quanto mais cedo desaparecessem, melhor.

Para mim, esses empréstimos podiam resolver problemas financeiros importantes. Eu tinha pouco crédito, graças a diversas decisões financeiras (algumas das quais não foram culpa minha, muitas outras foram), então cartões de crédito não eram uma possibilidade. Se eu quisesse levar uma garota para jantar, ou precisasse de um livro para a faculdade e não tivesse dinheiro no banco, não tinha muitas opções (possivelmente poderia ter pedido para minha tia ou meu tio, mas queria desesperadamente fazer as coisas sozinho). Numa manhã de sexta-feira, entreguei o cheque do aluguel, mesmo não tendo saldo suficiente, sabendo que se esperasse mais um dia, pagaria uma multa de cinquenta dólares. Eu ia receber naquela sexta e poderia depositar o pagamento depois do trabalho. No entanto, após um dia longo na Ohio Statehouse, esqueci de pegar meu pagamento antes de sair. Quando percebi o erro, já estava em casa e a equipe da Statehouse tinha ido embora e só voltaria na segunda-feira. Naquele momento, um empréstimo de três dias, com poucos dólares de juros, permitiu que eu não entrasse no cheque especial. Os legisladores que debatiam os méritos do empréstimo por agiotagem não mediram situações como essa. A lição? Pessoas poderosas às vezes fazem coisas para ajudar gente como eu, sem de fato entenderem gente como eu.

Meu segundo ano na universidade começou basicamente como o primeiro, com um dia lindo e muita animação. Com o novo emprego, eu estava um pouco mais ocupado, mas não me importava com o trabalho. O que me incomodava era a sensação de que, aos 24 anos, eu era velho para estar apenas no segundo ano de universidade. Mas com quatro anos de experiência no Corpo de Fuzileiros, havia mais do que apenas a idade me separando dos outros alunos. Durante um seminário sobre política externa, fiquei ouvindo um colega de turma de dezenove anos e com uma barba horrorosa falar sobre a guerra do Iraque. Ele explicou que os combatentes eram normalmente menos inteligentes do que aqueles que (assim como ele) ingressavam na universidade. Isso ficava claro, ele alegou, pela forma cruel como os soldados assassinavam e desrespeitavam civis iraquianos. Era uma avaliação absurda – meus amigos do Corpo de Fuzileiros se dividiam no espectro político e tinham todo o tipo de opinião possível sobre a guerra. Muitos deles eram liberais que não morriam de amores por nosso presidente – naquele momento George W. Bush – e achavam que ele tinha sacrificado muito por pouco. Mas nenhum deles jamais havia dito uma asneira tão despropositada.

Enquanto o aluno falava sem parar, pensei sobre os treinamentos intermináveis sobre como respeitar a cultura iraquiana – nunca mostrar a sola do sapato a ninguém, nunca se dirigir a uma mulher com trajes muçulmanos tradicionais sem antes falar com o parente do sexo masculino. Pensei na segurança que oferecemos a trabalhadores iraquianos e como explicávamos a todos cuidadosamente a importância da missão sem jamais forçar nossa visão política a eles. Pensei no jovem iraquiano (que não falava uma palavra de inglês) que cantava perfeitamente cada palavra do rap "In Da Club", do 50 Cent, e em como depois rimos todos junto com ele e seus amigos. Pensei nos meus amigos que ficaram cobertos de queimaduras de terceiro grau, "sortudos" por terem sobrevivido à explosão de uma bomba caseira na região Al-Qaim do Iraque. E aqui estava esse merdinha barbudo falando para a turma que assassinamos pessoas por esporte.

Senti uma necessidade imediata de terminar a faculdade o quanto antes. Encontrei meu orientador acadêmico e armei a minha saída – eu precisaria estudar no verão e fazer mais do que o dobro da carga do curso em alguns períodos. Foi, até para os meus padrões, um ano muito intenso. Durante um fevereiro particularmente terrível, me sentei com o calendário e contei o número de dias desde a última vez que tinha dormido mais de quatro horas no dia. Eram 39. Mas continuei e, em agosto de 2009, após um ano e onze meses na Ohio State, me formei em duas especialidades, com louvor. Tentei faltar a minha cerimônia de formatura, mas minha família não deixou. Então me sentei numa cadeira desconfortável por três horas antes de atravessar o palanque para pegar meu diploma universitário. Quando Gordon Gee, o então presidente da Universidade Ohio State, pousou para uma foto absurdamente longa com a garota que me antecedeu na fila, estendi a mão para a assistente dele, pedindo, sem palavras, o meu diploma. Ela me entregou, e passei por trás do dr. Gee e desci do palanque. Devo ter sido o único a não apertar a mão dele naquele dia. *Agora vamos para o próximo passo*, pensei.

Eu sabia que começaria a faculdade de direito no ano seguinte (minha formatura foi em agosto e isso me obrigava a começar o curso em 2009), então fui para casa para economizar dinheiro. Tia Wee havia assumido o lugar de Mamaw como a matriarca. Ela apagava os incêndios, era a anfitriã dos nossos encontros e impedia que a família desmoronasse de vez. Ela sempre me ofereceu uma base depois que Mamaw morreu, mas dez meses pareciam uma imposição; eu não gostava da ideia de incomodar a rotina da família. Mas ela insistiu.

– J.D., essa é a sua casa agora. É o único lugar que você tem para ficar.

Aqueles últimos meses morando em Middletown foram alguns dos mais felizes da minha vida. Eu finalmente tinha um diploma universitário e sabia que logo realizaria outro sonho – ir para a faculdade de direito. Trabalhei em vários empregos para juntar dinheiro e me aproximei das duas filhas de minha tia. Todo dia eu chegava do trabalho, empoeirado e sujo do trabalho braçal, e me sentava à mesa de jantar para ouvir minhas primas adolescentes falarem sobre seus dias na escola e sobre as questões com os amigos. Às vezes eu as ajudava com os deveres de casa. Nas sextas-feiras durante a quaresma, eu ajudava a fritar peixes para a refeição comunitária da igreja católica local. Aquela sensação que eu tinha na faculdade – que tinha sobrevivido a décadas de caos e sofrimento e finalmente tinha emergido do outro lado – se aprofundou.

O incrível otimismo que eu tinha com relação a minha própria vida contrastava bastante com o pessimismo de tantos dos meus vizinhos. Anos de declínio na economia operária se evidenciavam nas perspectivas materiais dos residentes de Middletown. A Grande Recessão de 2008 e a fraca recuperação da economia que se seguiu aceleraram o declínio de Middletown. Mas havia algo quase que espiritual no ceticismo da comunidade como um todo, algo mais profundo do que uma recessão curta.

Como cultura, não tínhamos heróis. Certamente nenhum político – Barack Obama era naquele momento o homem mais admirado dos Estados Unidos (e provavelmente ainda é), mas mesmo enquanto o país estava encantado com sua ascenção, a maioria dos habitantes de Middletown o via com desconfiança. George W. Bush tinha poucos fãs em 2008. Muitos amavam Bill Clinton, mas muitos mais o viam como o símbolo da decadência moral americana, e Ronald Reagan já estava morto havia muito tempo. Amávamos os militares, mas não tínhamos nenhum George S. Patton no exército moderno. Eu duvidava que meus vizinhos sequer fossem capazes de citar algum oficial militar de alta patente. O programa espacial, que tinha sido um motivo de orgulho, seguira o caminho do ostracismo, e com ele também os astronautas famosos. Nada nos unia ao cerne da sociedade americana. Estávamos presos entre duas guerras aparentemente invencíveis, nas quais uma parcela desproporcional dos combatentes vinha dos nossos bairros, e numa economia que fracassava em cumprir a promessa mais básica do sonho americano – um salário fixo.

Para entender a importância desse desapego cultural, você deve considerar que muito da identidade da minha família, dos meus vizinhos e da minha comunidade vem do nosso amor pelo país. Eu não saberia falar nada sobre o prefeito de Breathitt County, sobre seus serviços de saúde ou seus residentes famosos. Mas disso eu sei: "Breathitt Sangrento" supostamente recebeu esse nome porque o condado preencheu sua cota de alistamento para a Primeira Guerra Mundial inteiramente com voluntários – o único condado do país a fazer isso. E quase um século depois, esse é o factoide sobre Breathitt de que mais me lembro: uma verdade que todos ao meu redor se certificavam de que eu soubesse. Uma vez entrevistei Mamaw para um trabalho escolar sobre a Segunda Guerra. Após setenta anos de vida com casamento, filhos, netos, morte, pobreza e triunfo, a coisa de que ela mais se orgulhava era o fato de que ela e sua família fizeram sua parte da Segunda Guerra Mundial. Falamos alguns minutos sobre as outras coisas, mas falamos horas sobre as rações, "Rosie, a Rebitadora" [um ícone cultural americano que representa as mulheres durante a Segunda Guerra que foram trabalhar nas fábricas produzindo armas, munições e suprimentos], as cartas de amor do pai para a mãe dela que vinham do Pacífico e o dia em que "jogamos a bomba". Mamaw sempre teve dois deuses: Jesus Cristo e os Estados Unidos da América. Eu não era diferente, nem ninguém que eu conhecia.

Sou o tipo de patriota de quem as pessoas nos estados do Nordeste riem. Eu me emociono quando ouço o hino brega de Lee Greenwood, "Proud to Be an American" [Orgulho de ser americano]. Aos dezesseis anos jurei que toda vez que encontrasse um veterano ou veterana, desviaria do meu caminho para apertar sua mão, mesmo que tivesse que abordá-lo de um jeito estranho. Até hoje me recuso a ver *O resgate do soldado Ryan* perto de qualquer pessoa que não esteja entre meus melhores amigos, porque não consigo parar de chorar na última cena.

Mamaw e Papaw sempre me ensinaram que vivemos no maior e no melhor país do mundo. Isso deu significado à minha infância. Sempre que os tempos foram difíceis – quando me sentia sobrecarregado com os dramas e o tumulto da minha juventude –, eu sabia que dias melhores me esperavam, porque vivia num país que me permitia fazer as boas escolhas que outros não fizeram. Quando penso hoje na minha vida e no quanto ela é incrível – uma companheira de vida linda, gentil e brilhante; a segurança financeira com a qual sonhei durante toda a infância; amigos maravilhosos e novas e incríveis experiências – sinto uma imensa gratidão por estes Estados Unidos. Sei que isso é brega, mas é como eu me sinto.

Se o segundo Deus de Mamaw eram os Estados Unidos da América, então muitas pessoas da minha comunidade estavam perdendo algo que era como uma religião. O laço que as ligava a seus vizinhos, que as inspirava de um jeito que meu patriotismo sempre me inspirou, tinha desaparecido.

Os sintomas estão todos ao nosso redor. Porcentagens significativas de eleitores brancos conservadores – cerca de um terço – acreditam que Barack Obama seja muçulmano. Numa pesquisa, 32% de conservadores declararam que acreditam que Obama tenha nascido no exterior, e outros 19% disseram que não tinham certeza – o que significa que uma maioria de brancos conservadores não tem certeza de que Obama sequer seja americano. Frequentemente ouço de conhecidos ou parentes distantes que Obama tem laços com extremistas islâmicos, ou é um traidor, ou nasceu em algum canto distante do mundo.

Muitos dos meus novos amigos culpam o racismo por essa percepção do presidente. Mas o presidente parece um alien para muitos habitantes de Middletown por motivos que não têm nada a ver com cor da pele. Lembre-se de que nenhum dos meus amigos de colégio estudou numa das melhores universidades do país. Barack Obama estudou em duas, e foi muito bem em ambas. Ele é brilhante, rico e fala como um professor de direito constitucional – e ele efetivamente é. Nada nele se parece com as pessoas que eu admirava quando cresci: o sotaque dele – limpo, perfeito, neutro – parece estrangeiro; suas credenciais são tão impressionantes que chegam a ser assustadoras; ele construiu uma vida em Chicago, uma metrópole; e ele transmite uma confiança que vem do fato de que sabe que a meritocracia americana moderna foi feita para ele. Claro, Obama superou a adversidade por méritos próprios – a mesma adversidade familiar a muitos de nós –, mas isso foi antes de qualquer um de nós conhecê-lo.

O presidente Obama entrou em cena justamente quando tantas pessoas da minha comunidade começaram a acreditar que a meritocracia americana moderna não tinha sido feita para *elas*. Sabemos que não estamos indo bem. Vemos isso todos os dias: nos obituários de adolescentes que omitem a causa da morte (leia-se nas entrelinhas: overdose), nos vagabundos com quem vemos nossas filhas perderem tempo. Barack Obama atinge o cerne de nossas mais profundas inseguranças. Ele é um bom pai, enquanto muitos de nós não somos. Ele trabalha de terno enquanto usamos macacões, se tivermos sorte de termos algum emprego. A esposa dele nos diz que não deveríamos alimentar nossos filhos com certas comidas, e nós a odiamos por isso – não por acharmos que ela está errada, mas por sabermos que está certa.

Muitos tentam culpar a raiva e o ceticismo dos brancos da classe trabalhadora pela falta de informação. É verdade que há uma indústria de propagadores de conspiração e lunáticos escrevendo toda a sorte de idiotices, desde as supostas inclinações religiosas de Obama até a origem dos seus ancestrais. Mas todas as grandes organizações de notícias, mesmo a tão demonizada Fox News, sempre falaram a verdade sobre o status da cidadania e sobre as opiniões religiosas de Obama. As pessoas que conheço sabem bem o que as grandes organizações de notícias dizem sobre a questão; mas simplesmente não acreditam nelas. Apenas 6% dos eleitores americanos acreditam que a mídia é "muito confiável"[21]. Para muitos

---

[21] "Apenas 6% classificam a mídia como muito confiável", Rasmussen Report, 28 de fevereiro de 2013, http://www.rasmussenreports.com/public_content/politics/general_politics/february_2013/only_6_rate_news_media_as_very_trustworthy (acessado em 17 de novembro de 2015).

de nós, a imprensa livre – esse pilar da democracia americana – é simplesmente um monte de merda.

Confiando pouco na imprensa, ninguém pode verificar as teorias da conspiração da internet que mandam no mundo digital. Barack Obama é um estrangeiro que está tentando destruir o nosso país. Tudo que a imprensa nos diz é mentira. Muitos da classe trabalhadora branca acreditam no pior envolvendo nossa sociedade. Eis uma pequena amostra de e-mails ou mensagens de amigos e familiares que recebi:

- Do locutor de rádio de direita, Alex Jones, no décimo aniversário dos atentados de 11 de setembro: o levantamento de uma série de argumentos e provas sobre a "pergunta sem resposta" em relação aos ataques terroristas, sugerindo que o governo americano desempenhou um papel no massacre dos seus próprios cidadãos.
- De uma corrente de e-mails: uma ideia de que a legislação do Obamacare exige a implantação de microchips nos novos pacientes. A história toda é ainda mais indigesta por causa das implicações religiosas: muitos acreditam que a "marca do demônio" anunciada na profecia bíblica será um dispositivo eletrônico. Amigos alertaram uns aos outros sobre essa ameaça através das mídias sociais.
- Do site popular WorldNetDaily: um editorial sugerindo que o massacre à mão armada na escola primária de Newtown foi tramado pelo governo federal para mudar a opinião pública sobre o controle de armas.
- De muitas fontes da internet: sugestões de que Obama em breve implementará uma lei para assegurar a possibilidade de um terceiro mandato presidencial.

E a lista segue. É impossível saber quantas pessoas acreditam numa ou em muitas dessas histórias. Mas se um terço da nossa comunidade questiona a origem do presidente – apesar de todas as provas em contrário – pode-se apostar que as outras teorias têm um alcance maior do que gostaríamos. Não é uma desconfiança libertária da política de governo, o que é saudável em qualquer democracia. Trata-se de uma descrença absoluta nas instituições da nossa sociedade. E está se tornando cada vez mais popular.

Não podemos confiar nos jornais noturnos. Não podemos confiar nos nossos políticos. Nossas universidades – o portal para uma vida melhor – estão contra nós. Não conseguimos arrumar emprego. Não se pode acreditar nessas coisas e participar significativamente da sociedade. Psicólogos sociais demonstraram que crença coletiva é um poderoso motivador para o desempenho. Quando grupos percebem que é do interesse deles trabalhar duro e conquistar coisas, integrantes daquele grupo se saem melhor do que outros indivíduos em situações semelhantes. É óbvio o motivo: se se acredita que o trabalho árduo compensa, trabalha-se arduamente; se se acha que é difícil vencer mesmo quando se tenta, então por que tentar?

Da mesma maneira, quando as pessoas fracassam, essa mentalidade permite que elas só olhem para fora. Uma vez encontrei um velho conhecido num bar de Middletown que me contou que tinha se demitido recentemente porque estava de saco cheio de acordar cedo. Mais tarde o vi reclamando no Facebook sobre a "economia de Obama" e sobre como ela tinha afetado sua vida. Não duvido que a economia de Obama tenha afetado muitas pessoas, mas esse homem certamente não está entre elas. Sua condição de vida está diretamente relacionada às escolhas que fez, e só vai melhorar com escolhas melhores. Mas para que ele faça escolhas melhores, precisa viver num ambiente que o force a fazer perguntas difíceis sobre ele mesmo. Há um pequeno movimento cultural na classe trabalhadora branca para culpar o governo ou a sociedade por todos os nossos problemas, e o movimento conquista adeptos todos os dias.

Eis onde a retórica dos conservadores modernos (e eu falo como um deles) fracassa em atender aos verdadeiros desafios da maior parte dos seus integrantes. Em vez de incentivarem o envolvimento, os conservadores cada vez mais fomentam o tipo de desapego que exauria a ambição de tantos dos meus amigos. Vi alguns deles se tornarem adultos bem-sucedidos e outros, vítimas das piores tentações de Middletown – paternidade prematura, drogas, prisão. O que separa os bem-sucedidos dos mal-sucedidos são as expectativas de cada um para as próprias vidas. Mesmo assim a mensagem da direita é cada vez mais: não é sua culpa se você é um fracassado; é culpa do governo.

Meu pai, por exemplo, nunca desqualificou o trabalho duro, mas ele duvida de alguns dos caminhos mais óbvios para o sucesso. Quando descobriu que eu tinha decidido ir para a Escola de Direito de Yale, ele perguntou se, na inscrição, eu tinha "fingido ser negro ou liberal". Isso mostra o quão baixa se tornou a expectativa da classe trabalhadora branca americana de alcançar seus objetivos. Não deveríamos nos surpreender com o fato de que, enquanto atitudes como essa se disseminam, o número de pessoas dispostas a trabalhar duro para conseguir uma vida melhor diminui.

O Projeto de Mobilidade Econômica da Pew Charitable Trusts, uma ONG fundada em 1948, estudou como os americanos avaliavam suas chances de melhoria econômica e o que descobriram foi chocante. Não existe grupo mais pessimista do que os brancos da classe trabalhadora. Muito mais da metade dos negros, latinos e brancos com diploma universitário esperam que seus filhos tenham uma prosperidade econômica melhor que a deles. Dentre os brancos americanos da classe trabalhadora, apenas 44% têm a mesma expectativa. E ainda mais surpreendente, 42% dos brancos da classe trabalhadora – de longe o maior número na pesquisa – declaram que suas vidas são menos bem-sucedidas em termos econômicos do que as de seus pais.

Em 2010, essa simplesmente não era a minha maneira de pensar. Eu estava feliz por ter chegado aonde cheguei, e muito esperançoso em relação ao futuro. Pela primeira vez na vida, me sentia um estranho em Middletown. E o que me tornava algo com um alienígena era o meu otimismo.

CAPÍTULO 12

Durante minha primeira rodada de inscrições para faculdades de direito, nem me inscrevi para Yale, Harvard ou Stanford – as famosas "três melhores" escolas. Não achava que tinha chance de entrar nelas. E mais importante, não achava que fazia diferença; todo advogado arruma bons empregos, eu supunha. Só precisava passar para qualquer faculdade de direito, e então tudo ficaria bem: eu teria um bom salário, uma profissão respeitável e o Sonho Americano. Então o meu melhor amigo, Darrell, encontrou uma de suas colegas de faculdade de direito num restaurante famoso de Washington. Ela estava limpando mesas, porque esse era simplesmente o único trabalho que ela encontrou. Na rodada de inscrições seguinte, tentei Yale e Harvard.

Não me inscrevi para Stanford – uma das melhores faculdades do país – e conhecer o porquê é entender que as lições que aprendi quando criança às vezes foram contraproducentes. A seleção para a faculdade de direito de Stanford não era feita pela combinação padrão de histórico escolar, nota do exame de admissão e dissertação. Exigia uma recomendação pessoal do reitor da sua universidade: tínhamos que preencher um formulário, completado pelo reitor, atestando que você não era um fracassado.

Eu não conhecia a reitora da Ohio State. A universidade é bem grande. Tenho certeza de que ela é uma pessoa adorável, e o formulário era obviamente pouco mais do que uma formalidade. Mas eu não podia pedir isso. Nunca tinha visto aquela pessoa, nunca tinha feito nenhuma matéria com ela e, principalmente, não confiava nela. Por mais virtudes que possuísse, ela era, abstratamente, uma estranha. Os professores que escolhi para escreverem minhas cartas de recomendação tinham conquistado minha confiança. Eu assistia às aulas deles quase todos os dias, fiz as provas deles e escrevi textos para eles. Por mais que eu amasse a Ohio State e as pessoas de lá pela incrível educação que recebi e pela experiência que tive, não podia colocar o meu destino nas mãos de alguém que eu não conhecia. Tentei me convencer a fazer isso. Até imprimi o formulário e fui ao campus. Mas quando chegou a hora, amassei o papel e joguei no lixo. A escola de direito de Stanford não era para J.D.

Decidi que a escola na qual eu mais queria entrar era Yale. Ela tinha uma certa aura – com suas turmas pequenas e seu sistema único de avaliação, Yale se apresentava como uma forma menos estressante de decolar na carreira de advogado. Mas a maioria de seus alunos vinha de faculdades particulares de elite, e não de grandes universidades estaduais como a minha, então eu achava que não tinha chance de conseguir. Mesmo assim, fiz a inscrição on-line, porque isso era relativamente fácil. Era fim de tarde num dia do começo da primavera de 2010, quando meu telefone tocou e a bina revelou um número desconhecido com código 203. Atendi, e do outro lado da linha, uma voz me disse que era o diretor de admissões da faculdade de direito de Yale e que eu tinha entrado para a turma que se formaria em 2013. Fiquei muito entusiasmado e dava pulinhos pela sala enquanto falava durante uns três minutos no telefone. Quando o homem desligou, eu estava tão sem fôlego que, quando liguei para contar a tia Wee, ela achou que eu tinha sofrido um acidente de carro.

Eu estava tão comprometido em entrar para Yale que me dispus a aceitar uma dívida de duzentos mil dólares porque eu sabia que poderia pagar. No entanto, o pacote de auxílio financeiro que Yale oferecia excedeu meus maiores sonhos. Meu primeiro ano foi quase todo de graça. Isso não foi por causa de nada que eu tenha feito ou merecido – foi porque eu era um dos alunos mais pobres da escola. Yale oferecia dezenas de milhares de dólares em auxílios por necessidade. Foi a primeira vez que ser duro foi muito bom. Yale não era apenas minha escola dos sonhos, era também a opção mais barata que eu tinha.

O *New York Times* recentemente relatou que as escolas mais caras são paradoxalmente mais baratas para alunos de baixa renda. Veja, por exemplo, um aluno cujos pais ganham 30 mil dólares por ano – não é muito dinheiro, mas essa quantia não permite que a pessoa seja qualificada como pobre. Esse aluno pagaria 10 mil dólares num dos campi menos prestigiados da Universidade de Wisconsin, mas pagaria 6 mil no campus principal da faculdade em Madison. Em Harvard, o aluno pagaria apenas cerca de 1.300 apesar do custo de mais de 40 mil dólares. Claro, jovens como eu não sabem disso. Nate, um amigo da vida inteira e uma das pessoas mais inteligentes que conheço, queria ter feito a graduação na Universidade de Chicago, mas não se inscreveu porque sabia que não tinha condições de pagar. Provavelmente teria saído mais barato do que a Ohio State, assim como Yale custou muito menos para mim.

Passei os meses seguintes me preparando. Um amigo da minha tia e do meu tio me arrumou um emprego no armazém local de distribuição de piso de cerâmica, e trabalhei lá durante o verão

– dirigindo uma empilhadeira, preparando pacotes de pisos para o transporte e varrendo aquele estabelecimento gigante. No fim do verão eu já tinha economizado o bastante para não me preocupar com a mudança para New Haven.

O dia em que fui embora pareceu diferente de todas as outras vezes em que saí de Middletown. Eu sabia, quando fui para o Corpo dos Fuzileiros, que voltaria com frequência e que a vida poderia me levar de volta para a minha cidade natal por um longo período (e de fato isso aconteceu). Após esse período de quatro anos, a mudança para Columbus para a universidade não me pareceu tão significativa. Eu tinha me tornado um especialista em sair de Middletown para outros lugares, e a cada uma dessas vezes me sentia menos melancólico. Mas, dessa vez, eu sabia que nunca mais voltaria a viver lá. Isso não me incomodou. Middletown não parecia mais a minha casa.

No meu primeiro dia na Escola de Direito de Yale, havia pôsteres nos corredores anunciando um evento com Tony Blair, o ex-primeiro-ministro britânico. Eu não conseguia acreditar: Tony Blair ia falar para uma sala de algumas dezenas de alunos? Se ele fosse até a Ohio State, teria enchido um auditório de mil pessoas.

– É, ele faz palestras em Yale sempre – me disse um colega. – O filho dele está na graduação.

Alguns dias depois, quase esbarrei num sujeito enquanto dobrava uma esquina indo na direção da entrada principal da escola de direito.

– Com licença – eu disse e levantei os olhos, e vi que o sujeito era o governador de Nova York, George Pataki. Esse tipo de coisa acontecia pelo menos uma vez por semana. A Escola de Direito de Yale era como uma Hollywood nerd, e eu nunca deixava de me sentir como um turista impressionado.

O primeiro semestre foi estruturado de forma a facilitar a vida dos estudantes. Enquanto meus amigos em outras faculdades de direito estavam sobrecarregados de trabalho e se preocupando com notas que efetivamente os colocavam em competição direta com seus colegas de classe, nosso reitor nos pediu durante a orientação que seguíssemos nossa paixão, independente do caminho aonde isso nos levasse, e não nos preocupássemos tanto com as notas. Nossas primeiras quatro matérias foram avaliadas por um sistema de crédito, o que facilitou as coisas. Uma dessas matérias, um seminário de direito constitucional para dezesseis alunos, se tornou uma espécie de família para mim. Nós nos chamávamos de "ilha de peças desconjuntadas", pois não havia nenhuma força verdadeiramente unificadora na nossa equipe – um caipira conservador da região central dos Apalaches, a filha muito inteligente de imigrantes indianos, um canadense negro com décadas de sabedoria popular, um neurocientista de Phoenix, um aspirante a advogado de direitos civis nascido a alguns minutos de distância do campus de Yale, e uma lésbica extremamente progressista, com um senso de humor fantástico, dentre outros –, mas nos tornamos grandes amigos.

Aquele primeiro ano em Yale foi bem puxado, mas de um jeito bom. Eu sempre gostei de história americana, e alguns dos prédios no campus eram anteriores à Guerra de Independência. Às vezes eu andava pelo campus procurando as placas que indicavam o ano de construção dos prédios. Eles eram extremamente bonitos – obras-primas de arquitetura neogótica. No interior, esculturas em pedra e sancas de madeira conferiam à escola um aspecto quase medieval. De vez em quando você até ouvia que estudávamos na Escola de Direito de Hogwarts. É revelador que a melhor forma de descrever a faculdade fosse uma referência a uma série de livros de fantasia.

As aulas eram difíceis, e às vezes exigiam longas noites na biblioteca, mas não eram *muito* difíceis. Uma parte de mim sempre temeu que eu finalmente fosse ser revelado como uma fraude intelectual, que a administração perceberia que tinha cometido um erro terrível e me mandaria de volta para Middletown com os mais sinceros pedidos de desculpas. Outra parte de mim achava que eu daria conta, mas só com extrema dedicação; afinal, esses eram os melhores alunos do mundo, e eu não tinha a mesma qualificação. Mas não foi esse o caso. Apesar de haver raros gênios caminhando pelos corredores da faculdade, a maioria dos meus colegas era inteligente, mas não de forma intimidadora. Em discussões na sala de aula e nas provas, eu dava conta do recado.

Nem tudo foi fácil. Sempre me achei um escritor razoável, mas quando entreguei um trabalho malfeito para um professor reconhecidamente muito rígido, ele o devolveu com um comentário bastante crítico. "No geral, bem ruim", ele escreveu numa página. Noutra ele circulou um grande parágrafo e escreveu na margem: "Isso é uma diarreia de frases disfarçadas de parágrafo. Conserte." Dizem as más-línguas que esse professor achava que Yale só deveria aceitar alunos graduados em faculdades como Harvard, Yale, Stanford e Princeton: "Não é nossa tarefa remediar a falta de base dos alunos, e muitos deles precisam disso", dizia. Isso me fez querer mudar a a maneira de pensar dele. No final do semestre, esse professor já tinha classificado meu texto como "excelente" e admitido que podia estar enganado em relação a faculdades estaduais. O primeiro ano se aproximava do fim e eu me sentia triunfante: me dava bem com os professores, tirava notas boas e consegui um emprego dos sonhos para o verão – trabalhar para o conselheiro-chefe de um senador americano em exercício.

Mesmo assim, apesar de toda a minha alegria e interesse, Yale plantou uma semente de dúvida quanto a eu pertencer àquele lugar. Aquilo tudo era muito além do que eu imaginava para mim. Não conhecia ninguém das maiores universidades do país na minha cidade; eu era a primeira pessoa da minha família nuclear que tinha ido para a universidade, e a primeira pessoa de toda a minha família a frequentar uma pós-graduação. Quando cheguei em agosto de 2010, Yale era a universidade de dois dos últimos três juízes da

Suprema Corte, e de dois dos seis presidentes mais recentes, sem contar a atual secretária de Estado, Hillary Clinton. Havia algo de bizarro nos rituais sociais de Yale: os coquetéis e banquetes que funcionavam ao mesmo tempo como eventos de networking profissional e formadores de relações pessoais. Eu vivia entre membros recém-batizados do que as pessoas da minha cidade chamavam pejorativamente de "as elites", e a julgar pela aparência, eu pertencia àquele grupo: sou um homem alto, branco e heterossexual. Nunca me senti fora do padrão na vida. Só em Yale.

Parte disso tem a ver com classe social. Uma pesquisa de alunos apontou que mais de 95% dos alunos de direito de Yale eram de classe média alta ou mais, e a maioria deles era considerada rica. Obviamente, eu não era nem de classe média alta, nem rico. Poucas pessoas na Escola de Direito de Yale são como eu. Podem se parecer comigo fisicamente, mas com toda a obsessão das grandes escolas por diversidade, praticamente todas as pessoas – negros, brancos, judeus, muçulmanos, o que quer que fossem – vêm de famílias estruturadas que nunca se preocupam com dinheiro. No começo do meu primeiro ano, após uma longa noite bebendo com meus colegas, decidimos parar numa lanchonete de frango em New Haven. Nosso grupo fez uma bagunça terrível: pratos sujos, ossos de galinha, molho e refrigerante respingado na mesa, e por aí vai. Não conseguia nem imaginar deixar tudo aquilo daquele jeito para um pobre coitado limpar, então fiquei para trás para arrumar. De uma dúzia de pessoas, só uma ficou comigo: meu amigo Jamil, que também tinha origem mais pobre. Depois eu disse a Jamil que nós dois provavelmente éramos os únicos da faculdade que já tinham limpado a bagunça dos outros. E ele simplesmente balançou a cabeça concordando.

Mesmo tendo tido experiências únicas, nunca me senti um estrangeiro em Middletown. A maioria dos pais de alunos não tinha feito faculdade. Todos os meus amigos próximos já tinham vivido alguma espécie de dificuldade doméstica – divórcios, novos casamentos, separações legais ou pais que passaram algum tempo na cadeia. Alguns pais trabalhavam como advogados, engenheiros ou professores. Para Mamaw, eles eram "pessoas ricas", mas nunca foram tão ricos a ponto de eu pensar neles como fundamentalmente diferentes. Ainda moravam a uma distância curta da minha casa, seus filhos frequentavam o mesmo colégio que eu e normalmente faziam as mesmas coisas que o resto de nós. Nunca me ocorreu que eu fosse um estranho no ninho, nem nas casas de alguns dos meus amigos relativamente ricos.

Na Escola de Direito de Yale, senti como se minha espaçonave tivesse caído em Oz. As pessoas diziam com a cara mais séria do mundo que, com mãe cirurgiã e pai engenheiro, eram de classe média. Em Middletown, 160 mil dólares é um salário inimaginável; na Escola de Direito de Yale, as pessoas esperam ganhar isso no primeiro ano após a formatura. Muitos deles já se preocupam que não seja o bastante.

Não era só questão de dinheiro, ou a falta dele. Era uma questão de percepção das pessoas. Yale me fez sentir, pela primeira vez na vida, que os outros ficavam intrigados com a minha vida. Professores e colegas de turma estavam genuinamente interessados no que me parecia uma história chata: estudei numa escola pública medíocre, meus pais não fizeram faculdade e cresci em Ohio. Era a mesma história de quase todo mundo que eu conhecia. Em Yale, essa não era a história de ninguém. Mesmo servir no Corpo de Fuzileiros era uma coisa comum em Ohio, mas em Yale muitos dos meus amigos nunca tinham passado tempo algum com um veterano das mais recentes guerras americanas. Em outras palavras, eu era uma anomalia.

Isso não é exatamente uma coisa ruim. Durante boa parte daquele primeiro ano, apreciei maravilhado o fato de que eu era o único fuzileiro com um jeito sulista na minha faculdade de direito de elite. Mas na medida em que os conhecidos foram se tornando amigos próximos, fui ficando menos confortável com as mentiras que eu contava sobre meu próprio passado. "Minha mãe é enfermeira", eu havia dito a eles. Mas é claro que isso não era mais verdade. Eu não sabia de fato o que meu pai em termos legais – aquele cujo nome consta na minha certidão de nascimento – fazia da vida; ele era um completo estranho. Ninguém, exceto meus melhores amigos de Middletown aos quais pedi para que lessem minha dissertação para a inscrição na faculdade sabiam sobre as experiências formadoras que moldaram minha vida. Em Yale, decidi mudar isso.

Não sei direito o que motivou essa mudança. Parte dela é que parei de sentir vergonha: os erros dos meus pais não eram culpa minha, então eu não tinha motivo para escondê-los. Mas minha maior preocupação era que ninguém entendesse a dimensão do papel dos meus avós na minha vida. Até mesmo entre meus melhores amigos, poucos entendiam o quão sem rumo eu teria ficado sem Mamaw e Papaw. Então eu talvez só tenha querido dar crédito a quem merecia.

Mas tem mais uma coisa. Enquanto me dava conta do quanto eu era diferente dos meus colegas de Yale, passei a apreciar o quanto eu era parecido com as pessoas da minha cidade. E mais importante, fiquei muito consciente do conflito interno suscitado pelo meu recente sucesso. Numa das minhas primeiras visitas a Middletown depois que as aulas começaram, parei num posto de gasolina não muito distante da casa da tia Wee. A mulher que estava na bomba mais próxima começou a conversar comigo, e notei que ela estava com uma camiseta de Yale.

– Você estudou em Yale? – perguntei.

– Não – respondeu ela –, mas meu sobrinho estuda. E você?

Eu não sabia ao certo o que dizer. Era tolice – o sobrinho dela estudava lá, meu Deus –, mas ainda não me sentia bem dizendo que tinha entrado para uma das grandes escolas do país. Assim que ela me contou que seu sobrinho estudava em Yale, tive que escolher: eu era um estudante de direito de Yale, ou um garoto de Middletown com avós caipiras? Na primeira opção, eu falaria amenidades sobre as belezas de New Haven; na segunda, ela ocuparia o outro lado de um muro invisível e não seria uma pessoa confiável. Em seus coquetéis e jantares chiques, ela e o sobrinho provavelmente até riam da falta de sofisticação de Ohio, e de como as pessoas lá se apegavam às suas armas e sua religião. Eu não juntaria forças com ela. Minha resposta foi uma tentativa patética de desafio cultural:

– Não, não estudo em Yale. Mas minha namorada estuda.

Depois entrei no carro e parti.

Não foi um dos meus momentos de maior orgulho, mas acentua o conflito interno inspirado pela ascensão social veloz que eu experimentava: menti para uma estranha para não me sentir um traidor. Há lições a se tirar daqui, dentre as quais a que já observei: que uma consequência do isolamento é ver as medidas-padrão de sucesso não apenas como intangíveis, mas como exclusivas de pessoas que não são nós. Mamaw sempre lutou contra essa atitude em mim e, de maneira geral, conseguiu.

Outra lição é que não são apenas as nossas próprias comunidades que reforçam a atitude do estranho, são os lugares e as pessoas que a ascensão social coloca em contato conosco – como meu professor que sugeriu que a Escola de Direito de Yale não deveria aceitar candidatos de universidades estaduais sem prestígio. Não há como quantificar o quanto essas atitudes afetam a classe trabalhadora. Sabemos que americanos da classe trabalhadora não apenas têm uma menor probalidade de subirem a escada econômica, mas também são mais suscetíveis a cair mesmo depois de chegarem ao topo. Imagino que o desconforto que sentem ao deixarem tanto de sua identidade para trás desempenhe pelo menos um pequeno papel nesse problema. Então a forma pela qual as classes superiores podem promover a ascensão social é não só promovendo políticas sociais mais sábias, mas abrindo seus corações e mentes para novatos que não se encaixam perfeitamente.

Apesar de exaltarmos a mobilidade social, existem também desvantagens. O termo necessariamente implica uma espécie de movimento – para uma vida teoricamente melhor, sim, mas também para longe de alguma coisa. E nem sempre se pode escolher de que partes da sua antiga vida alguém vai se afastar. Nos últimos anos, passei férias no Panamá e na Inglaterra. Fiz compras de supermercado no Whole Foods. Assisti a concertos de música clássica. Tentei vencer meu vício em "açúcar refinado processado" (uma expressão que tem uma palavra demais). Preocupei-me com o preconceito racial da minha própria família e amigos.

Nenhuma dessas coisas é ruim isoladamente falando. Aliás, a maioria delas é boa – visitar a Inglaterra era um sonho de infância; comer menos açúcar faz bem para a saúde. Ao mesmo tempo, elas me mostram que a mobilidade social não tem a ver apenas com dinheiro e economia; é uma mudança de estilo de vida. Os ricos e poderosos não são apenas ricos e poderosos; eles seguem diferentes normas e costumes. Quando você passa da classe trabalhadora à classe dos profissionais liberais, quase tudo na sua velha vida se torna na melhor das hipóteses fora de moda, e na pior, não saudável. Isso nunca ficou tão claro quanto na primeira (e última) vez que levei um amigo de Yale ao Cracker Barrel. Durante a minha juventude, era o ápice do luxo – o restaurante preferido, meu e da minha avó. Para amigos de Yale, era uma questão de saúde pública gordurosa.

Esses não são exatamente problemas sérios e, se eu tivesse de novo a opção, trocaria um pouco de desconforto social pela vida que levo sem pestanejar. Mas ao perceber que nesse novo mundo eu era um estrangeiro cultural, comecei a pensar seriamente nessas questões que me incomodavam desde a adolescência: por que mais ninguém do meu colégio entrou para uma das grandes universidades do país? Por que as pessoas como eu são tão mal representadas nas instituições de elite dos Estados Unidos? Por que tensões domésticas são tão comuns em famílias como a minha? Por que eu achava que lugares como Yale e Harvard eram tão inalcançáveis? Por que as pessoas bem-sucedidas se sentem tão *diferentes*?

CAPÍTULO 13

Ao começar a pensar mais profundamente sobre a minha própria identidade, me apaixonei loucamente por uma colega de turma chamada Usha. Quis o destino que ficássemos juntos para fazer nosso primeiro grande trabalho escrito, então passamos um bom tempo naquele primeiro ano nos conhecendo melhor. Ela parecia uma espécie de anomalia genética, uma combinação de todas as qualidades positivas que um ser humano deve ter: brilhante, esforçada, alta e linda. Brinquei com um amigo que se ela tivesse um gênio horroroso, teria sido uma excelente heroína num romance da escritora Ayn Rand, mas tinha um senso de humor maravilhoso e uma forma extraordinariamente direta de falar. Em situações em que outros poderiam ter comentado de forma constrangida "De repente você pode dizer isso de outro jeito?" ou "Já pensou nessa outra ideia?", Usha simplesmente dizia "Você precisa melhorar essa frase" ou "Esse seu argumento é péssimo". Num bar, ela olhou para um amigo em comum e disse, sem qualquer ponta de ironia: "Você tem uma cabeça muito pequena." Eu nunca tinha conhecido ninguém como ela.

Já tinha saído com outras garotas antes, algumas sérias, outras não. Mas Usha ocupava um universo emocional inteiramente diferente. Eu pensava nela tempo todo. Um amigo me descreveu como "apaixonado" e outro disse que nunca tinha me visto assim. Quando nosso primeiro ano estava acabando, descobri que Usha não tinha namorado e imediatamente a convidei para sair. Após algumas semanas de flerte e um único encontro, disse a ela que estava apaixonado. Isso violava todas as regras do namoro moderno que tinha aprendido, mas não liguei.

Usha era como minha guia espiritual em Yale. Ela tinha feito a graduação lá também e conhecia todos os melhores cafés e lugares para comer. No entanto, seu conhecimento era mais profundo: ela instintivamente entendia as perguntas que eu nem sabia como fazer e sempre me encorajava a correr atrás de oportunidades que eu nem sabia que existiam.

– Não deixe de ir à sala dos professores – me disse ela. – Eles gostam de se relacionar com alunos aqui. É parte da experiência.

Num lugar que sempre me parecia estrangeiro, a presença de Usha me fazia sentir em casa.

Fui para Yale para obter um diploma de advogado. Mas aquele primeiro ano lá me ensinou, acima de tudo, que eu não sabia como o mundo funcionava. A cada mês de agosto, recrutadores de grandes escritórios de advocacia chegavam a New Haven, famintos pela próxima geração de grandes talentos do direito. Os alunos chamam isso de FIP – as iniciais de Fall Interview Program [Programa de entrevistas do outono] – que consiste numa semana de maratona de jantares, coquetéis, visitas e entrevistas. No meu primeiro dia de FIP, pouco antes das aulas do segundo ano começarem, tive seis entrevistas, incluindo uma com o escritório que eu mais queria – Gibson, Dunn & Crutcher,

LLP (abreviando, Gibson Dunn) – que atendia a um seleto grupo de clientes em Washington, D.C.

A entrevista com Gibson Dunn foi boa, e fui convidado para o temido jantar em um dos restaurantes mais chiques de New Haven. Fiquei sabendo por rumores que o jantar era uma espécie de entrevista intermediária: deveríamos ser engraçados, charmosos e interessantes, ou jamais seríamos chamados aos escritórios de Washington ou de Nova York para entrevistas finais. Quando cheguei ao restaurante, achei uma pena que a refeição mais cara da minha vida fosse acontecer num ambiente onde havia tanto em jogo.

Antes do jantar, fomos todos conduzidos a uma sala privada para tomarmos uma taça de vinho e conversarmos. Mulheres dez anos mais velhas do que eu carregavam garrafas enroladas em belos guardanapos, perguntando o tempo todo se aceitávamos mais uma taça. No início, eu estava nervoso demais para beber. Mas finalmente reuni coragem para responder que sim quando uma delas me perguntou se eu gostaria de um vinho e de que tipo.

– Aceito. Branco, por favor – disse, e achei que isso resolveria a questão.

– Sauvignon blanc ou um chardonnay?

Pensei que a mulher estivesse brincando comigo. Mas usei meus poderes de dedução para determinar que aqueles eram dois *tipos* diferentes de vinho branco. Então pedi um chardonnay, não porque eu não soubesse o que era sauvignon blanc (eu não sabia), mas por ser mas fácil de pronunciar. Tinha acabado de desviar do meu primeiro tiro. A noite, no entanto, era uma criança.

Nesse tipo de evento, temos que encontrar um equilíbrio entre ser tímido e excessivo. Não queremos irritar os sócios, mas também não queremos que eles saiam sem apertar nossa mão. Tentei ser eu mesmo, afinal sempre me considerei um cara sociável, porém sem ser inconveniente. Mas fiquei tão impressionado com o ambiente que "ser eu mesmo" significava ficar encarando boquiaberto as sofisticações do restaurante e imaginando quanto custariam.

As taças de vinho parecem ter sido lavadas com limpa-vidros. Aquele cara não comprou o terno dele na liquidação 3 por 1, tenho certeza, parece de seda. As toalhas de mesa parecem mais macias do que os meus lençóis, preciso tocá-las sem que isso fique esquisito. Resumindo, eu precisava de um plano B. Quando nos sentamos para jantar, tinha decidido me concentrar na tarefa do momento – arrumar um emprego – e deixar o turismo para depois.

Meu comportamento durou mais dois minutos. Depois que nos sentamos, a garçonete perguntou se eu gostaria de água da casa ou "gaseificada". Revirei os olhos: por mais impressionado que eu estivesse com o restaurante, chamar a água com gás de "gaseificada" era meio pretensioso demais. Mas pedi a água com gás assim mesmo. Provavelmente era melhor. Menos contaminada.

Tomei um gole e literalmente cuspi tudo. Foi a coisa mais horrível que já provei. Lembro-me de uma vez ter pegado uma Coca Zero num Subway sem perceber que a máquina estava com pouco xarope. Era exatamente esse o gosto da água "gaseificada" desse lugar chique.

– Tem alguma coisa errada com essa água – protestei.

A garçonete se desculpou e disse que me traria outra San Pellegrino. Foi quando percebi que a água "gaseificada" de que ela estava falando era bem diferente da água com gás que eu conhecia. Fiquei mortificado, mas, por sorte, só mais uma pessoa percebeu o que tinha acontecido, e foi uma colega de classe. Estava tudo bem. Não cometeria mais erros.

Imediatamente depois, olhei para o lugar posto à mesa e notei uma quantidade absurda de talheres. Nove? Por que, fiquei imaginando, eu precisaria de três colheres? Por que havia tantas facas para manteiga? Então me lembrei de uma cena de filme e me dei conta de que havia alguma convenção social acerca da posição e do tamanho dos talheres. Pedi licença e fui ao banheiro e chamei minha guia espiritual:

– Que que eu faço com todos aqueles malditos garfos? Não quero fazer papel de bobo.

Munido da resposta de Usha – "Comece de fora para dentro, não use o mesmo talher para pratos diferentes... Ah, use a colher maior para a sopa" –, voltei para o jantar, pronto para impressionar meus futuros empregadores.

O resto da noite foi normal. Conversei educadamente e me lembrei das broncas de Lindsay para que eu mastigasse com a boca fechada. As pessoas sentadas à nossa mesa conversaram sobre direito e sobre as faculdades de direito, a cultura do escritório e até um pouco sobre política. Os recrutadores que comeram conosco foram muito gentis, e todos à minha mesa conseguiram uma oferta de emprego – até o cara que cuspiu a água com gás.

Foi nessa refeição, no primeiro de cinco dias torturantes de entrevistas que comecei a entender que eu estava vendo as entranhas de um sistema que permanecem escondidas para a maioria dos meus. Nossos orientadores enfatizaram a importância de soar natural e de ser alguém com quem os entrevistadores não se importariam de sentar ao lado num avião. Fazia total sentido – afinal, quem quer trabalhar com um babaca? –, mas parecia uma ênfase estranha para o que parecia o momento mais importante de uma jovem carreira. Nossos entrevistadores não se prendiam muito a notas ou currículos, nos disseram: graças ao pedigree da Escola de Direito de Yale, já estávamos com um pé na porta. As entrevistas se baseavam em passar num teste social – um teste de pertencimento, de dar conta do recado na sala do conselho corporativo, de estabelecer relações com futuros clientes em potencial.

O teste mais difícil era o que eu nem precisava fazer: conseguir uma reunião. Durante toda a semana fiquei maravilhado com o acesso fácil aos advogados mais estimados do país. Todos os meus amigos passaram por, pelo menos, uma dúzia de entrevistas, e a maioria deles conseguiu ofertas de emprego. Tive dezesseis entrevistas só no começo da semana, tanto que, no final, já tão mal acostumado (e exausto) àquela fartura, recusei algumas. Dois anos antes, quando saí da Ohio State, eu tinha me candidatado a dezenas de empregos com a esperança de conseguir algum que pagasse bem, mas fui rejeitado em todos eles. Agora, após apenas um ano na Escola de Direito de Yale, meus colegas e eu estávamos recebendo salários de seis dígitos de homens que já tinham argumentado perante a Suprema Corte dos Estados Unidos.

Ficou muito claro que havia alguma força misteriosa agindo, e eu a tinha alcançado pela primeira vez. Sempre achei que, quando se precisa de emprego, deve-se procurar ofertas na internet e depois enviar dezenas de currículos, e depois torcer para receber uma ligação. Com sorte, talvez um conhecido pusesse seu currículo no topo da pilha. Se alguém tem qualificação para uma profissão específica, como a de contador, por exemplo, talvez a procura por emprego seja um pouco mais fácil. Mas as regras são basicamente as mesmas.

O problema é que quase todos que jogam de acordo com essas regras fracassam. Aquela semana de entrevistas me mostrou que pessoas bem-sucedidas jogam um jogo bem diferente. Elas não atulham o mercado com currículos, torcendo para que algum empregador as premie com uma entrevista. Elas fazem *networking*. Mandam e-mail para o amigo de um amigo para se certificarem de que seus nomes recebam a devida atenção. Pedem para que seus tios liguem para antigos colegas de faculdade. Pedem para os consultores de carreira de suas faculdades marcarem entrevistas com meses de antecedência em seus nomes. Têm pais que os ensinam como se vestir, o que dizer e a quem agradar.

Isso não significa que a força do seu currículo ou o seu desempenho na entrevista sejam irrelevantes. Essas coisas certamente pesam. Mas há muito valor naquilo que os economistas chamam de capital social. É um termo acadêmico, mas o conceito é muito simples: as redes de pessoas e instituições ao nosso redor têm grande valor econômico. Elas nos conectam às pessoas certas, garantem que tenhamos oportunidades e compartilham informações valiosas. Sem elas, estamos sozinhos.

Aprendi isso do jeito mais difícil durante minhas últimas entrevistas daquela semana de maratona. Àquela altura, as entrevistas eram como discos arranhados. As pessoas me perguntavam sobre os meus interesses, minhas aulas favoritas, a especialidade que eu escolheria no direito. Depois perguntavam se eu tinha alguma dúvida. Após dezenas delas, minhas respostas eram polidas e minhas perguntas faziam com que eu parecesse um consumidor experiente de informações sobre escritórios de direito. A verdade era que eu não fazia ideia do que queria fazer, e não fazia ideia de em que campo do direito eu queria trabalhar. Sequer sabia ao certo o que minhas perguntas sobre a "cultura do escritório" e o "equilíbrio entre vida pessoal e trabalho" significavam. O processo inteiro era um pouco mais do que um espetáculo de animais amestrados. Mas eu não parecia um babaca, então, estava tudo bem.

Mas aí empaquei. O último entrevistador me fez uma pergunta que eu não estava preparado para responder: por que eu queria trabalhar num escritório de advocacia? Era uma pergunta bem fácil, mas eu tinha me acostumado tanto a falar sobre meu interesse em litígio antitruste (um interesse que era um pouco inventado), que estava risivelmente despreparado. Eu deveria ter dito alguma coisa sobre aprender com os melhores ou sobre trabalhar em litígios importantes. Eu deveria ter dito qualquer coisa diferente do que saiu da minha boca:

– Não sei, mas o salário não é nada mau! Ha! Ha!

O entrevistador me olhou como se eu tivesse três olhos, e a conversa acabou.

Eu tinha certeza de que estava ferrado. Estraguei a entrevista da pior forma possível. Mas por trás das cortinas, uma das pessoas que me recomendaram já estava fazendo ligações. Ela disse ao sócio contratante que eu era um garoto inteligente e bom e que seria um grande advogado. "Ela o elogiou muito", ouvi mais tarde. Então quando os recrutadores ligaram para marcar a próxima rodada de entrevistas, fiz tudo o que estava ao meu alcance. Por fim consegui o emprego, apesar de ter fracassado no que percebi ser a parte mais importante do processo de recrutamento. A velha máxima diz que é melhor ser sortudo do que bom. Aparentemente ter os contatos certos é melhor do que as duas coisas.

Em Yale, o poder do networking é como o ar que respiramos – tão sutil que é fácil não ver. Quase no fim do nosso primeiro ano, a maioria de nós estava estudando para a competição de escrita do *Yale Law Journal*. O *Yale Law Journal* publica artigos longos de análises jurídicas, essencialmente para um público acadêmico. Os artigos parecem manuais de aquecedores – secos, cheios de fórmulas e meio que escritos em outra língua. (Um exemplo: "Apesar da grande promessa da classificação, mostramos que o modelo, a implementação e a prática regulatória sofrem de sérias imperfeições: jurisdições camuflam mais do que chamam a atenção"). Sem brincadeira, fazer parte do *Journal* é uma coisa séria. É a atividade extracurricular mais importante para os empregadores jurídicos, alguns dos quais só contratam do quadro editorial da publicação.

Alguns alunos entram na faculdade de direito com um plano para admissão no *Yale Law Journal*. A competição de escrita começou em abril. Em março, as pessoas já estavam se preparando havia semanas. Seguindo o conselho de recém-formados (que também eram amigos próximos), um amigo tinha começado a estudar antes do Natal. Os alunos de escritórios de elite se reuniam para repassar uns com os outros as técnicas de edição de texto. Um aluno de segundo ano ajudou seu antigo colega de quarto de Harvard (um aluno do primeiro ano) a planejar uma estratégia de estudo para o último mês antes da prova. A toda hora e em qualquer lugar as pessoas estavam usando círculos de amizade e grupos de ex-alunos para aprenderem mais sobre o teste mais importante do nosso primeiro ano.

Eu não fazia ideia do que estava acontecendo. Não havia grupo de ex-alunos da Ohio State – quando cheguei, eu era um dos dois formados na Ohio State em toda a faculdade. Eu desconfiava de que o *Journal* fosse importante, porque a magistrada da Suprema Corte, Sonia Sotomayor, tinha feito parte dele. Mas não sabia por quê. Eu sequer sabia o que o *Journal* fazia. Todo o processo era uma caixa-preta, e ninguém que eu conhecia tinha a chave.

Havia canais oficiais de informação. Mas eles telegrafavam mensagens conflitantes. Yale se orgulha em ser uma faculdade de direito não estressante e não competitiva. Infelizmente essas ideias por vezes se manifestavam em mensagens confusas. Ninguém parecia saber que valor aquela qualificação de fato tinha. Diziam-nos que o *Journal* era um enorme impulso na carreira, mas que não era tão importante assim, que não devíamos nos estressar por isso, mas que era um pré-requisito para certos tipos de empregos. Isso, sem dúvida, era verdade: para muitas carreiras e interesses, fazer parte do *Journal* era uma mera perda de tempo. Mas eu não sabia *a que* carreiras isso se aplicava. E não sabia ao certo como descobrir.

Foi mais ou menos nessa época que Amy Chua, uma das minhas professoras, apareceu e me explicou exatamente como as coisas funcionavam:

– Ser membro do *Journal* é útil se você quiser trabalhar para um juiz ou se quiser ser acadêmico. Do contrário, é perda de tempo. Mas se você não souber ao certo o que quer fazer, vá em frente e tente.

Foi um conselho de um milhão de dólares. Porque eu não sabia ao certo o que queria, então segui em frente. Apesar de eu não ter conseguido entrar no meu primeiro ano, passei pelo crivo no segundo e me tornei editor daquela estimada publicação. Se entrei ou não, essa não é a questão aqui. A questão é que com a ajuda de uma professora, eu tinha obtido a informação. Foi como se eu tivesse aprendido a enxergar.

Essa não foi a última vez que Amy me ajudou a navegar por territórios desconhecidos. A faculdade de direito é um corrida de obstáculos de três anos, com decisões de vida e de carreira. Por um lado, é bom ter tantas oportunidades. Por outro, eu não fazia ideia do que fazer com essas oportunidades e não tinha ideia de quais oportunidades teriam um objetivo a longo prazo. Ora, eu sequer tinha um objetivo a longo prazo. Só queria me formar e conseguir um bom emprego. Tinha uma vaga noção de que gostaria de trabalhar no serviço público depois que pagasse a minha dívida com a faculdade de direito. Mas não tinha um emprego em mente.

Mas a vida não esperou por mim. Quase imediatamente após me comprometer com um escritório de advocacia, começaram a falar sobre as inscrições para escriturário judiciário para depois da formatura. Estágios de escriturário judiciário em gabinetes de juízes federais têm duração de um ano. É uma incrível experiência de aprendizado para jovens advogados: escriturários leem documentos de tribunais, pesquisam questões jurídicas e até ajudam o juiz a formar opiniões. Todo ex-escriturário se gaba da experiência, e empregadores do setor privado frequentemente concedem dezenas de milhares de dólares em luvas de contratação para um recém-escriturário.

Era isso que eu sabia sobre escriturários, e era completamente verdade. Mas era também muito superficial: o processo dos escriturários era infinitamente mais complexo. Primeiro você deve decidir para que tipo de corte quer trabalhar: uma corte que faz muitos julgamentos, ou uma corte que ouve apelos de cortes inferiores. Depois você precisa decidir para que regiões do país se inscrever. Se você quer ser escriturário da Suprema Corte, certos juízes "influentes" lhe dão mais chance de conseguir. Previsivelmente, esses juízes contratam de forma mais competitiva, então se guardar para um juiz influente traz certos riscos – se você vence o jogo, está no meio do caminho para as câmaras da mais alta corte do país; se perde, fica sem trabalho. Além de tudo isso, existe o fato de que você trabalha muito perto desses juízes. E ninguém quer desperdiçar um ano sendo repreendido por um babaca de toga preta.

Não existe nenhum banco de dados que libere essas informações, nenhuma fonte central que diga quais juízes são gentis, quais mandam pessoas para a Suprema Corte e que tipo de trabalho – julgamento ou apelação – alguém quer fazer. Aliás, é considerado quase inadequado falar sobre essas coisas. Como você pergunta a um professor se uma juíza para a qual ele está lhe recomendando é gentil? É mais complicado do que parece.

Então, para obter essa informação, deve-se acessar o networking – grupos de alunos, amigos que foram escriturários e os poucos professores dispostos a darem conselhos violentamente honestos. A essa altura, na minha experiência na faculdade de direito, eu tinha aprendido que a única maneira de tirar vantagem da sua rede de contatos era perguntando. Então fiz isso. Amy Chua me falou que eu não deveria me preocupar em ser escriturário de um estimado juiz influente, porque essa credencial não se provaria muito útil, considerando minhas ambições. Mas insisti, até ela concordar em me recomendar a um juiz federal poderoso com muitas conexões com os magistrados da Suprema Corte.

Enviei todo o material – um currículo, alguns textos escritos e uma carta desesperada de interesse. Eu não sabia por que estava fazendo isso. Talvez, com meu jeito sulista e sem ter um *pedigree* familiar, eu achasse que precisava de provas de que meu lugar era na Escola de Direito de Yale. Ou, talvez só estivesse seguindo o bando. Independente do motivo, eu *precisava* dessa credencial.

Alguns dias após enviar meu material, Amy me chamou em seu escritório para me avisar que eu estava entre os finalistas. Meu coração disparou. Eu sabia que tudo de que precisava era de uma entrevista e conseguiria o emprego. E eu sabia que se ela insistisse bastante na minha inscrição, eu conseguiria a entrevista.

Foi então que aprendi o valor do real capital social. Não quero sugerir que minha professora passou a mão no telefone e falou para o juiz que ele tinha que me receber para uma entrevista. Antes de fazer isso, ela me disse que precisava falar seriamente comigo.

– Não acho que você esteja fazendo isso pelos motivos certos. Acho que está fazendo pelas credenciais, o que não tem problema, mas essa credencial não serve aos seus propósitos de carreira. Se você não quer ser um litigante poderoso da Suprema Corte, não deveria ligar para esse emprego.

Depois ela me disse o quão difícil seria trabalhar para esse juiz. Ele era extremamente exigente. Seus escriturários não tinham um dia de folga durante um ano inteiro. E em seguida ela foi para o lado pessoal. Ela sabia que eu tinha namorada e era louco por ela.

– Esse trabalho é o tipo de coisa que destrói relacionamentos. Se quer meu conselho, acho que você deve priorizar Usha e descobrir um rumo profissional que de fato faça sentido para você.

Foi o melhor conselho que já me deram, e eu o segui. Falei para ela retirar a minha inscrição. É impossível saber se eu teria conseguido o emprego. Eu provavelmente estava agindo com excesso de confiança: minhas notas e meu currículo eram bons, mas não fantásticos. Contudo, o conselho de Amy me impediu de tomar uma decisão definitiva. Impediu que eu me mudasse para quilômetros de distância da pessoa com quem afinal me casei. Mais importante, me permitiu aceitar meu lugar nessa instituição estranha – não tinha problema trilhar meu próprio caminho, e não tinha problema colocar uma garota acima de uma ambição mal planejada. Minha professora me deu permissão para ser eu mesmo.

É difícil colocar um valor financeiro nesse conselho. É o tipo de coisa que continua pagando dividendos. Mas não se engane: o conselho teve um valor econômico tangível. O capital social não se manifesta apenas em alguém que o liga a um amigo ou passa adiante um currículo para um antigo chefe. É também, e talvez mais importante, uma medida de quanto aprendemos através de amigos, colegas e mentores. Eu não sabia como priorizar minhas opções, e não sabia que havia outros caminhos, melhores para mim. Aprendi isso através dos meus contatos – especificamente, através de uma professora muito generosa.

Minha educação em capital social continua. Por um tempo, colaborei com o site de David Frum, jornalista e formador de opinião que agora escreve para o *Atlantic*. Quando eu estava pronto para me comprometer com um escritório de Washington, ele sugeriu um outro onde dois de seus amigos da administração Bush tinham recentemente se tornado sócios. Um desses amigos me entrevistou e quando entrei para o escritório, ele se tornou um importante mentor. Mais tarde encontrei esse homem numa conferência em Yale, onde ele me apresentou a seu velho amigo da Casa Branca de Bush (e meu herói político), o governador de Indiana, Mitch Daniels. Sem o conselho de David, eu jamais teria ido para aquele escritório, e nem teria conversado (apesar de brevemente) com a figura política que mais admiro.

Decidi que queria ser escriturário. Mas em vez de entrar cegamente no processo, descobri o que queria da experiência – trabalhar para alguém que eu respeitava, aprender o máximo possível e ficar perto de Usha. Então Usha e eu decidimos passar juntos pelo processo. Fomos parar no norte do Kentucky, não muito longe de onde cresci. Era a melhor situação possível. Gostávamos tanto dos nossos chefes que pedimos para que eles oficializassem nosso casamento.

Essa é só uma versão de como o mundo de pessoas bem-sucedidas funciona. Mas o capital social está ao nosso redor. Os que se integram a ele e o usam prosperam. Os que não o fazem correm na corrida da vida com uma grande deficiência. Isso é um problema sério para caras como eu. Eis uma lista não exaustiva de coisas que eu não sabia quando entrei para a Escola de Direito de Yale:

Que você precisa usar terno para uma entrevista de emprego.

Que usar um terno grande o suficiente para um gorila não é apropriado.

Que uma faca de manteiga não é um mero objeto de decoração (afinal de contas, qualquer coisa que exige uma faca de manteiga pode ser mais bem feita com uma colher ou um dedo indicador).

Que couro sintético e couro são materiais diferentes.

Que sapatos e cinto devem combinar.

Que certas cidades e estados têm um mercado de trabalho melhor.

Que estudar numa boa faculdade trazia benefícios além de simplesmente poder se gabar.

Que finanças é um ramo em que as pessoas trabalham.

Mamaw sempre ressentiu do estereótipo do caipira – a ideia de que pessoas como nós não passavam de idiotas. Mas o fato é que eu era extremamente ignorante sobre como avançar. Não saber de coisas que muitos outros sabem quase sempre traz sérias consequências econômicas. Isso me custou um emprego na faculdade (parece que botas de combate do Corpo de Fuzileiros Navais e calças cáqui não são apropriadas para entrevistas) e poderia ter me custado muito mais na faculdade de direito se eu não tivesse tido algumas pessoas que me ajudaram em cada passo dessa caminhada.

CAPÍTULO 14

Ao iniciar meu segundo ano da faculdade de direito, me senti como se tivesse vencido. Recém-saído do meu emprego de verão no Senado americano, voltei para New Haven com uma riqueza de novos amigos e experiências. Eu tinha uma namorada linda e um ótimo emprego num bom escritório quase nas mãos. Eu sabia que jovens como eu não deveriam chegar tão longe e parabenizei a mim mesmo por ter contrariado as estatísticas. Eu era melhor do que o meu lugar de origem: melhor do que Mamãe e seu vício, e melhor do que as figuras paternas que me abandonaram. Eu só lamentava que Mamaw e Papaw não estivessem vivos para ver.

Mas havia sinais de que as coisas não estavam indo tão bem, particularmente na minha relação com Usha. Estávamos namorando havia apenas alguns meses quando ela encontrou uma analogia que me descrevia com perfeição. Eu era, ela disse, uma tartaruga.

– Sempre que alguma coisa ruim acontece – até mesmo a insinuação de uma possível briga –, você se recolhe completamente. É como se você tivesse uma casca onde se esconde.

Era verdade. Eu não fazia ideia de como lidar com problemas de relacionamento, então eu simplesmente escolhia não lidar. Poderia gritar quando ela fizesse algo de que eu não gostava, mas isso me parecia muito ruim. Ou podia me recolher e me afastar. Essas eram as flechas proverbiais da minha aljava e eu não tinha mais nada. A ideia de brigar com Usha me reduzia ao pântano das características que eu achava que não tinha herdado da minha família: estresse, tristeza, medo, ansiedade. Estava tudo ali, e era *intenso*.

Eu tentava me afastar, mas Usha não deixava. Tentei terminar muitas vezes, mas ela me disse que isso era burrice, a não ser que eu não gostasse dela. Então eu gritava e berrava. E fazia todas as coisas horríveis que minha mãe tinha feito. E depois me sentia culpado e morria de medo. Boa parte da minha vida, pintei Mamãe como uma espécie de vilã. E agora eu estava agindo como ela. Nada se compara ao medo de que você esteja se tornando o monstro do seu armário.

Durante aquele segundo ano da faculdade de direito, Usha e eu viajamos para Washington, para novas entrevistas com alguns escritórios de advocacia. Voltei para o nosso quarto no hotel, falei que tinha acabado de me sair mal na entrevista num dos escritórios onde queria muito trabalhar. Quando Usha tentou me consolar, falando que eu provavelmente tinha me saído melhor do que eu esperava, e que mesmo que não tivesse ido bem, havia outras opções, eu estourei.

– Não diga que eu fui bem – gritei. – Você está arrumando desculpas para minha fraqueza. Não cheguei até aqui arrumando desculpas para o fracasso.

Saí do quarto e passei as duas horas seguintes nas ruas do distrito comercial de Washington. Pensei naquela vez em que Mamãe levou a mim e ao nosso poodle toy para o Comfort Inn de Middletown depois de uma briga horrível com Bob. Ficamos lá por alguns dias, até Mamaw convencer Mamãe de que ela tinha que voltar para casa e enfrentar os problemas como adulto. Pensei em Mamãe durante a infância dela, fugindo pela porta dos fundos com a mãe e a irmã para evitar mais uma noite de pavor com o pai alcoólatra. Eu era um fujão de terceira geração.

Eu estava perto do Teatro Ford, o local histórico onde John Wilkes Booth atirou em Abraham Lincoln. A mais ou menos meio quarteirão do teatro há uma loja de esquina que vende souvenirs. Dentro dela, um grande boneco inflável de Lincoln com um sorriso extraordinariamente largo olha para quem está passando. Fiquei me sentindo como se esse boneco estivesse zombando de mim. *Por que diabos ele está sorrindo?*, pensei. Lincoln era melancólico e se algum lugar o faria sorrir, certamente não seria a poucos metros de onde alguém lhe deu um tiro na cabeça.

Dobrei a esquina e depois de alguns passos vi Usha sentada nos degraus do Teatro Ford. Ela tinha ido atrás de mim, preocupada por eu estar sozinho. Foi então que percebi que tinha um problema – e precisava enfrentar o que quer que fosse que há gerações fazia com que as pessoas da minha família machucassem aqueles que amam. Pedi mil desculpas a Usha. Esperava que ela fosse me mandar à merda, que fosse me dizer que ela precisaria de alguns dias para se recuperar, e que eu era uma péssima pessoa. Um pedido sincero de desculpas é uma redenção, e quando uma pessoa se rende também se abre para o ataque final. Mas Usha não estava interessada nisso. Ela me falou calmamente em meio a lágrimas que não podia aceitar que eu simplesmente fugisse, que ela estava preocupada e que eu tinha que aprender a conversar com ela. Depois me deu um abraço e disse que aceitava minhas desculpas, e estava feliz por eu estar bem. Foi o fim da história.

Usha não tinha aprendido a brigar na escola de caipiras. Na primeira vez em que visitei sua família no feriado de Ação de

Graças, fiquei impressionado com a falta de brigas. A mãe de Usha não reclamou do pai dela pelas costas dele. Não houve qualquer sugestão de que bons amigos da família eram mentirosos e traidores, nenhuma altercação raivosa entre a mulher de um homem e a irmã dele. Os pais de Usha pareciam gostar de verdade da avó dela e falavam de seus irmãos com amor. Quando perguntei ao pai dela sobre um parente relativamente afastado, esperava ouvir um desabafo sobre falhas de caráter. Mas, em vez disso, o que ouvi foi solidariedade e um pouco de tristeza, mas principalmente uma lição de vida:

– Eu ainda ligo com frequência para saber dele. Você não pode simplesmente descartar familiares porque eles não parecem interessados em você. Você tem que se esforçar, porque são da família.

Tentei procurar um psicólogo, mas era estranho demais. Falar com um desconhecido sobre meus sentimentos me fazia querer vomitar. Fui até a biblioteca e descobri que comportamentos que eu considerava normais eram assunto de estudos acadêmicos intensivos. Psicólogos chamam as ocorrências diárias da minha vida e da de Lindsay de ACE, das iniciais de *adverse childhood experiences* [experiências adversas durante a infância]. Essas experiências são eventos traumáticos, e suas consequências avançam pela vida adulta. O trauma não precisa ser físico. Os seguintes eventos ou sentimentos são algumas das experiências adversas mais comuns:

- Ser xingado, insultado ou humilhado pelos pais
- Ser empurrado, sacudido ou ter alguma coisa arremessada contra você
- Ter a sensação de que sua família não se apoia
- Ter pais que se separaram ou se divorciaram
- Morar com um alcoólatra ou usuário de drogas
- Viver com alguém em depressão ou que tentou suicídio
- Ver uma pessoa amada sofrendo abusos físicos

Essas experiências adversas acontecem em todo lugar, em toda comunidade. Mas estudos demonstram que são muito mais comuns no meu canto do mundo. Um relatório do Fundo da Infância de Wisconsin demonstrou que dentre aqueles com terceiro grau completo ou superior (os que não são da classe trabalhadora), menos da metade passou por alguma experiência adversa. Na classe trabalhadora, bem mais da metade já passou por pelo menos uma, e cerca de 40% das pessoas passaram por muitas. Isso é muito impressionante – quatro a cada dez integrantes da classe operária já passaram por traumas múltiplos durante a infância. Na classe não operária, esse número é 29%.

Fiz um teste com tia Wee, tio Dan, Lindsay e Usha que os psicólogos utilizam para determinar a quantidade de experiências adversas que uma pessoa já enfrentou. Tia Wee tirou sete – mais até do que Lindsay e eu, que tiramos seis cada um. Dan e Usha – as duas pessoas cujas famílias pareciam gentis a ponto de serem estranhas – tiraram zero. As pessoas estranhas eram os que nunca tinham passado por nenhum trauma de infância.

Crianças com experiências adversas múltiplas são mais propensas a sofrerem de ansiedade e depressão, a sofrerem de doenças coronárias e de obesidade, e a terem certos tipos de câncer. Também são mais propensas a se saírem mal na escola e a sofrerem com relacionamentos instáveis quando adultas. Mesmo gritarias excessivas podem arruinar a sensação de segurança de uma criança e contribuírem para problemas de saúde mental e comportamentais no futuro.

Pediatras de Harvard estudaram o efeito que traumas de infância têm na mente. Além de consequências negativas na saúde mais tarde, os médicos descobriram que constante estresse pode efetivamente mudar a química do cérebro de uma criança. Afinal, o estresse é resultado de uma reação psicológica. É consequência de adrenalina e outros hormônios inundando nosso organismo, geralmente em resposta a alguma espécie de estímulo. Essa é a clássica reação de luta ou fuga sobre a qual aprendemos na escola. Às vezes produz incríveis feitos de força e coragem em pessoas comuns. É assim que mães conseguem levantar carros quando seus filhos ficam presos embaixo deles e como uma mulher mais velha e desarmada consegue lutar contra um leão usando só as mãos para salvar o marido.

Infelizmente, a reação de luta ou fuga constante é uma companhia destrutiva. Conforme observado pela dra. Nadine Burke Harris, essa reação é ótima "se você está numa floresta e aparece um urso. O problema é quando esse urso vem para casa depois do bar toda noite." Quando isso acontece, os pesquisadores de Harvard descobriram, a parte do cérebro que lida com situações de estresse elevado assume o comando. "Estresse significativo no começo da infância", relatam, "resulta numa reação hiper-responsiva ou de estresse psicológico cronicamente ativado, junto com o aumento do potencial de medo e ansiedade." Para crianças como eu, a parte do cérebro que lida com estresse e conflito vive ativada – o interruptor fica ligado o tempo todo. Estamos constantemente prontos para lutar ou fugir, porque vivemos expostos ao urso, seja ele um pai alcoólatra ou uma mãe instável. Nós nos tornamos armados para o conflito. E essas armas permanecem, mesmo quando o conflito acabou.

Não são só as brigas. Sob quase todos os aspectos, as famílias da classe operária americana experimentam um grau de instabilidade não visto em nenhum lugar do mundo. Considere, por exemplo, a fila de figuras paternas que Mamãe nos impôs. Nenhum outro país experimenta nada parecido. Na França, a porcentagem de crianças expostas a três ou mais parceiros das mães é de 0,5 – ou seja, cerca de uma em duzentas. O segundo índice é de 2,6, na Suécia, ou seja, cerca de uma em quarenta. Nos Estados Unidos, o índice é chocante, de 8,2% – cerca de uma em doze – e o índice é ainda mais alto na classe operária. A parte mais deprimente é que a instabilidade de relacionamentos, como o caos em casa, é um ciclo vicioso. Conforme os sociólogos Paula Fornby e Andrew Cherlin descobriram, um "volume crescente de literatura sugere que crianças que experimentam múltiplas transições na estrutura familiar podem ter um desenvolvimento pior do que os de crianças criadas em famílias estáveis com apenas um dos pais".

Para muitas crianças, o primeiro impulso é fugir, mas as pessoas que correm para a saída raramente escolhem a porta certa. Foi assim que minha tia se viu casada aos dezesseis anos com um marido abusivo. É como minha mãe, a oradora da turma no colégio, já tinha um bebê e um divórcio, mas nenhum crédito de faculdade antes do fim da adolescência. Eles saem da frigideira para o fogo. O caos gera mais caos. Instabilidade gera instabilidade. Bem-vindo à vida familiar do caipira americano.

Para mim, entender meu passado e saber que eu não estava condenado me deu a esperança e a força para lidar com os demônios da minha juventude. E apesar de ser clichê, o melhor remédio foi conversar sobre o assunto com pessoas que entendiam. Perguntei a tia Wee se ela tinha experiências semelhantes em seus relacionamentos, e ela respondeu quase como um reflexo.

– Claro. Eu vivia pronta para brigar com Dan – me contou ela. – Às vezes eu até me preparava para uma grande discussão, tipo me colocava numa posição de luta, antes de ele parar de falar.

Fiquei chocado. Tia Wee e Dan têm o casamento mais bem-sucedido que eu já vi. Mesmo depois de vinte anos, eles interagem como se tivessem começado a namorar no ano passado. O casamento dela melhorou, ela disse, só depois que ela percebeu que não precisava ficar na defensiva o tempo todo.

Lindsay me disse a mesma coisa.

– Quando eu brigava com Kevin, eu o ofendia e dizia para ele fazer o que eu sabia que ele queria fazer: ir embora. E ele sempre me perguntava: "Qual é o seu problema?! Por que você briga comigo como se eu fosse seu inimigo?"

A resposta é que na nossa casa sempre foi difícil diferenciar amigo de inimigo. Dezesseis anos depois, no entanto, Lindsay continua casada.

Pensei muito em mim mesmo, nos estopins emocionais que aprendi em dezoito anos. Percebi que eu desconfiava de pedidos de desculpa, pois eles eram frequentemente usados para convencê-lo a baixar a guarda. Foi um "sinto muito" que me convenceu a fazer aquele passeio de carro com Mamãe há mais de dez anos. E comecei a entender por que eu usava palavras como armas: era isso que todo mundo em volta de mim fazia; eu fazia isso para sobreviver. Discussões eram guerras, e você entra no jogo para ganhar.

Não desaprendi essas coisas da noite para o dia. Continuei lutando com esse conflito, para combater as probabilidades estatísticas que às vezes parecem me alcançar. Às vezes é mais fácil saber que as estatísticas sugerem que eu deveria estar na cadeia ou tendo meu quarto filho ilegítimo. E às vezes é mais difícil – conflito e famílias arruinadas parecem o destino do qual não posso escapar. Nos meus piores momentos, me convenço de que não existe saída, e independente do quanto eu combata velhos demônios, eles são tão herança quanto meus olhos azuis e meus cabelos castanhos. O triste é que eu não conseguiria sem Usha. Mesmo na minha melhor versão, sou uma explosão retardada – não posso ser desarmado, exceto com habilidade e precisão. Aprendi a me controlar, mas Usha também aprendeu a me administrar. Coloque dois de mim numa mesma casa e você terá uma explosão atômica. Não é de surpreender que todas as pessoas da minha família que construíram um lar bem-sucedido – tia Wee, Lindsay, minha prima Gail – se casaram com alguém de fora da nossa pequena cultura.

Essa percepção destruiu a narrativa que eu contava sobre a minha vida. Na minha própria cabeça, eu era melhor do que o meu passado. Eu era forte. Deixei a cidade assim que pude, servi meu país nos Fuzileiros, me dei muito bem na Ohio State e consegui entrar para a melhor faculdade de direito do país. Eu não tinha demônios, não tinha falhas de caráter, nem problemas. Mas isso simplesmente não era verdade. As coisas que eu mais queria no mundo – uma companheira e um lar feliz – exigiam constante atenção. Minha autoimagem era amargura disfarçada de arrogância. No meu segundo ano de direito, deixei de falar com Mamãe por meses, mais tempo do que em qualquer momento da vida. Percebi que de todas as emoções que sentia em relação a minha mãe – amor, pena, perdão, raiva, ódio, e várias outras – nunca tinha sentido solidariedade. Nunca tinha tentado entender minha mãe. No auge da minha empatia, concluí que ela tinha algum erro genético terrível e torcia para eu não o ter herdado. Quando passei a ver cada vez mais o comportamento de Mamãe em mim, tentei entendê-la.

Tio Jimmy me contou que muito tempo atrás flagrou uma discussão entre Mamaw e Papaw. Mamãe tinha se metido em alguma encrenca, e eles precisavam livrar a cara dela. Essas ocorrências eram comuns e sempre vinham acompanhadas de algumas condições teóricas. Ela teria que melhorar, eles diziam a ela, e lhe impunham algum plano arbitrário que eles mesmos tinham elaborado. O plano era o custo da ajuda. Enquanto sentavam e discutiam as coisas, Papaw apoiou a cabeça nas mãos e fez algo que o tio Jimmy jamais o tinha visto fazer: ele chorou.

– Eu falhei com ela – chorava. E ficou repetindo: – Eu falhei com ela, eu falhei com ela, eu falhei com a minha filhinha.

O raro colapso emocional de Papaw toca o cerne de uma importante questão para caipiras como eu: quanto das nossas vidas, coisas boas e ruins, devemos creditar a nossas decisões pessoais, e quanto é simplesmente herança da nossa cultura, das nossas famílias ou de nossos pais que falharam com os filhos? Quanto da vida de Mamãe é culpa dela? Onde acaba a culpa e começa a solidariedade?

Todos nós temos opiniões. Tio Jimmy reage de forma visceral à ideia de que qualquer culpa pelas escolhas de Mamãe podem ser creditadas a Papaw.

– Ele não falhou com ela. O que quer que tenha acontecido é culpa dela mesma.

Tia Wee vê as coisas do mesmo jeito, e quem pode culpá-la? Com apenas dezenove meses menos que Mamãe, ela viu o pior de Mamaw e Papaw e cometeu seus próprios erros antes de sair do outro lado com a cabeça erguida. Se ela consegue, então Mamãe também deveria. Lindsay tem um pouco mais de empatia e acha que assim como nossas vidas nos deixaram com demônios, a de Mamãe deve ter feito o mesmo com ela. Mas em algum momento, diz Lindsay, temos que parar de procurar desculpas e assumir a responsabilidade.

Minha própria visão é mista. O que quer que possa ser dito sobre o papel de seus pais na vida da minha mãe, as brigas constantes e o alcoolismo devem tê-la esgotado. Mesmo quando eram crianças, as brigas pareciam afetar minha tia e minha mãe de maneira diferente. Enquanto tia Wee implorava para que os pais se acalmassem, ou provocava o pai para tirar a atenção dele da mãe, Mamãe se escondia, fugia ou se jogava no chão tapando os ouvidos. Ela não lidava com aquilo tão bem quanto os irmãos. De certa forma, Mamãe é a Vance que perdeu o jogo das estatísticas. Seja como for, minha família provavelmente tem sorte por só um de nós ter perdido o jogo.

O que sei é que Mamãe não é uma vilã. Ela ama a mim e a Lindsay. Ela tentou de todas as maneiras ser uma boa mãe. Às vezes conseguiu; às vezes não. Tentou encontrar felicidade no amor e no trabalho, mas ouviu demais a voz ruim em sua cabeça. Mas Mamãe merece boa parte da culpa. Nenhuma experiência adversa na infância dá um passe livre moral perpétuo a ninguém – nem a Lindsay, nem a tia Wee, nem a mim, nem a Mamãe.

Ao longo da minha vida, ninguém conseguia inspirar emoções tão intensas quanto minha mãe, nem mesmo Mamaw. Quando eu era pequeno, eu a amava tanto que quando um colega de jardim de infância tirou sarro do guarda-chuva dela, dei um soco na cara dele. Quando a vi sucumbir várias vezes ao vício, eu a detestei e desejei que ela usasse drogas o bastante para livrar a mim e a Lindsay dela de uma vez por todas. Quando ela deitava na cama chorando após o fim de mais um relacionamento fracassado, eu sentia uma raiva que poderia me levar a matar.

Perto do fim da faculdade de direito, Lindsay me ligou para contar que Mamãe estava usando uma outra droga agora – heroína – e tinha decidido ir para a reabilitação mais uma vez. Eu não sabia quantas vezes Mamãe já tinha ido para a reabilitação, quantas noites já tinha passado no hospital quase inconsciente por causa de uma overdose. Então eu não devia ter me surpreendido nem ficado tão incomodado, mas "heroína" simplesmente era um novo patamar; é como a Kentucky Derby, a corrida de cavalos que acontece anualmente em Louisville, e é conhecida nos Estados Unidos como "os dois minutos mais incríveis do esporte", das drogas. Quando fiquei sabendo disso, senti uma nuvem pairando sobre mim durante semanas. Acho que finalmente tinha perdido toda a esperança em relação a Mamãe.

A emoção que Mamãe me inspirou naquele momento não foi ódio nem amor, nem raiva, mas medo. Medo por sua integridade e segurança. Medo de que mais uma vez Lindsay tivesse que lidar com tudo sozinha enquanto eu morava a centenas de quilômetros de distância. Acima de tudo, medo de que eu não conseguisse escapar daquilo tudo. A meses de me formar na Escola de Direito de Yale, eu deveria estar me sentindo no topo do mundo. Mas, em vez disso, fiquei me perguntando a mesma coisa que passei boa parte do último ano me perguntando: se pessoas como nós realmente podem mudar.

Quando Usha e eu nos formamos, o bando que me viu atravessar o palco era composto de dezoito pessoas, incluindo minhas primas Denise e Gail, respectivamente as filhas dos irmãos de Mamaw, David e Pet. Os pais e o tio de Usha – pessoas fantásticas, embora muito menos barulhentas do que o meu pessoal – também foram até lá. Nossas famílias ainda não se conheciam, e nós nos comportamos (apesar de Denise ter dito alguns palavrões sobre a "arte" moderna no museu que visitamos!).

O movimento de Mamãe com o vício terminou como sempre – numa trégua apreensiva. Ela não foi à minha formatura, mas não estava usando drogas naquele momento, e por mim estava bom assim. A magistrada Sonya Sotomayor fez um discurso na nossa cerimônia e falou que não tinha problema não sabermos o que queríamos fazer das nossas vidas. Acho que ela estava falando sobre carreiras, mas para mim aquilo teve um significado mais amplo. Aprendi muito sobre direito em Yale. Mas também aprendi que esse novo mundo sempre pareceria um pouco estranho para mim e que ser um caipira às vezes significava não saber a diferença entre o amor e a guerra. Quando nos formamos, essa era a minha maior incerteza.

CAPÍTULO 15

Do que mais me lembro é da porra das aranhas. Muito grandes, como tarântulas ou coisa do tipo. Eu estava na janela de um desses motéis de beira de estrada, separado de uma mulher (que certamente não tinha diploma de hospitalidade) por um vidro espesso. A luz do escritório iluminava algumas teias de aranhas suspensas entre a parede e a cortina improvisada que parecia pronta para cair. Em cada teia havia pelo menos uma aranha gigante, e eu achava que se desviasse o olhar delas por muito tempo, uma daquelas criaturas assustadoras pularia na minha cara e sugaria todo o meu sangue. Nem tenho medo de aranhas, mas aquelas eram *grandes*.

Eu não deveria estar aqui. Tinha estruturado toda a minha vida justamente para evitar esse tipo de lugar. Quando eu pensava em ir embora da minha cidade, em "sair de lá", era desse tipo de lugar que eu queria escapar. Já passava de meia-noite. A luz da rua revelava a silhueta de um homem sentado em seu caminhão – a porta aberta, os pés pendurados para fora – com a forma inconfundível de uma seringa hipodérmica espetada em seu braço. Eu deveria ter ficado chocado, mas, afinal, estávamos em Middletown. Há apenas algumas semanas a polícia tinha encontrado uma mulher desmaiada no lava-carros local com um saco de heroína e uma colher no banco do passageiro, a seringa ainda espetada no braço.

A gerente do hotel naquela noite era a que mais me dava pena. Ela podia ter quarenta anos, mas tudo nela – dos longos cabelos grisalhos e gordurosos, à boca sem dentes e o cenho que ela vestia como um fardo – gritava velhice. Essa mulher tinha tido uma vida dura. Sua voz soava como a de uma criança pequena, um bebê, até. Era mansa, quase inaudível, e muito triste.

Entreguei a ela meu cartão de crédito, e ela claramente estava despreparada para aquilo.

– É que normalmente as pessoas pagam em dinheiro – explicou ela.

– Sim, mas como eu disse por telefone, vou pagar com cartão. Posso ir até o caixa eletrônico se você preferir – respondi.

– Ah, sinto muito, acho que me esqueci. Mas tudo bem, tenho uma daquelas maquininhas aqui em algum lugar. Então ela pegou uma daquelas velhas máquinas de passar o cartão – do tipo que registra as informações em papel carbono. Quando entreguei a ela o cartão, seus olhos pareciam me fazer um apelo, como se ela fosse uma prisioneira da própria vida. – Tenha uma boa estada – me disse ela, o que me pareceu um voto estranho. Eu tinha lhe dito pelo telefone, havia menos de uma hora, que o quarto não era para mim, mas para a minha mãe que não tinha casa.

– Tá certo – respondi. – Obrigado.

Eu era um recém-formado em direito em Yale, ex-editor do prestigioso *Yale Law Journal* e membro da Ordem dos Advogados. Há apenas dois meses Usha e eu nos casamos num dia lindo no leste do Kentucky. Toda a minha família compareceu, e nós dois trocamos nossos sobrenomes para Vance – o que me deu, finalmente, o mesmo nome da família à qual eu pertencia. Eu arrumei um bom emprego, comprei uma casa, tinha um relacionamento feliz e uma vida feliz numa cidade que eu amava, Cincinnati. Usha e eu voltamos para lá depois da faculdade para cumprirmos trabalhos de um ano como escriturários e construímos um lar com nossos dois cachorros. Eu estava ascendendo socialmente. Tinha conseguido. Tinha conquistado o Sonho Americano.

Ou, pelo menos, era o que parecia para um estranho. Mas a ascensão social não era tão simples assim, e o mundo que deixei para trás sempre encontrava uma forma de me puxar de volta. Não sei qual foi a sequência específica de eventos que me levou àquele hotel, mas sabia as coisas que importavam. Mamãe tinha voltado a usar drogas. Roubou alguns objetos de valor herdados por seu quinto marido para comprar drogas (alguns opiáceos que precisavam de receita, acho), e ele a expulsou de casa por isso. Estavam se divorciando e ela não tinha para onde ir.

Eu já tinha jurado para mim mesmo que nunca mais ajudaria Mamãe, mas a pessoa que tinha feito aquele juramento tinha mudado. Eu estava explorando, ainda que de maneira confusa, a fé cristã que havia descartado anos antes. Tinha aprendido, pela primeira vez, a extensão das feridas emocionais de infância de Mamãe. E me toquei de que esses ferimentos nunca se curam, nem mesmo para mim. Então quando descobri que Mamãe estava em apuros, não a insultei baixinho e desliguei o telefone. Ofereci ajuda.

Tentei ligar para um hotel de Middletown e passar as informações do meu cartão de crédito. O custo por uma semana era de 150 dólares, e concluí que isso nos daria tempo para pensarmos num plano. Mas não aceitaram meu cartão por telefone, então às onze da noite de terça-feira, fui de Cincinnati a Middletown de carro (mais ou menos uma hora) para impedir que Mamãe ficasse na rua.

O plano que bolei parecia relativamente simples. Eu daria a ela dinheiro o suficiente para se reerguer. Ela encontraria um lugar para morar, economizaria para recuperar sua licença de enfermeira e seguiria adiante. Enquanto isso, eu monitoraria as finanças para me certificar de que ela se mantivesse limpa e na linha. Lembrou os "planos" que Mamaw e Papaw estruturavam, mas me convenci de que dessa vez seria diferente.

Gostaria de dizer que ajudar Mamãe foi fácil. Que eu tinha conseguido ficar em paz com o meu passado e corrigir um problema que me atormentava desde o ensino fundamental. Que, imbuído de solidariedade e compreensão pela infância de Mamãe, conseguia pacientemente ajudá-la a lidar com o vício. Mas entrar naquele motel vagabundo foi difícil. E administrar de fato as finanças dela, como eu planejava fazer, exigia mais paciência e tempo do que eu tinha.

Com a graça de Deus, não fico mais longe de Mamãe. Mas também não posso consertar tudo. Agora tenho espaço tanto para sentir raiva pela vida que ela escolhe levar e solidariedade pela infância que não escolheu. Há espaço para ajudá-la quando posso, quando as finanças e minhas reservas emocionais me permitem cuidar dela do jeito que precisa. Mas também reconheço minhas próprias limitações e minha vontade de me separar de Mamãe quando tenho pouco dinheiro para pagar minhas próprias contas e pouca paciência para as pessoas que mais importam. Essa é a trégua apreensiva que estabeleci para mim, e por enquanto funciona.

As pessoas às vezes me perguntam se acho que existe alguma coisa que podemos fazer para "resolver" os problemas da minha comunidade. Não sei o que estão procurando: uma solução mágica de política pública ou um programa de governo inovador. Mas esses problemas de família, fé e cultura não são como um cubo mágico. E não acho que soluções (como a maioria entende o termo) realmente existam. Um bom amigo, que trabalhou por um tempo na Casa Branca e se importa muito com os sofrimentos da classe trabalhadora, uma vez me disse que "a melhor forma de encarar o problema pode ser reconhecendo que você provavelmente não pode resolver todas essas coisas. Elas sempre existirão. Mas talvez você possa colocar um peso no outro lado da balança para as pessoas que estão à margem."

Havia muitos pesos a serem colocados na minha balança. Quando olho para minha própria vida, o que salta aos olhos é a quantidade de variáveis que tiveram que se encaixar para que eu tivesse alguma chance. Teve a presença constante dos meus avós, mesmo quando minha mãe e meu padrasto se mudaram para longe tentando me afastar deles. Apesar da quantidade de figuras paternas que passaram, sempre estive cercado por homens gentis e carinhosos. Mesmo com todos os seus defeitos, Mamãe sempre me fez amar estudar e aprender. Minha irmã sempre me protegeu, mesmo quando me tornei maior do que ela fisicamente. Dan e tia Wee me abriram sua casa quando tive medo de pedir. Muito antes disso, eles foram o primeiro verdadeiro exemplo de um casamento feliz e amoroso. Tive professores, parentes distantes e amigos.

Tire qualquer uma dessas pessoas da equação e eu provavelmente estou ferrado. Outras pessoas que venceram as estatísticas citam o mesmo tipo de intervenção. Jane Rex gerencia o escritório de alunos transferidos da Appalachian State University. Assim como eu, ela cresceu numa família da classe operária e foi a primeira integrante a fazer faculdade. Ela também é casada há quase quarenta anos e criou três filhos bem-sucedidos. Pergunte a ela o que fez diferença em sua vida, e ela vai contar sobre a família estável que lhe deu a sensação de poder fazer qualquer coisa e ter controle sobre o futuro. Ela me falou sobre o poder de ver o suficiente do mundo para sonhar alto:

– Acho que você precisa ter bons modelos ao seu redor. Uma das minhas grandes amigas era filha do presidente de um banco, então pude ver coisas diferentes. Eu sabia que existia uma outra vida e saber disso lhe dá alguma coisa para sonhar.

Minha prima Gail é uma das minhas pessoas preferidas no mundo: ela é uma das primeiras da geração da minha mãe, os netos Blanton. A vida de Gail é o Sonho Americano materializado: uma casa linda, três filhos incríveis, um casamento feliz e aparência e comportamento plácidos. Tirando Mamaw Blanton, uma verdadeira deidade aos olhos de todos os netos e bisnetos, nunca ouvi mais ninguém ser chamado de "a pessoa mais gentil do mundo". Para Gail, esse é um título totalmente merecido.

Eu supunha que Gail tivesse herdado sua história de vida dos pais. *Ninguém é tão gentil*, pensei, principalmente ninguém que tenha passado por alguma adversidade de fato. Mas Gail era Blanton, e, de coração, uma caipira, e eu deveria saber que nenhuma caipira chega à vida adulta sem alguns percalços pelo caminho. A vida doméstica de Gail tinha sua própria carga emocional. Ela tinha sete anos quando seu pai a abandonou, e dezessete quando se formou na escola, planejando estudar na Universidade de Miami. Mas tinha um probleminha:

– Minha mãe me disse que eu não poderia fazer faculdade a não ser que terminasse com meu namorado. Então eu saí de casa no dia em que me formei, e antes de agosto, estava grávida.

Quase imediatamente, sua vida começou a se desintegrar. O preconceito racial começou a emergir quando ela anunciou que um bebê negro entraria para a família. O anúncio levou a discussões, e então um dia Gail se viu sem família.

– Não tinha notícias dos nossos parentes – me disse. – Minha mãe falou que nunca mais queria ouvir o meu nome.

Devido a sua pouca idade e a falta de apoio familiar, não é nada surpreendente que seu casamento tenha fracassado. Mas a vida de Gail tinha se tornado consideravelmente mais complexa: ela não tinha apenas perdido a família; ganhara uma filha que dependia dela.

– Aquilo mudou totalmente a minha vida: ser mãe era a minha identidade. Eu podia ter virado hippie, mas agora tinha regras – nada de drogas, nada de álcool, nada que pudesse fazer com que uma assistente social levasse a minha filha.

E ali estava Gail: mãe solteira adolescente, sem família, pouco apoio. Muitas pessoas ruiriam nessas circunstâncias, mas a caipira assumiu o controle.

– Papai não estava por perto – se lembrou – fazia anos que não o via, e eu obviamente não estava mais falando com a mamãe. Mas lembro de uma lição que recebi deles, de que poderíamos fazer o que quiséssemos. Eu queria o bebê e queria que desse certo. Então fiz acontecer.

Ela arrumou um emprego numa empresa de telefonia local, foi subindo na vida e até voltou para a faculdade. Quando se casou novamente, ela tinha uma trajetória incrível. A história do seu casamento com o segundo marido, Allan, é só a cereja do bolo.

Alguma versão da história de Gail sempre não dá certo na cidade onde eu cresci. Você vê adolescentes em apuros, às vezes causados por eles mesmos, às vezes não. As estatísticas pesam contra eles, e muitos sucumbem: ao crime ou a uma morte prematura no pior cenário, a brigas domésticas e dependência de programas de benefícios, no melhor. Mas outros vencem. Tem Jane Rex. Tem Lindsay, que desabrochou depois da morte de Mamaw; tia Wee, que tomou um rumo na vida depois de abandonar um marido abusivo. Todas se beneficiaram do mesmo tipo de experiência, de um jeito ou de outro. Tinham algum parente com quem podiam contar. E viram – através de um amigo da família, um tio ou um mentor – o que estava disponível e o que era possível.

Não muito depois que comecei a pensar no que poderia ajudar a classe operária americana a avançar, uma equipe de economistas, entre eles Raj Chetty, publicou um estudo revolucionário sobre as oportunidades nos Estados Unidos. Não surpreendentemente, descobriram que as chances de uma criança pobre de subir no ranking da meritocracia americana eram mais baixas do que gostaríamos.

Pelo cálculo deles, muitos países europeus pareciam melhores do que os Estados Unidos na concretização do Sonho Americano. Mais importante, eles descobriram que as oportunidades não eram igualitariamente distribuídas por todo o país. Em lugares como Utah, Oklahoma e Massachusetts, o Sonho Americano ia muito bem – ou bem, ou melhor do que em qualquer outro lugar do mundo. Era no Sul, no Cinturão da Ferrugem e região central dos Apalaches que os jovens pobres sofriam de fato. Suas descobertas surpreenderam muita gente, mas não a mim. Nem a ninguém que passou algum tempo nessas áreas.

Num trabalho em que analisa uma série de dados, Chetty e os outros coautores destacam dois fatores importantes que explicam a distribuição geográfica desigual de oportunidades: a incidência de pais solteiros e segregação por rendimentos. Crescer perto de muitos pais solteiros e morar num lugar onde a maioria dos seus vizinhos é pobre reduz muito o terreno de possibilidades. Significa que a não ser que você tenha uma Mamaw e um Papaw que se certifiquem de que você se mantenha na linha, você pode não escapar. Significa que você não tem pessoas para lhe mostrarem através de exemplos o que acontece quando se trabalha duro e estuda. Significa, essencialmente, que tudo que tornou possível para mim, para Lindsay, para Gail, para Jane Rex e tia Wee encontrarmos uma medida de felicidade está em falta. Então eu não fiquei surpreso com o fato de a parte mórmon de Utah – com sua igreja forte, comunidades integradas e famílias intactas – derrotar a Ohio do Cinturão da Ferrugem.

Existem, eu acho, lições políticas a serem extraídas da minha vida – formas de colocarmos pesos do outro daquela importante balança. Podemos ajustar a forma como o sistema de assistência social trata famílias como a minha. Lembre-se de quando eu tinha doze anos e vi Mamãe ser levada pela polícia. Eu já a tinha visto ser presa antes, mas sabia que naquela vez era diferente. Estávamos no sistema agora, com visitas de assistentes sociais e terapia familiar obrigatória. E uma data no tribunal pairando sobre minha cabeça como uma guilhotina.

Ostensivamente, os assistentes estavam lá para me proteger, mas se tornou muito óbvio, desde o começo do processo, que havia obstáculos a serem superados. Quando expliquei que eu passava a maior parte do tempo com os meus avós e que gostaria de continuar assim, eles responderam que os tribunais não necessariamente sancionariam essa combinação. Aos olhos da lei, minha avó era uma cuidadora sem treinamento e sem licença para isso. Se as coisas não corressem bem com a minha mãe no tribunal, eu provavelmente ficaria num lar temporário, do jeito que ficava na casa de Mamaw. A ideia de ser separado de tudo e de todos que eu amava era assustadora. Então calei a boca, disse para os assistentes sociais que estava tudo bem e torci para não perder minha família quando viesse a audiência.

A esperança se confirmou – Mamãe não foi presa e eu pude ficar com Mamaw. A combinação continuou informal: eu podia ficar com Mamãe se quisesse, mas, se não quisesse, a porta de Mamaw estava sempre aberta. O mecanismo de efetivação dessa combinação também era igualmente informal: Mamaw mataria qualquer pessoa que tentasse me manter longe dela. Isso funcionou para nós porque Mamaw era maluca e todos na família tinham medo dela.

Nem todo mundo pode confiar sua vida a uma caipira louca. O serviço social é, para muitas crianças, a última peça de uma rede de segurança; se ela falhar, sobra pouco para segurá-los.

Parte do problema é como as leis estaduais definem a família. Para famílias como a minha – e para muitas famílias negras e hispânicas – avós, primos, tias e tios desempenham um papel externo. O serviço social normalmente os tira do cenário, como fizeram no meu caso. Alguns estados exigem licenças para pais temporários – da mesma forma que médicos e enfermeiras precisam de licenças –, mesmo quando o pai temporário é uma avó ou outro familiar próximo. Em outras palavras, os serviços sociais do nosso país não foram feitos para famílias caipiras e, normalmente, pioram um problema que já é ruim.

Gostaria de poder dizer que esse é um problema pequeno, mas não é. Num ano qualquer, 640 mil crianças, a maioria pobre, passará pelo menos algum tempo em lares temporários. Some-se isso ao número desconhecido de crianças que enfrentam abuso ou negligência, mas de algum jeito evitam o sistema de lares temporários e se tem uma verdadeira epidemia – que as políticas atuais só exacerbam.

Há outras coisas que podemos fazer. Podemos construir políticas baseadas numa melhor compreensão do que atrapalha jovens como eu. A lição mais importante da minha vida não é que a sociedade fracassou em me dar oportunidades. Minhas escolas elementares e fundamentais foram inteiramente adequadas, com professores que faziam tudo que podiam para me alcançar. Nosso ensino médio era um dos piores de Ohio, mas isso tinha pouco a ver com a equipe de professores e muito com os alunos. Recebi bolsas e empréstimos governamentais a juros baixos que tornaram a faculdade possível, e bolsas para a faculdade de direito. Nunca passei fome, em parte graças aos benefícios para idosos que Mamaw teve a generosidade de compartilhar comigo. Esses programas estão longe de serem perfeitos, mas o fato de ter quase sucumbido às minhas piores escolhas (e cheguei bem perto) é quase inteiramente culpa de fatores alheios ao controle do governo.

Recentemente me sentei com um grupo de professores do meu colégio, Middletown High. Todos demonstraram a mesma preocupação, de um jeito ou de outro, com o fato de a sociedade dedicar recursos demais quando já é muito tarde.

– É como se nossos políticos achassem que a faculdade é a única solução – me disse um professor. – Para muitos, isso é ótimo. Mas uma grande parte dos nossos alunos não tem chances reais de terem um diploma universitário.

E outro completou:

– A violência e as brigas, é tudo o que essas crianças veem desde muito cedo. Uma das minhas alunas perdeu o bebê como se tivesse perdido as chaves do carro, não fazia ideia de onde tinha ido parar. Duas semanas depois, o filho dela apareceu em Nova York com o pai, um traficante de drogas e a família dele.

A não ser que aconteça algum milagre, todos nós sabemos que tipo de vida aguarda esse pobre bebê. E mesmo assim há muito pouco que se possa fazer por ele agora, quando algum tipo de intervenção pode ajudar.

Então acho que qualquer programa político bem-sucedido reconheceria o que meus antigos professores de colégio veem todos os dias: que o verdadeiro problema para muitos desses jovens é o que acontece (ou não acontece) em casa. Por exemplo, reconheceríamos que os títulos da Seção 8, o subsídio do governo para moradores de baixa renda alugarem casas, deveriam ser administrados de uma forma que não segregasse os pobres em pequenos enclaves. Como Brian Campbell, outro professor de Middletown me disse:

– Quando você tem uma grande base de pais e filhos da Seção 8 sustentados por poucos contribuintes da classe média, forma-se um triângulo de cabeça para baixo. Há menos recursos financeiros e emocionais quando todas as pessoas do bairro são de baixa renda. Você não pode simplesmente juntar todas elas, porque aí está aumentando a área de desamparo. Junte esses jovens de baixa renda com aqueles que têm um modelo diferente de vida, e os de baixa renda começam a subir.

Mesmo assim, quando Middletown recentemente tentou limitar o número de títulos da Seção 8 oferecido em certos bairros, o governo federal não permitiu. Melhor, suponho, manter esses jovens longe da classe média.

A política de governo pode não ter poder para resolver outros problemas da nossa comunidade. Quando criança, eu associava sucesso escolar com feminilidade. Masculinidade significava força, coragem, disposição para lutar e, mais tarde, sucesso com as meninas. Meninos que tiravam notas boas eram chamados de "boiolas" ou "bichas". Não sei de onde tirei essa impressão. Certamente não veio de Mamaw, que exigia boas notas, nem de Papaw. Mas ela existia, e estudos agora mostram que meninos da classe operária como eu se dão muito pior na escola porque enxergam as atividades escolares como coisa de mulher. É possível mudar isso com uma nova lei ou programa? Provavelmente não. Algumas balanças não são tão equilibráveis assim.

Aprendi que as características que permitiram minha sobrevivência durante a infância inibiam meu sucesso como adulto. Vejo conflito e fujo ou me preparo para lutar. Isso faz pouco sentido nas minhas relações atuais, mas sem esse tipo de comportamento, teria sido devorado durante a infância. Aprendi cedo a espalhar meu dinheiro para evitar que Mamãe ou outra pessoa o achasse e "pegasse emprestado" – parte embaixo do colchão, parte na gaveta de cuecas, parte na casa de Mamaw. Quando, mais tarde, Usha e eu reunimos nossas finanças, ela ficou chocada ao descobrir que eu tinha várias contas bancárias e pequenas dívidas em cartões de crédito. Usha às vezes ainda me lembra que nem todas as questões – desde um motorista que está passando a um vizinho que reclama dos meus cachorros – é motivo para uma briga com sangue. E sempre concluo, apesar das minhas emoções mais profundas, que ela tem razão.

Há alguns anos eu estava dirigindo em Cincinnati com Usha quando alguém me fechou. Buzinei, o sujeito me mostrou o dedo e, quando paramos no sinal vermelho (com o cara na minha frente), tirei o cinto de segurança e abri a porta do carro. Eu ia exigir um pedido de desculpas (e brigar com ele, caso necessário), mas meu bom senso prevaleceu e fechei a porta antes de saltar. Usha ficou muito feliz que eu tivesse mudado de ideia antes de ela gritar comigo e me mandar parar de agir como louco (o que já aconteceu no passado), e me disse que estava orgulhosa por eu ter combatido meu instinto natural. O pecado do outro motorista foi ofender a minha honra, e era dessa honra que quase todos os aspectos da minha felicidade dependiam quando eu era pequeno – impedia que um valentão da escola me chateasse, permitia que minha mãe e eu tivéssemos uma ligação quando algum homem ou seus filhos a insultavam (mesmo que eu concordasse com o insulto), e me dava alguma coisa, por menor que fosse, sobre a qual eu tinha total controle. Durante os primeiros dezoito anos da minha vida, ficar parado teria rendido alguma ofensa verbal, como "veadinho", ou "fracote", ou "maricas". A atitude objetivamente correta a ser tomada era algo que a maior parte da minha vida me ensinou a repudiar num homem digno. Durante algumas horas depois que fiz a coisa certa, me critiquei em silêncio. Mas isso é um progresso, certo? Melhor do que ser preso por dar uma lição de direção defensiva naquele babaca.

CONCLUSÃO

Pouco antes do Natal do ano passado, eu estava na seção de brinquedos dum Walmart de Washington, fazendo compras com uma lista. Eu olhava os brinquedos e conversava comigo mesmo sobre cada um deles. Naquele ano, eu tinha me voluntariado a "adotar" uma criança necessitada, o que significava que eu tinha recebido uma lista da filial local do Exército da Salvação e recebi instruções para entregar uma sacola com presentes não embrulhados.

Parece muito simples, mas consegui encontrar problemas em quase todas as sugestões. Pijama? Pobres não usam pijama. Dormimos de cueca ou mesmo de calças jeans. Até hoje acho a ideia de ter um pijama uma indulgência desnecessária da elite, como caviar ou máquinas de fazer gelo. Tinha um guitarra que eu achava ao mesmo tempo divertido e enriquecedor, mas me lembrei do teclado eletrônico que meus avós me deram uma vez e de como um dos namorados de Mamãe me mandou "desligar aquela merda". Não quis dar nada que ajudasse no aprendizado por medo de parecer condescendente. Por fim escolhi algumas roupas, um celular de brinquedo e caminhões de bombeiro.

Cresci num mundo onde todos se perguntavam onde conseguiriam dinheiro para fazer o Natal. Agora vivo noutro onde surgem oportunidades para os ricos e privilegiados serem generosos com os pobres da comunidade. Muitos escritórios de advocacia de grande prestígio patrocinam um "programa do anjo", em que cada advogado escolhe uma criança e lhe concede um desejo de uma lista de presentes. O antigo tribunal de Usha estimulava que os funcionários apadrinhassem uma criança no Natal – sempre uma criança filha de alguém que já tivesse passado pelo sistema de justiça. Coordenadores do programa torciam para que, se outra pessoa comprasse presentes, os pais da criança se sentiriam menos tentados a cometer crimes a fim de conseguirem dar presentes a elas. E sempre tem o Toys for Tots, o programa de doação de brinquedos para crianças carentes coordenado pelos fuzileiros na reserva. Portanto, nos últimos natais, fui a grandes lojas de departamento, comprar presentes para crianças que nunca vi na vida.

Enquanto compro, lembro que por pior que fosse minha posição na escada socioeconômica durante a infância, outras pessoas ocupam níveis muito inferiores: crianças que não podem contar com a generosidade dos avós para receberem presentes de Natal; pais cujas situações financeiras são tão precárias que precisariam cometer crimes – em vez de fazer empréstimos – para colocarem os brinquedos de hoje embaixo da árvore. Esse é um exercício muito útil. Depois que a escassez deu lugar à abundância na minha vida, esses momentos de reflexão nas compras me forçam a pensar a minha própria sorte.

Mesmo assim, fazer compras para crianças carentes me lembra da minha infância e de como presentes de Natal podem ser um campo minado doméstico. Todo ano, os pais na minha vizinhança iniciavam um ritual muito diferente do que me acostumei a ter agora, nessa nova época de conforto material: se preocupavam em como dar a seus filhos um "bom Natal", e a qualidade da festa era medida pela quantidade de presentes embaixo da árvore. Se seus amigos fossem a sua casa na semana anterior ao Natal e vissem o chão vazio embaixo da árvore, dávamos uma justificativa qualquer. "Minha mãe ainda não foi fazer as compras" ou "Meu pai está esperando o pagamento e depois vai comprar um monte de coisas". Essas desculpas apenas mascaravam o que todos sabíamos: éramos pobres, e nem todos os brinquedos das Tartarugas Ninjas do mundo mudariam isso.

Independente da nossa situação financeira, nossa família de algum jeito conseguia gastar mais do que tínhamos nas compras de Natal. Não podíamos ter cartões de crédito, mas havia muitas maneiras de se gastar dinheiro que não se tinha. Havia sempre a possibilidade de dar um cheque pré-datado ou fazer um pequeno empréstimo com um agiota. Se tudo desse errado, era comum pedir dinheiro emprestado aos avós. De fato, eu me lembro de muitas conversas nas quais Mamãe implorava para que Mamaw e Papaw lhe emprestassem dinheiro para que os netos pudessem ter um bom Natal. Eles sempre rebatiam a ideia de um bom Natal de Mamãe, mas mesmo assim cediam. Podia ser bem na véspera, mas invariavelmente nossa árvore ficava cheia de presentes, mesmo que nossa família não tivesse dinheiro nenhum.

Quando eu era bem pequeno, Mamãe e Lindsay procuraram alucinadamente por um ursinho Teddy Ruxpin, que estava esgotado em todas as lojas da cidade. Era muito caro e como eu só tinha dois anos de idade, nem valia a pena. Mas Lindsay ainda se lembra do dia perdido à procura do brinquedo. Mamãe ficou sabendo que um homem estava disposto a vender um dos que comprou por um preço significativamente mais alto. Mamãe e Lindsay foram até a casa dele para comprar o ursinho que faria a ponte entre uma criança que mal sabia andar e o Natal dos seus sonhos. A única coisa de que me lembro do velho Teddy foi de tê-lo encontrado numa caixa anos depois, com o casaco todo rasgado e o rosto coberto por uma casca de meleca dura.

Foi o Natal que me ensinou sobre restituição de imposto, que eu achava que era dinheiro gratuito oferecido aos pobres no ano novo para que eles fossem salvos do descontrole financeiro do ano velho. O dinheiro da restituição de imposto era a facada final. "Podemos comprar isso, sim, é só usarmos o cheque da restituição" se tornou um mantra de natal. Mas não se podia contar com o governo. Houve poucos momentos de maior ansiedade na minha vida do que os dias em que Mamãe voltava do contador no início de janeiro. Às vezes o dinheiro da restituição excedia as expectativas. Mas quando Mamãe ficava sabendo que o Tio Sam não iria cobrir suas despesas de Natal porque seu "crédito" não era tão alto quanto ela imaginava, isso arruinava o seu mês inteiro. E janeiros em Ohio já são deprimentes o suficiente.

Eu achava que os ricos passavam as festas exatamente como a gente, talvez apenas com menos preocupações financeiras e presentes ainda mais legais. Mas reparei, depois que a minha prima Bonnie nasceu, que o Natal na casa da tia Wee tinha um sabor diferente. Os filhos dos meus tios recebiam presentes mais simples do que eu esperava quando criança. Não havia obsessão em se atingir uma cota de duzentos ou trezentos dólares por criança, nenhuma preocupação de que a criança fosse sofrer com a ausência do mais novo equipamento eletrônico. Usha frequentemente ganhava livros de Natal. Minha prima Bonnie, aos onze anos, pediu aos pais que doassem seus presentes aos necessitados de Middletown. E, surpreendentemente, seus pais concordaram: eles não mediam a qualidade do Natal pelo valor financeiro dos presentes que a filha acumulava.

Não importa como você queira definir esses dois grupos e relação com os presentes – ricos e pobres, ou pessoas que estudaram e pessoas que não estudam, ou ainda classe alta e classe operária –, os membros de cada um deles vivem em mundos diferentes. Como alguém que culturalmente migrou de um grupo para o outro, conheço bem as diferenças. Às vezes vejo membros da elite com um desprezo quase primitivo – há pouco tempo um conhecido usou uma palavra extremamente rebuscada numa frase, e fiquei com vontade de gritar. Mas tenho que reconhecer: seus filhos são mais felizes e saudáveis, suas taxas de divórcio mais baixas, a frequência a igrejas é mais alta, e suas vidas, mais longas. Essas pessoas estão nos derrotando na droga do nosso próprio jogo.

Consegui escapar do pior da minha herança cultural. E mesmo que às vezes me sinta pouco confortável com a minha nova vida, não posso reclamar dela: a vida que levo hoje era uma fantasia na minha infância. Muitas pessoas me ajudaram a materializar essa fantasia. Em cada nível da minha vida e em cada ambiente, encontrei familiares, mentores e amigos que me apoiaram e me ajudaram.

Mas muitas vezes me pergunto: onde eu estaria sem eles? Penso no meu primeiro ano no ensino médio, quase repeti, e na manhã em que Mamãe entrou na casa de Mamaw pedindo uma amostra de urina limpa. Ou anos antes disso, em como eu era um garoto solitário com dois pais, que não via com frequência, e Papaw decidiu que seria o melhor pai que eu pudesse por toda a vida. Ou nos meses que passei só com Lindsay, que era adolescente, mas agia como mãe enquanto Mamãe estava num centro de tratamento. Ou no momento, que nem consigo me lembrar direito, quando Papaw colocou um telefone secreto no fundo da minha caixa de brinquedos para que Lindsay pudesse ligar para ele e para Mamaw se as coisas ficassem ruins. Pensar nisso agora, no quão próximo estive do abismo, me dá arrepios. Sou um cara de sorte.

Não faz muito tempo, almocei com Brian, um jovem que me lembrou o J.D. de quinze anos de idade. Assim como a minha mãe, a dele se viciou em narcóticos, e assim como eu, ele tinha uma relação complicada com o pai. Ele é um bom garoto, com um coração enorme e um jeito tímido. Passou quase toda a vida na região dos Apalaches no Kentucky; fomos almoçar num fast-food local, porque naquele canto do mundo não tem muita coisa diferente para comer. Enquanto conversávamos, notei algumas singularidades que poucos outros notariam. Ele não quis me dar um pouco do milk-shake que estava tomando, o que era um pouco estranho para um menino que acabava todas as frases com "por favor" ou "obrigado". E terminou de comer depressa e depois olhou em volta nervoso para as pessoas em volta. Deu para perceber que ele queria fazer uma pergunta, então passei o braço em volta dos seus ombros e perguntei se ele precisava de alguma coisa.

– S-sim – começou ele, sem fazer contato visual. E depois, quase num sussurro: – Queria saber se posso pedir mais um pouco de batata frita.

Ele estava com fome. Em 2014, no país mais rico do mundo, ele precisava comer mais um pouco, mas não tinha coragem de pedir. Que Deus nos ajude.

Alguns meses depois que nos vimos pela última vez, a mãe de Brian morreu de repente. Ele não morava com ela há anos, então quem está de fora pode pensar que a morte dela não fosse algo muito traumático. Quem está de fora está enganado. Pessoas como eu e Brian não deixam de ver os pais porque não ligam; deixamos de vê-los para sobreviver. Não deixamos de amá-los, nunca perdemos a esperança de que eles possam mudar. Em vez disso, somos forçados, seja por sabedoria, ou pela lei, a seguirmos o caminho da autopreservação.

O que acontece com Brian? Ele não tem Mamaw ou Papaw, pelo menos não como os meus, e apesar de ter sorte o suficiente de ter uma família que o apoia e o manterá fora do sistema de lares temporários, sua esperança de ter uma "vida normal" já desapareceu há muito tempo, se é que um dia existiu. Quando nos conhecemos, sua mãe já tinha perdido a custódia dele em caráter permanente. Em sua curta vida, ele já tinha experimentado diversos exemplos de traumas de infância, e em alguns anos ele vai começar a tomar decisões sobre emprego e educação que são complicadas até para crianças que vêm de lares ricos e privilegiados.

Qualquer chance que ele tenha depende das pessoas ao seu redor – sua família, eu, pessoas iguais a mim, pessoas como nós, a vasta comunidade de caipiras. E para essa chance se materializar, nós, os caipiras, precisamos acordar. A morte da mãe de Brian foi mais uma carta ruim numa mão já péssima, mas ainda há muitas cartas a serem compradas: a família pode conseguir lhe dar a sensação de controlar o próprio destino, em vez de incentivá-lo a procurar refúgio em ressentimentos contra forças além do seu controle; ele pode ser acolhido na comunidade de uma igreja que lhe ensine sobre o amor cristão, família e propósito de vida; e pode sofrer a influência positiva de pessoas que lhe deem apoio emocional e espiritual.

Acredito que nós, caipiras, somos as pessoas mais valentes da face da Terra. Facilmente empunhamos uma serra elétrica contra aqueles que ofendem nossas mães, ou fazemos garotos engolirem calcinhas para protegermos a honra de nossas irmãs. Mas será que somos valentes o bastante para fazer o que precisa ser feito para ajudar um garoto como Brian? Somos valentes o bastante para construirmos uma igreja que faz jovens como eu se integrarem ao mundo em vez de se apartarem dele? Somos valentes o bastante para nos olharmos no espelho e admitir que fazemos mal a nossos filhos?

Políticas públicas podem ajudar, mas não há governo que possa consertar esses problemas para nós.

Lembre-se de como meu primo Mike vendeu a casa da mãe – uma propriedade que estava na nossa família há mais de um século – porque não queria que os vizinhos a saqueassem. Mamaw se recusava a comprar bicicletas para os netos porque elas viviam sendo roubadas – mesmo quando as prendíamos com trancas – na varanda. Ela tinha medo de abrir a porta no fim da vida porque uma mulher bem mais jovem e forte, que morava na casa ao lado, não parava de lhe pedir dinheiro – dinheiro que, depois descobrimos, era para comprar drogas. Esses problemas não foram criados por governos ou corporações, e nem por mais ninguém. Nós os criamos, e só nós podemos consertá-los.

Não precisamos viver como as elites da Califórnia, de Nova York ou de Washington. Não precisamos trabalhar um monte de horas por semana em escritórios de direito ou bancos de investimento. Não precisamos fazer social em coquetéis. Precisamos criar um espaço para que os J.D.s e Brians do mundo tenham chance. Não sei qual é a resposta, exatamente, mas sei que ela começa quando paramos de culpar Obama, ou Bush, ou empresas sem nome e perguntamos a nós mesmos o que podemos fazer para melhorarmos as coisas.

Eu queria perguntar a Brian se, como eu, ele tinha pesadelos. Por quase duas décadas, tinha um pesadelo recorrente. A primeira vez eu estava com sete anos e dormia na cama de Mamaw Blanton. No sonho, eu estou preso numa espécie de sala de reuniões muito grande numa casa de árvore também grande – como se os elfos de uma marca de biscoitos tivessem acabado de fazer um piquenique e a casa da árvore ainda estivesse mobiliada com dezenas de mesas e cadeiras. Eu estou lá sozinho com Lindsay e Mamaw, quando de repente Mamãe entra pela porta, derrubando mesas e cadeiras. Ela grita, mas sua voz é metálica e distorcida, cheia de estática. Mamaw e Lindsay correm para um buraco no chão – supostamente a saída pela escada da casa da árvore e, quando eu consigo chegar ao buraco, Mamãe está bem atrás de mim. Acordo quando ela está prestes a me pegar, quando percebo que não só o monstro me pegou, como também Mamaw e Lindsay me abandonaram. Tive variantes desse mesmo pesadelo: o "monstro" era um instrutor do Corpo de Fuzileiros Navais, um cachorro feroz, o vilão de um filme e um professor malvado. Mamaw e Lindsay sempre estão ali e sempre escapam antes de mim. Esse pesadelo sempre me provoca um terror absoluto. Na primeira vez, acordei e corri para os braços de Mamaw, que estava acordada assistindo à tevê. Contei o sonho e implorei para que ela jamais me deixasse. Ela me prometeu que não me deixaria nunca e ficou fazendo carinho na minha cabeça até eu dormir outra vez.

Meu inconsciente me poupou durante anos, e aí de repente, do nada, tive o pesadelo outra vez algumas semanas após me formar em direito. Havia uma diferença crucial: o objeto da ira do monstro não era eu, mas meu cachorro, Casper, com quem eu tinha me irritado mais cedo. Lindsay e Mamaw não apareceram. E dessa vez eu era o monstro.

Persegui meu pobre cachorro pela casa da árvore, querendo esganá-lo. Mas senti o pavor de Casper e vergonha por ter me descontrolado. Finalmente consegui alcançá-lo, mas não acordei. Casper virou para mim com aqueles olhos tristes e arrasadores que só os cachorros têm. Não o machuquei; em vez disso lhe dei um abraço. E a última emoção que senti antes de acordar foi o alívio de ter conseguido controlar meu temperamento.

Me levantei para beber água e, quando voltei, Casper estava me olhando, de certo imaginando que diabos esse humano estaria fazendo acordado a essa hora. Eram duas da manhã – provavelmente a mesma hora em que acordei na primeira vez em que tive esse pesadelo há mais de vinte anos. Não tinha Mamaw para me confortar. Mas meus dois cachorros estavam ali no chão, e o amor da minha vida, deitado ao meu lado na cama. No dia seguinte, eu iria trabalhar, levar os cachorros para passear no parque, fazer compras com Usha no supermercado e depois um bom jantar. Era tudo que eu sempre quis da vida. Então fiz carinho na cabeça de Casper e fui dormir.

AGRADECIMENTOS

Escrever esse livro foi uma das experiências mais desafiadoras e recompensadoras da minha vida. Aprendi muitas coisas que eu não sabia sobre a minha cultura, meu bairro, minha família e reaprendi todas as que eu já tinha esquecido. Devo muito a muita gente. Sem nenhuma ordem específica.

Tina Bennett, minha agente incrível, acreditou no projeto antes mesmo de eu acreditar. Ela me encorajou quando precisei, me empurrou quando precisei e me guiou através do processo de publicação, que no começo me assustou bastante. Ela tem o coração de uma caipira e a mente de uma poetisa, e me sinto honrado em chamá-la de amiga.

Além de Tina, a pessoa que mais merece crédito pela existência desse livro é Amy Chua, minha professora de Yale, que me convenceu tanto de que a minha vida quanto as conclusões que tiro dela eram dignas de registro. Ela tem a sabedoria de uma acadêmica respeitada e o jeito confiante de uma tigresa mãe, e em várias ocasiões precisei (e me beneficiei) de ambas.

Toda a equipe da Harper merece enorme crédito. Jonathan Jao, meu editor, me ajudou a pensar de forma crítica sobre o que eu queria que o livro conquistasse, e teve a paciência de me ajudar a fazê-lo. Sofia Groopman lançou ao livro um olhar novo quando precisava muito disso. Joanna, Tina e Katie me guiaram pelo processo de publicidade com paixão e habilidade. Tim Duggan se arriscou nesse projeto e comigo quando tinha poucos motivos para fazer isso. A todos eles, por todo o trabalho feito em meu nome, sou muito grato.

Muitas pessoas leram vários rascunhos e me deram opiniões importantes, desde questionamentos sobre a escolha de palavras numa frase específica até dúvidas sobre a pertinência de cortar todo um capítulo. Charles Tyler leu o rascunho inicial e me forçou a trabalhar melhor alguns temas. Kyle Bumgarner e Sam Rudman fizeram comentários úteis no início do processo de escrita. Kiel Brennan-Marquez, que teve o fardo oficial e extraoficial de me ensinar a escrever durante anos, leu e criticou vários rascunhos. Sou grato por todos esses esforços.

Sou grato também a muitas pessoas que se abriram sobre suas vidas e trabalho, especialmente a Jane Rex, Sally Williamson, Jennifer McGuffey, Mindy Farmer, Brian Campbell, Stevie Van Gordon, Sherry Gaston, Katrina Reed, Elizabeth Wilkins, JJ Snidow, e Jim Williamson. Eles melhoraram o livro, me mostrando novas ideias e experiências.

Tive a sorte de ter Darrell Stark, Nate Ellis, Bill Zaboski, Craig Baldwin, Jamil Jivani, Ethan (Doug) Fallang, Kyle Walsh e Aaron Kash na minha vida, e considero cada um deles mais como um irmão do que como amigo. Também tive a sorte de ter mentores e amigos extremamente capazes, e cada um deles garantiu que eu tivesse acesso a oportunidades que eu simplesmente não merecia. Dentre eles, Ron Selby, Mike Stratton, Shannon Arledge, Shawn Haney,

Brad Nelson, David Frum, Matt Johnson, Juiz David Bunning, Reihan Salam, Ajay Royan, Fred Moll e Peter Thiel. Muitos deles leram versões do manuscrito e me deram um *feedback* crítico.

Devo muito a minha família, principalmente àqueles que abriram seus corações e compartilharam suas lembranças, por mais difíceis e dolorosas que fossem. Minha irmã Lindsay Ratliff e minha tia Wee (Lori Meibers) merecem um agradecimento especial, tanto por me ajudarem a escrever este livro quanto por me apoiarem ao longo da vida. Também sou grato a Jim Vance, Dan Meibers, Kevin Ratliff, Mamãe, Bonnie Rose Meibers, Hannah Meibers, Kameron Ratliff, Meghan Ratliff, Emma Ratliff, Hattie Hounshell Blanton, Don Bowman (meu pai), Cheryl Bowman, Cory Bowman, Chelsea Bowman, Lakshmi Chilukuri, Krish Chilukuri, Shreya Chilukuri, Donna Vance, Rachael Vance, Nate Vance, Lilly Hudson Vance, Daisy Hudson Vance, Gail Huber, Allan Huber, Mike Huber, Nick Huber, Denise Blanton, Arch Stacy, Rose Stacy, Rick Stacy, Amber Stacy, Adam Stacy, Taheton Stacy, Betty Sebastian, David Blanton, Gary Blanton, Wanda Blanton, Pet Blanton, Teaberry Blanton, e todos os caipiras loucos que eu tive a honra de chamar de família.

Por último, mas não menos importante, agradeço a minha querida esposa, Usha, que leu cada palavra do meu manuscrito literalmente dezenas de vezes, me deu sua opinião franca e necessária (mesmo quando eu não queria!), me apoiou quando tive vontade de desistir e comemorou comigo toda vez que eu conseguia ir em frente. Muito desse livro e da minha vida feliz eu devo a ela. Apesar de uma das maiores tristezas da minha vida ser o fato de Mamaw e Papaw não a terem conhecido, a razão da minha maior felicidade é que eu tenha.

1ª edição	*Maio de 2017*
papel de miolo	*Pólen Soft 70g/m²*
papel de capa	*Cartão Supremo 250g/m²*
tipografia	*Minion Pro 12/16pt*